WOLFGANG SIGG

Die Stellung der Rechnungshöfe im politischen System der Bundesrepublik Deutschland

Schriften zum Öffentlichen Recht

Band 441

Die Stellung der Rechnungshöfe im politischen System der Bundesrepublik Deutschland

Zugleich ein Beitrag zur Finanzkontrolle der Universitäten

Von

Dr. Wolfgang Sigg, M.A.

DUNCKER & HUMBLOT / BERLIN

CIP-Kurztitelaufnahme der Deutschen Bibliothek

Sigg, Wolfgang:
Die Stellung der Rechnungshöfe im politischen System der Bundesrepublik Deutschland: zugl. e. Beitr. zur Finanzkontrolle d. Univ. / von Wolfgang Sigg. — Berlin: Duncker und Humblot, 1983. —
(Schriften zum öffentlichen Recht; Bd. 441)
ISBN 3-428-05367-2
NE: GT

Gedruckt 1983 bei Buchdruckerei A. Sayffaerth - E. L. Krohn, Berlin 61
Printed in Germany

ISBN 3 428 05367 2

Vorwort

Diese Arbeit hat im Wintersemester 1981/82 den Philosophischen Fakultäten der Universität Freiburg als Dissertation vorgelegen.

Herrn Prof. Dr. Dieter Oberndörfer, der die Arbeit betreute, gilt mein besonderer Dank. Herzlich danken möchte ich auch Herrn Prof. Dr. Winfried Brohm, der meine Ausflüge in die Nachbardisziplinen des Rechts stets unterstützte. Nicht zuletzt gebührt mein Dank Herrn Ministerialrat a. D. Prof. Dr. Johannes Broermann für die Aufnahme der interdisziplinär angelegten Arbeit in seine Reihe „Schriften zum Öffentlichen Recht“.

Gewidmet sei das Buch meiner Frau und meinen Eltern.

Friedrichshafen, im August 1982

Wolfgang Sigg

Inhaltsverzeichnis

Abkürzungsverzeichnis

AöR	=	Archiv des öffentlichen Rechts
BayVBl	=	Bayerische Verwaltungsblätter
BHO	=	Bundeshaushaltsordnung
DÖH	=	Der öffentliche Haushalt
DÖV	=	Die Öffentliche Verwaltung
DUZ	=	Die Deutsche Universitäts-Zeitung
DVBl	=	Deutsches Verwaltungsblatt
HGrG	=	Haushaltsgrundsätzegesetz
HRG	=	Hochschulrahmengesetz
JöR	=	Jahrbuch des öffentlichen Rechts der Gegenwart
JuS	=	Juristische Schulung
JZ	=	Juristenzeitung
LHO	=	Landeshaushaltsordnung
NJW	=	Neue Juristische Wochenschrift
o. Fn.	=	oben Fußnote
PVS	=	Politische Vierteljahresschrift
Rdnr.	=	Randnummer
RHG	=	Rechnungshofgesetz
VVDStRL	=	Veröffentlichungen der Vereinigung der Deutschen Staatsrechtslehrer
WissR	=	Wissenschaftsrecht, Wissenschaftsverwaltung, Wissenschaftsförderung
WiSt	=	Wirtschaftswissenschaftliches Studium
ZParl	=	Zeitschrift für Parlamentsfragen

Zitierweise

Die Zitation wird in jedem der größeren Teile der Arbeit neu begonnen, um Übersichtlichkeit zu gewährleisten. Der Titel eines Werkes wird beim ersten Zitat voll ausgeschrieben, bei jedem weiteren Zitat wird auf die Fußnote des ersten Zitats verwiesen. Zeitschriften werden grundsätzlich nach dem Erscheinungsjahr zitiert.

Einleitung und Aufgabenstellung

Die öffentliche Verwaltung hat vor allem in unserem Jahrhundert einen grundlegenden strukturellen Wandel erfahren. Der Hoheitsstaat mit den klassischen Aufgabenfeldern Polizei, Justiz, Finanzverwaltung und Heer entwickelte sich zum Wirtschafts- und Sozialstaat moderner Prägung. Die ursprünglich dominierende Eingriffsverwaltung verlor gegenüber einer sich differenzierenden Leistungsverwaltung an Bedeutung. Der Staat übernahm immer weitere Aufgaben, die früher von Privaten erledigt wurden[1]. Das brachte eine immense Ausdehnung des staatlichen Finanzbedarfs mit sich. So stieg der Anteil des Staates am Bruttosozialprodukt allein in den zehn Jahren zwischen 1968 und 1978 um fast 10 % von 37,9 auf 47,5 %[2], eine Entwicklung, die sich nicht nur in einer ständig wachsenden Abgabenbelastung der Bürger, sondern auch in einer immer höheren Staatsverschuldung niederschlug. Die öffentliche Finanzwirtschaft, die die Mittel beschaffen und verwalten muß, wurde zu einem tragenden Element aller staatlichen Tätigkeit. Der Staatshaushalt gewann eine Schlüsselstellung im innerstaatlichen Machtgefüge. Symptomatisch dafür ist, daß die wesentlichen Grundsätze des Haushaltsrechts im Grundgesetz geregelt sind.

„Wer über das Geld anderer verfügt, ist ihm Rechenschaft über die Verwendung dieser Mittel schuldig. Dieser Grundsatz gilt nicht nur für

[1] Vgl. zu dieser Entwicklung nur *Kurt Eichenberger*, Leistungsstaat und Demokratie, Basel 1969; *Günter Dürig*, Verfassung und Verwaltung im Wohlfahrtsstaat, JZ 1953, 193 ff.; *Ernst-Wolfgang Böckenförde*, Die Bedeutung der Unterscheidung von Staat und Gesellschaft im demokratischen Staat der Gegenwart, in: Rechtsfragen der Gegenwart, Festgabe für Wolfgang Hefermehl, Stuttgart — Berlin — Köln — Mainz 1972, 11. — Speziell zu den öffentlichen Aufgaben vgl. *Thomas Ellwein / Ralf Zoll*, Zur Entwicklung der öffentlichen Aufgaben in der Bundesrepublik, in: Studienkommission für die Reform des öffentlichen Dienstrechts, Bd. 8, Baden-Baden 1973; *Gunnar Folke Schuppert*, Die öffentliche Aufgabe als Schlüsselbegriff der Verwaltungswissenschaft, VerwArch 1980, 310 ff.; *Hans-Peter Bull*, Die Staatsaufgaben nach dem Grundgesetz, 2. Aufl., Kronberg 1977; *Günter Hesse*, Staatsaufgaben, Baden-Baden 1979.

[2] Vgl. Karl-Bräuer-Institut des Bundes der Steuerzahler (Hrsg.), Belastung ohne Ende — Eine kritische Bestandsaufnahme, Wiesbaden 1978, 3; zur Theorie der Entwicklung der Staatsausgaben vgl. den Überblicksartikel von *Klaus-Dirk Henke*, Die Entwicklung der Staatsausgaben, WiSt 1974, 370 ff.; zu „Wagners Gesetz der wachsenden Staatsausgaben“ siehe *Matthias Thoma*, Gesetz der wachsenden Staatsausgaben, WiSt 1980, 478 ff.; zum Zusammenhang von öffentlichen Aufgaben und Ausgaben informativ *Horst-Claus Recktenwald*, Umfang und Struktur der öffentlichen Ausgaben in säkularer Entwicklung, in: Handbuch der Finanzwissenschaft, Bd. 1, 3. Aufl., Tübingen 1977, 713 ff.

die Finanzwirtschaft Privater, sondern auch für die Öffentliche Hand[3]." Das folgt aus der Treuhänderstellung, die der Staat und seine Exekutive in der Verwaltung der öffentlichen Mittel gegenüber der Gesamtheit des Volkes zu übernehmen haben[4]. Ein wesentliches Element der Finanzwirtschaft ist daher die Finanzkontrolle.

Die Finanzkontrolle, der sich die Regierung gegenüber Parlament und Öffentlichkeit stellen muß, hat drei Phasen: Rechnungslegung, Prüfung und Entlastung (vgl. Art. 114 GG). Durch die Rechnungslegung der Regierung wird erst die Voraussetzung der Prüfung geschaffen. Die Entlastung als Abschluß der Kontrolle setzt die Prüfung der Rechnung voraus. Parlament und Öffentlichkeit als wichtigste Träger der Finanzkontrolle brauchen für ihre Tätigkeit sachverständige Hilfestellung. Diese Funktion sollen die Rechnungshöfe des Bundes und der Länder sowie die Rechnungsprüfungsämter der Kommunen übernehmen.

Leider gibt es über die Stellung der Rechnungshöfe im politischen System der Bundesrepublik kaum politologische Literatur. Nur Joachim Hirsch[5] und Siegfried Hoffmann[6] gehen ausführlicher auf die Stellung der Rechnungshöfe im politischen System ein[7]. Die Rechnungshöfe sind daher eine Domäne der rechtswissenschaftlichen Literatur[8] geblieben. Naturgemäß standen juristische Gesichtspunkte — vor allem die Einordnung der Rechnungshöfe in das Gewaltenteilungssystem des Grundgesetzes — im Vordergrund. Zu kurz kamen so wichtige Fragen wie Rechnungshof und Wandel des politischen Systems, Fragwürdigkeit der Prü-

---

[3] *Hans Herbert v. Arnim*, Wirksamere Finanzkontrolle bei Bund, Ländern und Gemeinden, Wiesbaden 1978, 9.

[4] Vgl. *Kurt Heinig*, Das Budget, Bd. 1, Tübingen 1949, 40 ff.

[5] *Joachim Hirsch*, Parlament und Verwaltung, 2. Teil: Haushaltsplanung und Haushaltskontrolle in der Bundesrepublik Deutschland, Stuttgart u. a. 1968.

[6] *Siegfried Hoffmann*, Die Kontrolle der Regierung durch parlamentarische Rechnungsprüfung im Deutschen Bundestag, Göttingen 1970.

[7] Diese Situation beginnt sich in jüngster Zeit — wohl in Zusammenhang mit der Diskussion um Ausgabenflut und Staatsverschuldung — etwas zu bessern. Vgl. *Gerd-Michael Hellstern / Hellmut Wollmann*, Wirksamere Gesetzesevaluierung. Wo könnten praktikable Kontrollverfahren und Wirkungsanalysen bei Parlament und Rechnungshof ansetzen?, ZParl 1980, 547 ff.; *Günter Mann*, Unabhängige Kontrolleure?, ZParl 1981, 353 ff.; *ders.*, Rechnungshof: Opposition mit anderen Mitteln?, ZParl 1978, 7 ff.

[8] Vgl. dazu in letzter Zeit vor allem: *Susanne Tiemann*, Die staatsrechtliche Stellung der Finanzkontrolle des Bundes, Berlin 1974; *Klaus Grupp*, Die Stellung der Rechnungshöfe in der Bundesrepublik Deutschland, Berlin 1972; *Stefan Pelny*, Die legislative Finanzkontrolle in der Bundesrepublik Deutschland und in den Vereinigten Staaten von Amerika, Berlin 1972. Die kürzlich erschienene juristische Dissertation von *Andreas Greifeld*, Der Rechnungshof als Wirtschaftlichkeitsprüfer, München 1981, konnte leider — ebenso wie die wirtschaftswissenschaftliche Habilitationsschrift von *Kurt Reding*, Die Effizienz staatlicher Aktivitäten, Baden-Baden 1981, — nur noch teilweise verwertet werden.

fungsmaßstäbe, Rekrutierung des Personals etc. Vor allem wurde aber die Verbindung zwischen der öffentlichen Finanzkontrolle und der sogenannten „Planungsdiskussion" mit ihren Problemfeldern Evaluation, Erfolgskontrolle etc. nicht hergestellt.

Im ersten Teil der Arbeit sollen daher die wichtigsten Bestimmungsfaktoren der Stellung der Rechnungshöfe im politischen System der Bundesrepublik Deutschland herausgearbeitet werden.

Der zweite Teil der Arbeit ist einem gegenwärtigen Schwerpunkt der Prüfungstätigkeit der Rechnungshöfe gewidmet, nämlich der Finanzkontrolle der Hochschulen. Der überproportionale Anstieg der Ausgaben für die Hochschulen und die zunehmende Knappheit der öffentlichen Haushalte führten zu einer verstärkten Kontrolle des Finanzgebarens der Hochschulen durch die Rechnungshöfe. Bei der Prüfung der Hochschulen — einem besonders sensiblen Sachbereich — lassen sich brennpunktartig die Schwierigkeiten der Finanzkontrolle durch die Rechnungshöfe analysieren. Hier kann einmal gut herausgearbeitet werden, welche Prüfungsmaßstäbe die Rechnungshöfe bei ihrer Kontrolle anwenden, welche „Prüfungsideologie" der Prüfungstätigkeit zugrunde liegt etc., zum andern kann untersucht werden, wie die Rechnungshöfe mit Grenzen ihrer Kontrollkompetenz — in diesem Fall der Hochschulautonomie des Art. 5 III GG — fertig werden. Eine Inhaltsanalyse der Bemerkungen und der gesonderten Mitteilungen des Rechnungshofs Baden-Württemberg zu Hochschulfragen soll die empirische Grundlage dieser Untersuchung bilden. Aufgabe dieses Teils der Arbeit ist es daher:

— Die Grenzen der Rechnungshofkontrolle im Bereich der Universitäten aufzuzeigen,

— dabei die Möglichkeiten einer Effizienzkontrolle von Forschung und Lehre zu untersuchen,

— exemplarisch die vier gesonderten Mitteilungen sowie die Prüfungsbemerkungen des baden-württembergischen Rechnungshofs zu Hochschulfragen in den Denkschriften zur Landeshaushaltsrechnung aufgrund der unter den vorigen Punkten erarbeiteten Ergebnisse hinsichtlich Prüfungsmethodik und -maßstäben zu analysieren und

— Vorschläge zur Verbesserung der Selbststeuerung und Selbstkontrolle der Universitäten als Alternative zur Fremdkontrolle zu erarbeiten.

TEIL A

Die Stellung der Rechnungshöfe im politischen System der Bundesrepublik Deutschland

Vorbemerkung

Bei der folgenden Darstellung wird grundsätzlich von der Stellung des Bundesrechnungshofs ausgegangen. Dabei ist dem Verfasser bewußt, daß für die Finanzkontrolle der Universitäten — die in Teil B der Arbeit analysiert wird — die Landesrechnungshöfe zuständig sind. Er hielt die Konzentration auf den Bundesrechnungshof jedoch für sachgerecht und legitim, weil die Regelungen für die Landesrechnungshöfe größtenteils identisch sind mit denen, die für den Bundesrechnungshof gelten. Besonders das Haushaltsgrundsätzegesetz (HGrG), an das die Landeshaushaltsordnungen (LHO) angepaßt werden mußten, hat für diese Einheitlichkeit gesorgt. Außerdem wird bei relevanten Unterschieden, so z. B. bei der Ernennung der Rechnungshofpräsidenten oder bei Fragen der Beratungstätigkeit, auf die Regelung in den Landesrechnungshofgesetzen (LRHG) eingegangen.

I. Kurzer historischer Überblick über die Entwicklung der Rechnungsprüfung und ihre institutionelle Verankerung im Gesamtgefüge des Budgetwesens

Viele Strukturmerkmale der heutigen Finanzkontrolle — vor allem aber ihre verschiedenen Stoßrichtungen — lassen sich nur historisch erklären. „Wer forschend die Institution der Finanzkontrolle — ihr Wesen und ihre Aufgaben, ihren Aufbau und ihre Zusammenordnung, ihr Verfahren und ihre Wirkungskraft — untersucht, stößt immer wieder auf geschichtliches Erbgut, auf die ‚Gegenwart der Geschichte' (Droysen), auf Tradition[1].“ In allen Staatsformen, ob Absolutismus, konstitutionelle

1 So *Friedrich von Pfuhlstein*, Der Weg von der preußischen Generalrechenkammer zum Bundesrechnungshof, in: Bundesrechnungshof (Hrsg.), 250 Jahre Rechnungsprüfung, Frankfurt 1964, 1; zur Geschichte der Rechnungsprüfung vgl.: *Carsten Brodersen*, Rechnungsprüfung für das Parlament in der konstitutionellen Monarchie, Berlin 1977; außerdem *Rudolf Gotham*, Der Umfang der Prüfungskompetenz der Rechnungshöfe, Diss. iur. Hamburg 1969, 2 ff.; *Klaus Grupp*, Die Stellung der Rechnungshöfe in der Bundesrepublik

Monarchie oder parlamentarisch-repräsentative Demokratie, wurde die Notwendigkeit einer unabhängigen Institution der Finanzkontrolle empfunden. Ein kurzer historischer Überblick soll daher dazu dienen, diese Hintergründe aufzuhellen. Dabei ist in erster Linie die Darstellung des Zusammenhangs von Budgetgewalt und Finanzkontrolle wichtig.

Überblickt man die rund 270jährige Geschichte der Rechnungsprüfung — von der zu kontrollierenden Verwaltung unabhängige und selbständige Prüfungsinstitutionen — in Deutschland, so kann man zwei große Zeitabschnitte unterscheiden: Die Rechnungsprüfung lediglich für den König bzw. für die Regierung und die Zeit der Rechnungsprüfung für Regierung *und* Volksvertretung. Auffällig an dieser Geschichte ist, wie wenig sich die Behörde trotz der grundlegenden politischen Wandlungen in ihrer Grundstruktur verändert hat.

1. Rechnungskontrolle im Absolutismus

Die Rechnungsprüfung ist entstanden als Instrument der Verwaltungsspitze, um untergeordnete Verwaltungsstellen zu überwachen. Die zentralen Rechnungsrevisionsbehörden wurden im 18. Jahrhundert in Deutschland, insbesondere in Sachsen, Kurhessen und Preußen geschaffen, als reine Hilfsorgane der Exekutive, die dem Monarchen unmittelbar unterstellt waren und deren Berichte deshalb auch nur an ihn gingen[2]. In ihrer unmittelbaren Unterstellung unter den Landesherrn lag die Unabhängigkeit von der zu kontrollierenden Verwaltung. Sie sollten dem Verwaltungsschlendrian, zu dem unkontrollierte Bürokratien — unabhängig von der Staatsform — neigen, entgegensteuern und Redlichkeit und Pflichtbewußtsein der Beamten sicherstellen. Der Kampf um die Unabhängigkeit der preußischen General-Rechenkammer von der zu kontrollierenden Verwaltung zeigt, daß die damalige, dem Monarchen direkt verantwortliche Rechnungskontrolle bereits ein schlagkräftiges Mittel war, um Monarch und Regierung als Verwaltungsspitze eine wirksame Kontrolle über den Verwaltungsapparat zu sichern — und daß die Verwaltung die Überwachung durch die unabhängige Institution ernst nahm und als Gefahr erkannte. Diese Kontrolle des Finanzgebarens der Verwaltung durch die politische Spitze, d. h. die sogenannte Verwaltungskontrolle, ist auch heute noch von Bedeutung, ja sie gewinnt noch an Bedeutung, da die moderne Politik- und Verwaltungswissenschaft die Verselbständigungstendenzen der Verwaltung,

Deutschland, Berlin 1972, 14 ff.; *Siegfried Hoffmann*, Die Kontrolle der Regierung durch parlamentarische Rechnungsprüfung im Deutschen Bundestag, Göttingen 1970, 17 ff.

2 Vgl. *Grupp* (o. Fn. 1), 16 ff.

ihre Neigung zu Unkontrollierbarkeit nachgewiesen hat[3]. Außerdem stehen der Verwaltung — wie oben bereits gezeigt — immer mehr Mittel zur Verfügung, eine Tatsache, die nach Kontrolle geradezu schreit.

2. Rechnungskontrolle in der konstitutionellen Monarchie

Die Institution der Rechnungshöfe ist daher älter als das Budgetkontrollrecht der parlamentarischen Organe; Hilfsorgane der Parlamente waren sie ursprünglich nicht. Ihre Stellung und Funktion änderte sich jedoch, als das Parlament in der konstitutionellen Monarchie die Budgethoheit gewann. Die Erringung der Budgethoheit durch das Parlament war ein historischer Prozeß von konstitutiver Bedeutung für unser heutiges Parlamentsverständnis[4]. Alle Staatstätigkeit bedarf der Finanzierung; wer die Mittel bewilligt und ihren Einsatz nach Sachbereichen steuert, hat den entscheidenden Einfluß auf die Politik. Der Staatshaushalt wird daher zu Recht als Regierungsprogramm in Zahlen[5] bezeichnet, das parlamentarische Budgetrecht ist nach Max Weber „das entscheidende parlamentarische Machtmittel“[6].

Im Anschluß an das Recht der Volksvertretung zur Mitbestimmung über den Staatshaushalt ging auch die Befugnis, die Staatsregierung zu entlasten, auf die Parlamente über. Dem Parlament fehlte aber zunächst noch die Grundlage für eine wirksame Wahrnehmung dieser Befugnis. Erst allmählich setzte es durch, daß die Berichte der Rechnungshöfe auch ihm zugeleitet wurden und damit als Grundlage für den Entlastungsbeschluß dienen konnten. So hat der Kampf des preußischen Landtags um die Berichte der Oberrechnungskammer das ganze 19. Jahrhundert fortgedauert[7]. Die Stellung und Zuordnung der Haushaltskontrolle im politischen System entsprach lange Zeit nicht der allgemeinen

---

[3] Vgl. dazu nur die Berichte von *Rupert Scholz* und *Eberhardt Schmidt-Assmann* zum Thema: Verwaltungsverantwortung und Verwaltungsgerichtsbarkeit, Veröffentlichungen der Vereinigung der Deutschen Staatsrechtslehrer (VVDStRL) 34 (1976), 145 ff. und 221 ff.

[4] Zum Kampf um das parlamentarische Budgetbewilligungsrecht siehe vor allem *Reinhard Mussgnug*, Der Haushaltsplan als Gesetz, Göttingen 1976, 113 ff.; *Karl Heinrich Friauf*, Der Staatshaushaltsplan im Spannungsfeld zwischen Parlament und Regierung, Bd. 1, Zürich 1968, 37 ff.; *Herbert Mandelartz*, Das Zusammenwirken von Parlament und Regierung beim Haushaltsvollzug, Frankfurt — Bern — Circester 1980, 90 ff.

[5] So schon *Johannes Heckel*, Budgetäre Ausgabeninitiative im Reichstag zugunsten eines Reichskultusfonds, AöR 1927, 439; vgl. außerdem nur *Karl-Heinrich Hansmeyer / Bert Rürup*, Staatswirtschaftliche Planungsinstrumente, 2. Aufl., Tübingen — Düsseldorf 1975, 7 ff.

[6] *Max Weber*, Parlament und Regierung im neugeordneten Deutschland, 1917 (1918), wieder abgedruckt in: Gesammelte politische Schriften, 3. Aufl., Tübingen 1971, 306 ff., 339.

[7] Vgl. *Kurt Heinig*, Das Budget, Bd. 1, Tübingen 1949, 121.

Entwicklung des Budgetrechts hin zu einer starken Stellung des Parlaments. Die Berichte des Rechnungshofs blieben während dieser Entwicklung zwar Instrumente der Regierung zur *Verwaltungskontrolle*, gleichzeitig aber wurden sie immer mehr auch Mittel des Parlaments zur sogenannten *Verfassungskontrolle*, d. h. der Kontrolle des Haushaltsvollzugs durch die Regierung. Im Rahmen der Verfassungskontrolle wird gefragt, ob der Wille des Gesetzgebers, der im Haushaltsplan seinen Ausdruck gefunden hat, erfüllt worden ist. Sie ist die eigentliche parlamentarisch-politische Kontrolle. Sie sollte der Anschaulichkeit wegen besser *Regierungskontrolle*[8] genannt werden. Trotz dieser Doppelfunktion blieben die unmittelbaren Aufgaben der Rechnungskontrolle aber die gleichen: „Zunächst sollte eine Übersicht über die Verwaltungstätigkeit geboten, sodann sollte jede Einzelausgabe einem bestimmten Beamten zugeordnet, damit die Verantwortlichkeit geklärt werden. Schließlich hatte die Rechnungsprüfung auch darzustellen, inwieweit die Maßstäbe zur Verteilung der Geldmittel beachtet worden waren. Diese Kontrolle diente der Regierung, insbesondere um die Einheitlichkeit der Verwaltung (Bindung an Weisungen, Richtlinien) zu festigen; sie diente dem Parlament, insbesondere um die Gesetzmäßigkeit, die Beachtung des Haushaltsplans durch die Exekutive zu überprüfen[9]."

3. Heutige Funktion der öffentlichen Finanzkontrolle

Die konstitutionelle Monarchie wurde durch das parlamentarisch-repräsentative Regierungssystem abgelöst. Diese zweite große Änderung des politischen Bezugssystems der Rechnungskontrolle mußte ebenfalls Auswirkungen auf den Zweck und die Adressaten der Kontrolltätigkeit haben. War der politische Prozeß früher von einer handelnden Regierung bestimmt, die durch ein kontrollierendes Parlament durch Nachprüfung bis ins Detail und durch Haushaltsüberwachung in Grenzen gehalten wurde, so haben die allgemeinen sozialen Umwälzungen sowie die Ausgestaltung des parlamentarischen Regierungssystems einschneidende Veränderungen bewirkt[10]:

[8] So *Hans Herbert von Arnim*, Wirksamere Finanzkontrolle bei Bund, Ländern und Gemeinden, Wiesbaden 1978, 15.

[9] *Klaus Vogel / Paul Kirchhof*, in: Kommentar zum Bonner Grundgesetz (Bonner Kommentar), Zweitbearbeitung 1973, Art. 114, Rdnr. 8.

[10] Vgl. hierzu und zum folgenden nur *Ulrich Scheuner*, Verantwortung und Kontrolle in der demokratischen Verfassungsordnung, in: Festschrift für Gebhard Müller, Tübingen 1970, 380 ff., 398 ff. m. w. N.; *Hans-Peter Schneider*, Entscheidungsdefizite der Parlamente, AöR 1980, 4 ff. mit umfassenden weiteren Nachweisen; *Uwe Thaysen*, Parlamentarisches Regierungssystem der Bundesrepublik Deutschland, Opladen 1976, passim; siehe zur Kritik an der parlamentarischen Demokratie auch schon *Carl Schmitt*, Die geistesgeschichtliche Lage des heutigen Parlamentarismus, 2. Aufl., München 1926.

— Der moderne Sozialstaat bringt mit seiner Ausweitung staatlicher Vorsorge und Lenkung eine Flut von Gesetzgebung mit sich. Zeit und Kraft des Parlaments werden in hohem Maße durch diese Aufgabe absorbiert. Die Kontrollfunktion gegenüber der Exekutive tritt zurück. Gleichzeitig gewinnt diese durch ihre Sachkunde und Hilfsmittel Einfluß auf die Gesetzgebung, die sie vorbereitet und für die sie auch weitgehend die Vorauseinandersetzung mit den sozialen Kräften und Gruppen führt.

— Eine effektive Kontrolle der uferlos ausgedehnten und hochspezialisierten Regierungs- und Verwaltungstätigkeit ist heute für die Volksvertretung unmöglich. Die ausgeübte Kontrolle kann dementsprechend nur den Charakter des Zufälligen und Bruchstückhaften tragen.

— Große Wandlungen haben sich auch im Haushaltswesen vollzogen. Zwar erkämpften sich die Parlamente die Budgethoheit. Sie haben aber, seit sie im Blick auf die Wählerschaft immer bewilligungs- und subventionsfreudiger geworden sind, ihren kontrollierenden Einfluß erheblich eingeschränkt. „Heute sind die Parlamente oft ausgabenfreudiger als die Regierungen“ stellt Fricke[11] daher zu Recht fest. Faktisch werden heute Sparsamkeit und Haushaltsausgleich vor allem vom Finanzminister durchgesetzt. Der parlamentarische Anteil am Haushaltswesen kann nur durch neue Formen rechtzeitiger Mitwirkung gesichert werden.

— Ähnliches gilt für die Materie Planung insgesamt. Sie ist sowohl in der Arbeitsmethodik, der Datensammlung und -verarbeitung wie in der nicht normativ einzufangenden Vorbereitung faktisch weitgehend eine Aufgabe der Exekutive. Die Notwendigkeit verstärkter Planung bedroht unvermeidlich den Anteil des Parlaments an den staatlichen Entscheidungen, wenn nicht Formen effektiver Beteiligung gefunden werden.

— Der die konstitutionelle Monarchie bestimmende Gegensatz von Regierung und Parlament besteht nicht mehr[12]. Die Regierung erscheint als Ausschuß der Parlamentsmehrheit. Da Regierung und Parlamentsmehrheit am selben Strang ziehen, wird die Mehrheitsfraktion die Regierung gegen die Kritik der Opposition eher abschirmen und sich mit ihr im guten oder schlechten solidarisieren. Die eigentliche Spannungslinie verläuft daher nicht mehr zwischen Regierung und Parlament, sondern zwischen Regierung und Regierungspartei auf der einen Seite und der Opposition auf der anderen Seite.

---

11 *Eberhard Fricke*, Zur Mitwirkung der Parlamente bei der Regierungsplanung, DÖV 1973, 406 ff., 407.

12 Vgl. *Hans Herbert von Arnim*, Gemeinwohl und Gruppeninteressen, Frankfurt/M. 1977, 372.

— Eine immer größer werdende Gefahr für den politischen Prozeß stellt die Konzentration der Aufmerksamkeit der Politiker auf tagespolitische Fragen und die damit verbundene mangelnde politische Kraft allgemeiner Anliegen dar. „Die geringe Durchsetzungskraft allgemeiner Interessen rührt vor allem daher, daß das Kräftespiel in der pluralistischen Demokratie weitgehend von einflußreichen Verbänden und auf kurzfristige Wiederwahl angewiesenen Parteien beherrscht wird[13]." Dazu heißt es im Gutachten der Kommission für wirtschaftlichen und sozialen Wandel aus dem Jahr 1976: „In der Bundesrepublik Deutschland bestehen vielfältige Einflußmöglichkeiten organisierter gesellschaftlicher Gruppen. Dies begünstigt im Zusammenhang mit dem ... Mangel an Langzeitorientierung eine Konzentration staatlicher Aktivität auf manifeste Probleme einzelner Gruppen, wodurch tendenziell eine kurzfristige partikulare ... Orientierung begünstigt wird." Und weiter: „Die Überzeugungskraft schneller und sichtbarer Erfolge beim Wähler veranlaßt Politiker in vielen Fällen dazu, langfristige ... Maßnahmen immer wieder zurückzustellen ... Je kürzer der Abstand zwischen Wahlterminen ist, die zu wahltaktischem Verhalten verleiten, um so schwieriger wird es, langfristige Maßnahmen überhaupt zu verwirklichen. In diesem Zusammenhang ist zu bedenken, daß die Landtagswahltermine über die vierjährige Legislaturperiode des Bundestags verstreut liegen[14]."

Diese Fakten tragen alle dazu bei, daß die Parlamente insgesamt ihre ursprüngliche Kontrollfunktion nicht mehr ausreichend erfüllen. Die Kontrolle ist daher verstärkt von anderen Kräften auszuüben. Zu diesen gehören vor allem eine aktivierte Öffentlichkeit und eine schlagkräftige Opposition, aber auch der Rechnungshof als das wichtigste unabhängige Finanzkontrollorgan, das unsere Verfassung vorsieht.

II. Der gegenwärtige Standort der Finanzkontrolle im politischen System der Bundesrepublik Deutschland

1. Das Verhältnis des Rechnungshofs zu Exekutive, Legislative und Judikative

Der Kampf zwischen Parlament und Exekutive um Einfluß auf den Rechnungshof wurde durch Art. 114 II GG entschieden. Art. 114 II GG garantiert in der Neufassung von 1969 dem Bundesrechnungshof seinen

---

[13] Vgl. *von Arnim* (o. Fn. 8), 22.

[14] Wirtschaftlicher und sozialer Wandel in der Bundesrepublik Deutschland, Gutachten der Kommission, Göttingen 1977, Kap. I, Rdnr. 36.

Bestand, einen bestimmten Tätigkeitsbereich und die Unabhängigkeit seiner Mitglieder sowohl von der Exekutive als auch von der Legislative. Er bestätigt die dem Rechnungshof geschichtlich zugewachsenen Aufgaben der „Verwaltungs-“ und der „Regierungs- oder Verfassungskontrolle“. Dennoch ist die staatsrechtliche Position des Bundesrechnungshofs im Rahmen der Gewaltenteilung ein beliebtes Thema verfassungsrechtlicher Auseinandersetzungen geblieben. Sämtliche möglichen Positionen werden vertreten. Von der Zuordnung zur Exekutive, Legislative oder Rechtsprechung bis hin zur Postulierung einer vierten Gewalt oder der Konstruktion einer staatlichen Einrichtung sui generis reichen die kunstvollen Einordnungsversuche[15]. Sie erscheinen zwar auf den ersten Blick als begriffliche Spielereien — und sind es wohl tatsächlich auch in weitem Maß. Was aber als politische Problematik unaufgedeckt dahintersteckt, ist die Frage, mit welcher Blickrichtung, in wessen Interesse der Rechnungshof seine Prüfungsaufgabe wahrnimmt. Diese Frage kann jedoch nicht nur in juristischen Kategorien beantwortet werden[16].

Die Versuche einer lupenreinen Verankerung der Rechnungskontrolle in dem Schema der Gewaltenteilung von Legislative, Exekutive und Judikative kranken vor allem an einem überholten dogmatischen Gewaltenteilungsverständnis. Dieses geht davon aus, daß sämtliche staatlichen Institutionen einer der drei Gewalten Legislative, Exekutive und Judikative zugeordnet werden müssen. Dem Prinzip der Gewaltenteilung[17] liegt aber keine Theorie der dogmatischen Unterscheidung vorgegebener Staatsfunktionen zugrunde. Davon ging zwar die deutsche Staatslehre lange Zeit aus, die in ihm eine Lehre bestimmter Grundfunktionen des Staates sah, die jeweils auf bestimmte Organe und Organgruppen zu verteilen seien[18]. Eine so starre Auffassung verkennt

---

[15] Vgl. dazu die Übersicht bei *Vogel / Kirchhof* (o. Fn. 9), Rdnr. 173, mit erschöpfenden Nachweisen; *Klaus Stern*, Das Staatsrecht der Bundesrepublik Deutschland, Bd. II, München 1980, 444 ff.; *Friedrich Wilhelm Beckensträter*, Die Stellung der Rechnungshöfe im System der Dreiteilung der Staatsgewalt, Diss. iur. Frankfurt/M. 1961; *Georg von Koppenfels*, Finanz- und Wirtschaftlichkeitskontrolle in der Bundesrepublik Deutschland und die Stellung des Bundesrechnungshofs zu Exekutive und Legislative, Diss. iur. Freiburg 1969, 85 ff.; *Susanne Tiemann*, Die staatsrechtliche Stellung der Finanzkontrolle des Bundes, Berlin 1974, 298 ff.

[16] Vgl. *Joachim Hirsch*, Parlament u. Verwaltung, 2. Teil: Haushaltsplanung und Haushaltskontrolle in der Bundesrepublik Deutschland, Stuttgart u. a. 1968, 146.

[17] Vgl. dazu grundlegend *Hans Peters*, Die Gewaltentrennung in moderner Sicht, Köln — Opladen 1954; aus letzter Zeit vor allem *Klaus Stern*, Das Staatsrecht der Bundesrepublik Deutschland, Bd. II, München 1980, 511 ff. mit umfassenden Nachweisen; *Heinz Rausch* (Hrsg.), Zur heutigen Problematik der Gewaltentrennung, Darmstadt 1969.

[18] Vgl. nur *Georg Jellinek*, Allgemeine Staatslehre, 3. Aufl., 7. Neudruck, Homburg v. d. H. 1960, 99 ff.

indes den eigentlich politischen Charakter des Prinzips der Gewaltenteilung. Dieses setzt zwar Gliederung, gegenseitige Hemmung und Beeinflussung staatlicher Gewalt voraus, es legt hierfür aber weder ein festes Schema noch ganz bestimmte Organeinteilungen fest. Der Sinn der Gewaltenteilung ist weniger die begrifflich saubere Abgrenzung der einzelnen Staatsfunktionen als vielmehr die Verhinderung der totalen Machtzusammenballung im Staat in konkreten historischen Situationen[19]. Die Gewaltenteilung steht damit in engstem Zusammenhang mit der Gewährleistung politischer Freiheit[20]. Der Grundsatz der Gewaltenteilung ist, wie Hesse zu Recht ausführt, „kein Dogma von naturrechtlich-zeitloser Geltung, sondern ein geschichtliches Prinzip"[21]. Das technische und theoretische Verständnis der Gewaltenteilung als Sonderung von Funktionen und Organen ist den realen Gegebenheiten inadäquat, weil es den politischen Zusammenhang nicht genügend berücksichtigt. Der Grundsatz der Gewaltenteilung ist ein Grundprinzip politischer Herrschaftsgestaltung[22]. In den modernen demokratisch-parlamentarischen Verfassungen sind die Grundlagen des älteren Staatsaufbaus wesentlich verändert worden. Diesen Änderungen muß ein realitätsbezogenes Verständnis der Gewaltenteilung Rechnung tragen. Während ihre Grundintention, die Gliederung der Staatsmacht und die gegenseitige Begrenzung und Kontrolle oder — anders ausgedrückt — Gewaltentrennung und Gewaltenbalancierung, aufrechterhalten bleibt, müssen die konkreten Funktionsveränderungen, die in der Ausgestaltung der staatlichen Organisation eingetreten sind, ebenso wie neue Formen des Machtausgleichs berücksichtigt werden[23].

Das Grundgesetz nimmt sowohl in seiner Gliederung wie in Art. 20 II und III das herkömmliche Schema der Dreiteilung der Gewalten auf. Es unterscheidet drei Funktionen, die durch „besondere Organe" wahrgenommen werden sollen. Daraus kann aber nicht zwingend ein Bekenntnis zu der überlieferten Form einer strikten Gewaltentrennung abgeleitet werden, nach der jeweils eine bestimmte materielle Funktion — Gesetzgebung, Vollziehung oder Rechtsprechung — einem Teil der

---

19 *Adolf Süsterhenn*, Senats- oder Bundesratssystem?, in: Staats- und verwaltungswissenschaftliche Beiträge, hrsg. von der Hochschule für Verwaltungswissenschaft Speyer, Stuttgart 1957, 90 ff.

20 Vgl. nur *Peters* (o. Fn. 17), 6 f.

21 *Konrad Hesse*, Grundzüge des Verfassungsrechts der Bundesrepublik Deutschland, 12. Aufl., Heidelberg und Karlsruhe 1980, 196.

22 Vgl. *Winfried Steffani*, Gewaltenteilung im demokratisch-pluralistischen Rechtsstaat, PVS 1962, 258.

23 So vor allem *Werner Kägi*, Von der klassischen Dreiteilung zur umfassenden Gewaltenteilung, in: Verfassungsrecht und Verfassungswirklichkeit, Festschrift für Hans Huber, Bern 1961, 151 ff.; *Richard Bäumlin*, Die Kontrolle des Parlaments über Regierung und Verwaltung, Zeitschrift für Schweizerisches Recht 1966, 165 ff., 227 ff.; siehe auch *Stern* (o. Fn. 17), 546 ff.

Staatsorganisation zugewiesen ist und nur „Ausnahmen" hiervon zugelassen werden. Hesse stellt vielmehr zu Recht fest, daß Art. 20 GG, auf den immer wieder Bezug genommen wird, weder ein ausdrückliches Gebot der Gewaltentrennung enthält noch etwas über Gewaltenbalancierung aussagt[24]. „Maßstab der Verwirklichung (der Gewaltenteilung, d. V.) ist vielmehr die konkrete Ausgestaltung durch die Verfassung[25]." Werden allein aus dem abstrakten Prinzip der Gewaltenteilung Folgerungen gezogen, so besteht die Gefahr, daß die verfassungsrechtliche Konkretisierung im Grundgesetz und der Bezug zum konkreten Staat Bundesrepublik mit seiner individuellen Kompetenzordnung verfehlt werden. Nur wenn man sich von der sklavischen Befolgung des traditionellen Dreier-Schemas löst, wird es möglich, die komplizierten Gewaltenverschränkungen, -vermischungen und -beschränkungen adäquat zu beschreiben, die das politische System der Bundesrepublik kennzeichnen. Nur so ist es möglich, zu erkennen, daß oft gerade das Zusammenwirken mehrerer Organe an der gleichen Aufgabe ein wichtiges Element der ausgleichenden Machtteilung darstellt. Man denke in diesem Zusammenhang an das Phänomen der Planung, das weder Exekutive noch Legislative eindeutig zuzuordnen ist und wo gerade durch die Zusammenarbeit der beiden Organe sichergestellt werden soll, daß beide ihre Funktion adäquat erfüllen können[26]. Für das politische System der Bundesrepublik muß die Gewaltenteilungslehre daher im Gegensatz zu ihrer früheren Ausprägung einen weiteren Bereich der organisatorischen und politischen Gliederung und Zusammenarbeit in ihre Analyse einbeziehen, zu dem über die herkömmlichen drei Gewalten hinaus andere Einrichtungen des politischen Systems wie auch gesellschaftliche Kräfte gehören.

Erst wenn man diese Voraussetzungen akzeptiert, wird eine sachgerechte Einordnung des Bundesrechnungshofs in das politische System der Bundesrepublik möglich. Er braucht dann nicht in das „Prokrustesbett des Dreierschemas"[27] gezwungen zu werden. Der Rechnungshof läßt sich nämlich keiner der drei überkommenen Gewalten zuordnen. Er ist nicht Teil der Legislative, da er keine Rechtsnormen setzt, sondern den Gesetzesvollzug kontrolliert. Er ist auch kein Teil der Exekutive, da er

---

[24] Vgl. *Hesse* (o. Fn. 21), 194.

[25] *Hesse* (o. Fn. 21), 196.

[26] Vgl. dazu *Ernst-Hasso Ritter*, Theorie und Praxis parlamentarischer Planungsbeteiligung, Der Staat 1980, 413 ff.; *Joseph-Theodor Blank*, Regierungsplanung und parlamentarische Kontrolle, DVBl 1978, 194 ff.; *Wilhelm A. Kewenig*, Zur Revision des Grundgesetzes, Planung im Spannungsverhältnis von Regierung und Parlament, DÖV 1973, 23 ff.; *Eberhard Fricke*, Zur Mitwirkung der Parlamente bei der Regierungsplanung, DÖV 1973, 406 ff.

[27] So *Walter Krebs*, Die rechtliche Stellung der Rechnungshöfe und der Vorbehalt des § 40 Abs. 1 VwGO zugunsten der verfassungsrechtlichen Streitigkeit, VerwArch 1980, 77 ff., 83.

gerade als unabhängiges Organ zu deren Kontrolle berufen ist. Schließlich übt er auch keine Rechtsprechung aus, da er keinen Rechtsstreit entscheidet und seine Beanstandungen nicht verbindlich sind, sondern nur den Charakter eines Vorschlags besitzen. „Der Bundesrechnungshof ist vielmehr ein Organ, das selbständig die gegenseitige Kontrolle zwischen den Gewalten — insbesondere zwischen Legislative und Exekutive — vermittelt und insoweit zwischen den Gewalten steht[28]." Er stärkt das System der „checks and balances" und schafft damit einen gewissen Ausgleich für die vielfältigen Gewaltenvermengungen und -vermischungen, die das pluralistische System der Bundesrepublik prägen. „Durch die Existenz eines eigenständigen, mit einem Sonderstatus ausgestatteten Finanzkontrollorgans wird ein neutrales Gegengewicht zu dem parteienstaatlich durchdrungenen parlamentarischen Regierungssystem geschaffen, das für die Balance im Verfassungsgefüge von großer Wichtigkeit ist[29]." Art. 114 GG, der den Bundesrechnungshof verfassungsrechtlich institutionalisiert, durchbricht also das überkommene und — wie oben gezeigt — überholte Dreiteilungsschema; gleichzeitig bestätigt die Institution des Bundesrechnungshofs aber die Idee der Gewaltenteilung, „weil erst die Existenz eines solchen sachverständigen Prüfungsorgans eine wirksame Gewaltenbalance und -kontrolle im Verhältnis zwischen Exekutive und Legislative im Finanzbereich ermöglicht"[30].

Die Änderung von Art. 114 GG im Jahre 1969, durch die jetzt ausdrücklich Exekutive *und Legislative* zum Empfänger der Prüfungsberichte bestimmt werden, bestätigt diese Stellung des Rechnungshofs zwischen Exekutive und Legislative. Nach der früheren Fassung des Art. 114 GG wurden die Bemerkungen des Bundesrechnungshofs zusammen mit der Bundeshaushaltsrechnung vom Bundesfinanzminister dem Parlament vorgelegt. Diese Regelung ließ die unmittelbaren funktionellen Beziehungen zwischen Parlament und Bundesrechnungshof bei der Ausübung der Finanzkontrolle nicht klar zum Ausdruck kommen. Nach Art. 114 II 2 n. F. hat der Bundesrechnungshof außer der Bundesregierung nunmehr *unmittelbar* dem Bundestag und dem Bundesrat jährlich zu berichten. Damit hat der Bundesrechnungshof für seine Berichterstattung unmittelbaren Zugang zu den parlamentarischen Körperschaften gefunden (sogenannte „Immediatvorlage" seiner jährlichen Bemerkungen — § 46 Abs. 1 HGrG, § 97 BHO — sowie seiner Berichte in Angelegenheiten von besonderer Bedeutung — § 46 III HGrG, § 99 BHO —)[31]. Der systemwidrige Umweg über den Bundesfinanzminister

[28] *Vogel / Kirchhof* (o. Fn. 9), Rdnr. 174.

[29] *Stern* (o. Fn. 17), 448 f.

[30] *Vogel / Kirchhof* (o. Fn. 9), Rdnr. 174.

[31] *Hans Reger*, Bemerkungen zur Finanzkontrolle. Theorie, allgemeine Sach- und Rechtsfragen, Reform, VerwArch 1975, 195 ff. und 319 ff., 341.

in der Beziehung zu Bundestag und Bundesrat ist damit beseitigt. Gerade dieser unmittelbare Zutritt des Rechnungshofs zum Parlament ist immer ein Kernstück gewesen im Kampf der Rechnungshöfe um ihre Unabhängigkeit von der Exekutive[32]. Gegen den „unmittelbaren Draht" des Rechnungshofs zum Parlament hat sich die Verwaltung — einer langjährigen Tradition folgend — bei den Beratungen der Gesetzentwürfe in zähem Ringen bis zuletzt gesträubt. Auch in der Regierungsvorlage war eine Änderung nicht vorgesehen. Der Rechtsausschuß des Bundestags war jedoch der Auffassung, daß der Rechnungshof „mehr an das Parlament herangeführt werden sollte"[33]. Durch die unmittelbare Zuleitung des Jahresberichts über die Prüfungsfeststellungen an die Entlastungsorgane Bundestag und Bundesrat sollte unterstrichen werden, daß der Rechnungshof „Hilfsorgan sowohl der Legislative als auch der Exekutive ist"[34]. Diese Stellung entspricht voll dem Selbstverständnis des Bundesrechnungshofs. So greift der ehemalige Präsident Hans Schäfer zu Recht zwar die Einordnung als Hilfsorgan an, denn der Bundesrechnungshof sei ein eigenständiges, unabhängiges Staatsorgan, dem Aufgaben nur durch das Grundgesetz und durch Gesetze bestimmt seien. Er bezeichnet den Bundesrechnungshof aber als Institution, die „Parlament und Regierung gleichermaßen hilfreich zur Seite steht"[35].

2. Rechnungshof zwischen Regierung und Verwaltung

Wichtig ist auch die Funktion des Rechnungshofs im Spannungsfeld von Regierung und Verwaltung. Regierung und Verwaltung werden gerne als Einheit, als monolithischer Block behandelt. Sie werden auch im traditionellen Gewaltenteilungssystem als Exekutive zusammengefaßt. Tatsächlich aber droht die Verwaltung aufgrund ihrer Sachkompetenz und ihrer zeitlichen Konstanz der Leitung der vom parlamentarischen Wechsel abhängigen Regierung zu entgleiten[36]. Die Vorstellung von der initiierenden, programmierenden und dirigierenden Regierung auf der einen Seite und einer unpolitischen, ausführenden Verwaltung auf der anderen Seite gehört der Vergangenheit an. Hier hat der Rechnungshof die Aufgabe, die Regierung bei der Kontrolle der Verwaltung zu unterstützen.

---

[32] Vgl. *Bernhard Bank*, Über die Eigenständigkeit des Rechnungshofs zwischen Parlament und Regierung, DÖV 1962, 526 ff., 528; *Heinig* (o. Fn. 7), 40 ff., 43.

[33] Zu BT-Drs. V/3605, 13.

[34] Zu BT-Drs. V/3605, 13.

[35] *Hans Schäfer*, Wer kontrolliert unsere Steuergelder? Finanzprüfung durch den Bundesrechnungshof, Stuttgart 1977, 34.

[36] Vgl. dazu *Rudolf Steinberg*, Faktoren bürokratischer Macht, Die Verwaltung 1978, 309 ff. m. w. N.

3. Rechnungshof als Sachwalter der Allgemeinheit

Schließlich muß die Funktion des Rechnungshofs als Interessenwalter der Allgemeinheit stärker betont werden[37]. Die Öffentlichkeit hat in einem demokratischen Staat ein Recht darauf, zu wissen, wie mit ihren Steuergeldern umgegangen wird. Da sie von Regierung und Parlamentsmehrheit bei den nächsten Wahlen gebraucht wird, hat ihre Kritik oft mehr Wirkung als die der parlamentarischen Opposition.

4. Zusammenfassung

Der Rechnungshof steht im politischen System der Bundesrepublik außerhalb des traditionellen Gewaltenteilungsschemas. Er hat eine sowohl von der Regierung als auch vom Parlament distanzierte und unabhängige Position. Er nimmt eine eigenständige Kontrollfunktion im Rahmen der öffentlichen Finanzwirtschaft wahr. Er dient neben Legislative und Exekutive vor allem auch der Allgemeinheit. „Die Rechnungshöfe nehmen ihre Aufgaben mit Blick auf die im politischen Kräftespiel ansonsten tendenziell zu kurz kommenden Interessen der Allgemeinheit wahr, deren Durchsetzungskraft sie stärken sollen[38].“

Die Rechnungsprüfung durch den Rechnungshof hat daher eine dreifache Zielrichtung: Sie dient

1. der politischen Kontrolle aller wirtschaftlich relevanten Tätigkeiten der Exekutive durch das Parlament (Regierungs- oder Verfassungskontrolle),
2. der Selbstkontrolle, Selbstorganisation und Planung der Exekutive (Verwaltungskontrolle),
3. der Interessenwahrnehmung für die Allgemeinheit.

Aufgabe der nachfolgenden Ausführungen ist es, zunächst die gegenwärtigen Regelungen der Rechnungsprüfung darzustellen und dann diese auf ihre Tauglichkeit zur Erreichung der oben genannten Ziele zu untersuchen. Dabei werden auch Reformvorschläge gemacht werden müssen.

---

[37] Vgl. dazu *von Arnim* (o. Fn. 8), 26; *Vogel / Kirchhof* (o. Fn. 9), Rdnr. 19.

[38] So *von Arnim* (o. Fn. 8), 25.

III. Aufgaben und Arbeitsweise des Bundesrechnungshofs

1. Überblick über die Aufgaben

Nach Art. 114 II 1 GG hat sich die Prüfung des Bundesrechnungshofs auf die Rechnung sowie die Wirtschaftlichkeit und Ordnungsmäßigkeit der Haushalts- und Wirtschaftsführung zu erstrecken. Die Aufgaben des Bundesrechnungshofs, die sich aus der Verfassung geben, werden dementsprechend in Rechnungsprüfung und rechnungsunabhängige Prüfung unterteilt. Neben diesen verfassungsrechtlich zugewiesenen Aufgaben können dem Bundesrechnungshof durch einfaches Gesetz zusätzliche Aufgaben übertragen werden (vgl. Art. 114 II 3 GG). Hierzu ist vor allem die Beratung durch den Bundesrechnungshof zu rechnen, die durch § 88 II BHO, § 42 V HGrG ermöglicht wird.

Die Aufgaben des Bundesrechnungshofs lassen sich daher insgesamt in Rechnungsprüfung, rechnungsunabhängige Prüfung und Beratung gliedern. Rechnungsunabhängige Prüfung und Beratung gewinnen gegenüber der traditionellen Rechnungsprüfung immer mehr an Bedeutung.

2. Rechnungsprüfung

Gem. § 88 I BHO hat der Bundesrechnungshof die gesamte Haushalts- und Wirtschaftsführung des Bundes einschließlich seiner Sondervermögen und Betriebe zu prüfen. Das gesamte staatliche Finanzgebaren ist also Gegenstand der Rechnungsprüfung — das sogenannte Prinzip der Ausschließlichkeit und Lückenlosigkeit der Prüfungskompetenz. Die Prüfung hat sich insbesondere darauf zu erstrecken, ob das Haushaltsgesetz und der Haushaltsplan eingehalten sind, ob die Einnahmen und Ausgaben begründet und belegt sind und die Haushaltsrechnung und die Vermögensrechnung ordnungsgemäß aufgestellt sind, wirtschaftlich und sparsam verfahren wurde oder die Aufgabe mit geringerem Personal- oder Sachaufwand oder auf andere Weise wirksamer hätte erfüllt werden können (§ 90 BHO)[39]. Nur die Rechnungsprüfung ist Grundlage des parlamentarischen Prüfungs- und Entlastungsverfahrens[40]. Sie geht aus von der vom Bundesminister für Finanzen gem. Art. 114 I GG gelegten Haushalts- und Vermögensrechnung und den beigefügten Rechnungsunterlagen. Sie ist in ihren Grundzügen durch die Bundeshaushaltsordnung geregelt, im übrigen aber in das pflichtgemäße Ermessen des Bundesrechnungshofs gestellt. Art und Ausmaß der

[39] Vgl. zum folgenden *Tiemann* (o. Fn. 15), 118 ff.; *Vogel / Kirchhof* (o. Fn. 9), Rdnr. 71 ff.

[40] *Vogel / Kirchhof* (o. Fn. 9), Rdnr. 81.

Prüfung werden allein durch den unabhängigen Bundesrechnungshof bestimmt. Er ist nicht verpflichtet, Änderungs- und Ergänzungswünschen von Bundestag, Bundesrat oder Bundesregierung nachzukommen[41]. Die Beteiligung Dritter (z. B. von Sachverständigen), der Umfang der eigenen Nachforschungen des Bundesrechnungshofs (eigene Ermittlungen, Akteneinsicht etc.) und das Ausmaß seiner (vorläufigen) Beanstandungen zur Vorbereitung eines zur Entlastung ausreichenden Berichts (Erinnerungen, Anhörungen) sind durch den Zweck des Prüfungsverfahrens begrenzt, die parlamentarische Entlastung vorzubereiten. Zur Erfüllung seiner Aufgaben steht dem Bundesrechnungshof ein umfassendes Auskunftsrecht gegenüber der Verwaltung zu (§ 95 BHO).

Das Prüfungsverfahren endet mit der Mitteilung der Prüfungsergebnisse an die zuständigen Dienststellen (vgl. § 96 BHO). Diese haben sich innerhalb einer bestimmten Frist zu äußern. Auch an andere Dienststellen, insbesondere an Aufsichtsorgane, können derartige Mitteilungen erfolgen.

Die endgültigen Ergebnisse der Prüfung — soweit sie für die Entlastung der Bundesregierung wegen der Haushaltsrechnung und der Vermögensrechnung von Bedeutung sein können — werden in einem Bericht, den sogenannten „Bemerkungen“, an Bundestag und Bundesrat zusammengefaßt, der auch der Bundesregierung zugeht (§ 97 BHO). Dieser Bericht des Bundesrechnungshofs soll ein abschließendes, aufgrund eingehender Prüfung erstattetes Votum über einen zurückliegenden Rechnungszeitraum sein. Nur diese einmalige, abgeschlossene Stellungnahme ist das verfassungsrechtlich vorgesehene Mittel, durch das der Bundesrechnungshof auf das Verfahren zur Entlastung der Bundesregierung Einfluß hat. In den Bemerkungen ist gem. § 97 II BHO insbesondere mitzuteilen,

- ob die in der Haushaltsrechnung und der Vermögensrechnung und die in den Büchern aufgeführten Beträge übereinstimmen und die geprüften Einnahmen und Ausgaben ordnungsgemäß belegt sind;
- in welchen Fällen von Bedeutung die für die Haushalts- und Wirtschaftsführung geltenden Vorschriften und Grundsätze nicht beachtet worden sind;
- welche Maßnahmen für die Zukunft empfohlen werden.

Der Bericht erfüllt, entsprechend der Stellung des Bundesrechnungshofs gegenüber Parlament und Bundesregierung, zwei Funktionen: „Einmal soll der Bundesregierung als der Spitze der Exekutive mitgeteilt werden, in welchen exekutiven Bereichen Mängel oder Fehlverhalten im Hinblick auf eine ordnungsmäßige und wirtschaftliche Fi-

[41] *Vogel / Kirchhof* (o. Fn. 9), Rdnr. 75.

nanzgebarung bestehen und wie diesen abgeholfen werden kann. Zum zweiten sollen die parlamentarischen Kontrollorgane zur Wahrnehmung der Entlastungsfunktion eine sachverständige Unterlage an die Hand bekommen[42]."

3. Rechnungsunabhängige Finanzkontrolle

Im Rahmen der rechnungsunabhängigen Finanzkontrolle werden diejenigen finanzwirtschaftlichen Vorgänge geprüft, die nicht in der vom Bundesfinanzminister vorzulegenden Rechnung auszuweisen sind. Art. 114 II GG bestimmt in diesem Zusammenhang, daß der Bundesrechnungshof neben der Rechnung „die Wirtschaftlichkeit und Ordnungsmäßigkeit der Haushalts- und Wirtschaftsführung" zu prüfen hat. Im Rahmen dieser erweiterten Finanzkontrolle prüft der Bundesrechnungshof besonders „Regierungsentscheidungen, die sich finanzwirtschaftlich auswirken, ohne daß sie selber in einer Rechnung auszuweisen wären, also insbesondere langfristige Finanzpläne, Investitionsprogramme, die — einmal ins Werk gesetzt — kaum noch abgebrochen werden können, konjunktur- und wachstumspolitische Maßnahmen unter Einsatz staatlicher Wirtschaftsgüter, vertragliche Finanzverpflichtungen und anderes"[43]. Mit Hilfe der erweiterten Finanzkontrolle könnte der Rechnungshof nach diesen Feststellungen Vogels und Kirchhofs eine umfassende Planungskontrolle betreiben. Wie problematisch das aber ist, wird sich zeigen, wenn der Maßstab, an dem diese Kontrolle vor allem orientiert ist, nämlich Wirtschaftlichkeit und Sparsamkeit, weiter unten analysiert wird. Im Rahmen der erweiterten Finanzkontrolle werden außerdem Vorgänge geprüft, die erst später Gegenstand einer Rechnungsprüfung werden — die rechnungsunabhängige Prüfung ist nämlich nicht auf den Zeitraum des Rechnungsjahres beschränkt. Geprüft werden können aber auch hier nur abgeschlossene Verwaltungsvorgänge. Allerdings können gem. § 89 I Nr. 2 BHO Maßnahmen bereits dann geprüft werden, wenn sie beschlossen sind, sich aber erst später finanziell auswirken. Dadurch soll die Gegenwartsnähe der Prüfung verstärkt werden.

Die rechnungsunabhängige Finanzkontrolle dient nicht der Vorbereitung des formellen Entlastungsverfahrens[44] — dies ist Aufgabe allein der Rechnungsprüfung im engeren Sinne — sondern dem allgemeinen Informationsanspruch der Staatsführung und der Öffentlichkeit. Sie ist daher nicht an bestimmte Prüfungsgegenstände und -zeiträume gebunden und unterliegt auch keinen besonderen Verfahrensregeln. Ihre Ergebnisse sind aber in den jährlichen Prüfungsbericht aufzunehmen, da

---

[42] *Stern* (o. Fn. 17), 441.

[43] *Vogel / Kirchhof* (o. Fn. 9), Rdnr. 30.

[44] *Vogel / Kirchhof* (o. Fn. 9), Rdnr. 81.

sie sonst nicht erhältliche Informationen vermitteln, die der Regierung als Entscheidungsunterlagen für ihre Finanz- und Wirtschaftspolitik und als Hilfsmittel zur Kontrolle der Verwaltung dienen und damit dem Parlament die Erfüllung seiner allgemeinen finanzpolitischen Kontrollfunktion ermöglichen.

Insgesamt muß die rechnungsunabhängige Finanzkontrolle zwischen der Rechnungsprüfung im traditionellen Sinn und der Beratungstätigkeit des Bundesrechnungshofs angesiedelt werden. Sie vereinigt in sich Elemente beider Aufgabenbereiche des Bundesrechnungshofs.

4. Die Beratungstätigkeit des Bundesrechnungshofs

a) Freiwillige Beratung durch den Bundesrechnungshof als Organ

Die Arbeit des Bundesrechnungshofs erschöpft sich nicht nur in der Prüfungstätigkeit. Eine immer größere Bedeutung gewinnt die Beratungstätigkeit. Beratung unterscheidet sich dadurch von der Prüfung, daß die Stellungnahmen des Bundesrechnungshofs erfolgen, bevor die Vorgänge abgeschlossen sind, eventuell sind sie noch gar nicht eingeleitet. Die Prüfung bezieht sich demgegenüber nur auf abgeschlossene, d. h. abschließend entschiedene (nicht notwendig auch vollzogene) Maßnahmen[45].

Über die Beratung erlangt der Rechnungshof eine Beteiligung am staatlichen Finanzwesen und an der staatlichen Verwaltung, die oft nicht mehr in Zusammenhang mit der nachträglichen Rechnungsprüfung zu bringen ist. Die Beratungstätigkeit stützt sich vor allem auf § 42 V HGrG und § 88 II BHO, wonach der Bundesrechnungshof aufgrund von Prüfungserfahrungen den Bundestag, die Bundesregierung und einzelne Bundesminister beraten kann. Die amtliche Begründung zum HGrG betont in diesem Zusammenhang die Bedeutung der Prüfungserfahrungen „für die Lösung von Fragen mit allgemeiner oder grundsätzlicher Bedeutung“; sie fügt dem aber hinzu: „Eine Beratung zu Bewirtschaftungsfragen in Einzelfällen, bei denen erfahrungsgemäß das Absicherungsbedürfnis einzelner Ressorts im Vordergrund steht, sollte hierbei ausgeschlossen sein. Eine Beschränkung der Beratungsfunktion wird durch den vorgesehenen Gesetzesvorbehalt zugelassen[46].“ Doch sind daraus für die BHO offenbar keine Folgerungen gezogen worden: nach § 88 II BHO kann auch ein einzelner Bundesminister beraten werden.

---

[45] Vgl. zum Verhältnis von Prüfung und Beratung: *Helmut Karehnke*, Zur Abgrenzung der Begriffe Prüfung und Beratung, DVBl 1975, 611 ff.

[46] BT-Drs. V/3040, S. 56, Tz 247.

Die Beratung ist nach Initiative, Gegenstand und Umfang in das Ermessen des Bundesrechnungshofs gestellt. Dieser hat damit also die Beratungsmöglichkeit auch gegenüber „Beratungsunwilligen". Daneben sehen eine Reihe weiterer Vorschriften eine Beteiligung des Bundesrechnungshofs vor, so z. B. bei der Aufstellung der Voranschläge zum Haushaltsplan (§ 27 II BHO) oder beim Erlaß von Verwaltungsvorschriften (§ 103 BHO). § 102 BHO sichert eine laufende Unterrichtung des Bundesrechnungshofs über wichtige Maßnahmen im haushaltswirtschaftlichen Bereich der Verwaltung, mit dem Recht, sich gutachtlich zu äußern.

Durch diese Vorschriften fühlt sich der Bundesrechnungshof legitimiert, beratend potentiell bei Planung und Durchführung aller finanziell bedeutsamen Verwaltungsaufgaben mitzuwirken. Hier sei exemplarisch aufgeführt[47]: Alle Haushaltsvoranschläge der Bundesministerien werden direkt dem Bundesrechnungshof zugeleitet. Dieser prüft sie und beteiligt sich später an den Beratungen des Finanzministers mit den Einzelressorts. Selbst bei der Beratung im Kabinett und in den parlamentarischen Ausschüssen (vor allem dem Haushaltsausschuß) sind Vertreter des Bundesrechnungshofs zugegen. Auch während des Vollzugs des Haushaltsplans wird der Bundesrechnungshof mit dem Ersuchen eingeschaltet, sich zu geplanten Maßnahmen zu äußern. Daneben beschäftigt sich der Rechnungshof auch mit Fragen, die nicht in unmittelbarem Zusammenhang mit der Vorbereitung und dem Vollzug des Haushaltsplans stehen. So arbeitete er an dem Entwurf eines neuen Besoldungsgesetzes mit und war an den Arbeiten einer Tarifkommission beteiligt. Vertreter des Bundesrechnungshofs bilden gemeinsam mit Ministerialbeamten einen „Ausschuß für Organisationsfragen".

Der Bundesrechnungshof ist jedoch nicht nur auf dieser formellen Ebene beratend an Entscheidungen der Exekutive beteiligt. Genauso wichtig nämlich dürften die informellen Kontakte zwischen Rechnungshof und Verwaltung sein. In der Praxis sieht das häufig so aus, daß die einzelnen Sachbearbeiter in den Verwaltungen „ihren Prüfer" im Rechnungshof anrufen und um Rat fragen, bevor sie umstrittene Entscheidungen fällen. Der Anruf soll sie vor späteren negativen Kontrollbemerkungen absichern[48].

Diese umfangreiche Beratungstätigkeit des Bundesrechnungshofs wirkt sich unmittelbar auf den politischen Prozeß aus. Parlament, Regierung und Verwaltung beziehen in ihre Überlegungen die Gutachten

[47] Vgl. *Guido Roedig*, Zur Problematik der Mitwirkung des Bundesrechnungshofs bei der Planung und Durchführung von Verwaltungsaufgaben, Diss. iur. Köln 1966, 43 ff.; *Schäfer* (o. Fn. 35), 47 ff.

[48] Der Verfasser stieß auf dieses Phänomen bei Interviews von Mitarbeitern der Universitätsverwaltungen.

und Stellungnahmen der Rechnungshöfe ein. Diese Beraterfunktion teilen die Rechnungshöfe mit einer Vielfalt anderer Beratungseinrichtungen — man denke dabei nur an die zahllosen Wissenschaftlerstäbe, die die Politik beraten, eine Entwicklung, die zum Begriff von der „Verwissenschaftlichung der Politik" geführt hat[49]. Paradigmatisch wäre hier der Sachverständigenrat zur Begutachtung der gesamtwirtschaftlichen Entwicklung zu nennen[50]. Von diesen „normalen" Beratern unterscheidet sich die Beratung durch den Rechnungshof aber dadurch, daß er die Tätigkeit, die er beraten hat, nachträglich noch kontrolliert. Außerdem hat der Bundesrechnungshof durch seine durch das Grundgesetz garantierten Rechte eine gegenüber den anderen Beratungsgremien herausgehobene Stellung. Seine Beratung hat daher für Regierung und Verwaltung ungleich mehr Gewicht als die der anderen Beratungsinstitutionen. Diese Problematik der Mitwirkung des Bundesrechnungshofs bei Planung und Vollzug von Maßnahmen, die er später noch „unabhängig" kontrollieren soll, wurde in der politologischen Literatur bisher kaum beachtet, im Gegensatz zur juristischen Literatur, wo die Spannungslage von Beratung und Kontrolle ausführlich erörtert wurde. Hier sollen nur die wichtigsten Argumente der verschiedenen Positionen diskutiert werden.

Zur Rechtfertigung der umfangreichen Beratungspraxis wird geltend gemacht, daß durch eine vorherige Einschaltung des Bundesrechnungshofs in vielen Fällen unrechtmäßige, insbesondere unwirtschaftliche Verwaltungsmaßnahmen verhindert wurden. Die Sachkunde des Bundesrechnungshofs ginge im Planungsprozeß verloren, wenn er nicht beraten dürfte. „Es gibt zahlreiche Beispiele einer erfolgreichen Kooperation zwischen Verwaltung und Rechnungshof[51]." Für solche „permanent korrigierende, adjustierende und stimulierende" Beeinflussung durch ein unabhängiges, sachverständiges Organ ohne Entscheidungsbefugnis bestehe „wachsende Unentbehrlichkeit"[52]. Beratung und Prüfung durch den Bundesrechnungshof werden als „zwei sich gegenseitig ergänzende und in ihrer Wirksamkeit verstärkende Stufen eines einheitlichen Beitrages zur Verbesserung der Rationalität des Entscheidungsverfahrens"[53] betrachtet.

---

49 Vgl. hierzu neuestens *Gottfried T. W. Dietzel*, Wissenschaft und staatliche Entscheidungsplanung, Berlin 1978, mit umfassender Literaturverarbeitung.

50 *Dietzel* (o. Fn. 49), 212 ff.

51 *Hans Schäfer*, Aktuelle Fragen einer modernen Finanzkontrolle, Bulletin der Bundesregierung 1973, 1034 ff., 1037; vgl. auch *Friedrich Karl Vialon*, Streitfragen der öffentlichen Finanzkontrolle, Finanzarchiv 1962, 1 ff., 18.

52 *Tiemann* (o. Fn. 15), 163.

53 *von Arnim* (o. Fn. 12), 378.

Gegen die Beratung durch den Bundesrechnungshof wird einmal ins Feld geführt, die vorherige Einschaltung der Rechnungshöfe in noch laufende Verwaltungsvorgänge gefährde die durch Art. 114 GG den Mitgliedern der Rechnungshöfe gewährleistete richterliche Unabhängigkeit. „Die Gefahr ist nicht von der Hand zu weisen, daß sich der Rechnungshof mit seiner vorherigen gutachtlichen Äußerung präjudiziert, und zwar in einem Zeitpunkt, in dem möglicherweise der Fall noch gar nicht voll überschaubar ist[54].“ Tatsächlich kann kaum bestritten werden, daß durch die vorherige Beratung zumindest die Unbefangenheit bei der späteren Prüfung beeinträchtigt werden kann. Die Rechnungsprüfung ist ihrem Wesen nach aber Prüfung durch einen unbeteiligten Dritten. Ein Prüfer, der für den zu prüfenden Vorgang bereits eine gutachtliche Stellungnahme abgegeben hat, wird später kaum zu einem gegenteiligen Prüfungsergebnis kommen. Das scheint aber mit der unabhängigen Kontrollfunktion des Bundesrechnungshofs kaum vereinbar. Denn die Gefahr ist groß, daß die zu kontrollierenden Stellen durch eine verstärkte Einbindung der Rechnungshöfe in den Entscheidungsprozeß die späteren Entscheidungen der Prüfer faktisch binden. Natürlich sind die Prüfungsbeamten durch ihre Beratungsergebnisse bei der nachherigen Kontrolle rechtlich nicht festgelegt. Aber es ist doch klar, daß psychologisch eine Tendenz besteht, das eigene Gutachten auch im Kontrollprozeß aufrechtzuerhalten. Obwohl aus juristischer Sicht von der h. M. die Einschränkung der Unbefangenheit für rechtlich zulässig erachtet wird[55], da — wie bereits gesagt — rechtlich der Prüfer ja nicht an sein Gutachten gebunden ist, sollte die Einschränkung der Kontrollfunktion durch vorherige Beratung daher politisch ins Kalkül einbezogen werden. Hier wird auch die Problematik der Doppelfunktion der Rechnungshöfe wieder sichtbar. Für die Verwaltungskontrolle durch die Regierung ist die Beratungstätigkeit durch den Rechnungshof kein großes Problem, da die Regierung meistens weiß, ob z. B. ein Gutachten angefordert wurde, vielleicht hat sie es sogar selbst bestellt. Schwieriger ist es aber für das Parlament zu erkennen, wo die Kontrollfunktion des Rechnungshofs durch vorherige Beratung möglicherweise eingeschränkt wurde.

Der zweite — gewichtigere — Einwand gegen die Beratung durch den Rechnungshof liegt in der Behauptung, eine vorgängige Beteiligung der Rechnungshöfe an der Planung und Durchführung von Verwaltungsaufgaben beeinträchtige die Verantwortlichkeit der zuständigen Minister, sie führe zu einer unzulässigen *Mitverwaltung*[56]. Äußert sich der Bun-

---

[54] *Hans Reger*, Zum Thema „Überrechnungshof“, DÖH 6 (1960/62), 193 ff., 194.

[55] Vgl. *Vogel / Kirchhof* (o. Fn. 9), Rdnr. 201.

[56] Vgl. dazu *Roedig* (o. Fn. 47), passim; *Klaus Vogel*, Verfassungsrechtliche Grenzen der öffentlichen Finanzkontrolle, DVBl 1970, 193 ff., 197.

desrechnungshof aus eigener Initiative, so muß die Verwaltung damit rechnen, daß er auch im anschließenden Rechnungsprüfungsverfahren bei seiner Auffassung bleibt. Dies zwingt die Verwaltung — jedenfalls de facto —, sich dem Standpunkt des Bundesrechnungshofs anzuschließen. Schaltet sich der Bundesrechnungshof dagegen auf Ersuchen der Verwaltung ein, so ist sie meist von vornherein bereit, sich die Auffassung des Rechnungshofs zu eigen zu machen, um Beanstandungen im Prüfungsverfahren zu vermeiden. Der Rechnungshof wird ja dann gerade eingeschaltet, um sich abzusichern. Vor allem Weisser[57] hat auf diese Gefahren der Beratung aufmerksam gemacht. Er meint, der Rechnungshof könne über die Beratung eine eigene Politik betreiben. Politisch scharf profilierte Rechnungshofbeamte könnten die ihnen durch eine umfangreiche Beratungstätigkeit zufallende Rolle zu einer Politik auf eigene Faust ausnützen. Daß diese Befürchtung nicht unberechtigt ist, wird klar, wenn man untersucht, in welchen Bereichen sich die Beratung abspielt. In den meisten Fällen geht es nämlich um die Beteiligung an der Planung und am Vollzug von Entscheidungen, die nicht rechtlich determiniert sind, also um politische oder Ermessensentscheidungen. Richtschnur für die Beratung des Bundesrechnungshofs sind hier aber in erster Linie Wirtschaftlichkeit und Sparsamkeit. Wie offen diese Begriffe sind, wird unten analysiert werden. Soviel sei hier aber schon gesagt: Der Begriff Wirtschaftlichkeit ist weitgehend eine Leerformel. Etwas an und für sich Wirtschaftliches oder Unwirtschaftliches gibt es nicht. Weisser hat daher recht, wenn er sagt, der Prüfungsbeamte müsse bei der Beurteilung solcher Fragen von seinem eigenen Wertsystem ausgehen. Er müsse schöpferisch tätig werden, wenn er einen fraglichen Aufwand als nicht vertretbar bezeichnen und die Verwaltung zu einem anderen Verhalten anregen wolle.

Der Vorwurf, der Bundesrechnungshof übe durch seine beratende Tätigkeit, eine Form verfassungsrechtlich unzulässiger Mitverwaltung aus, wird vor allem auf Art. 65 S. 2 GG gestützt[58]. Danach leitet jeder Bundesminister innerhalb der vom Bundeskanzler bestimmten Richtlinien der Politik sein Ressort selbständig und unter eigener Verantwortung. Diesem Grundsatz der Selbständigkeit und Eigenverantwortlichkeit des Ressortchefs widerspreche die beratende Mitwirkung des Bundesrechnungshofs. Zum einen könne der Bundesminister die mit dieser Selbständigkeit verbundene parlamentarische Verantwortung nur tragen, wenn er selbst entscheidungsbefugt sei und nicht durch eine vorgängige Überwachung des Rechnungshofs in seiner Entscheidungsfreiheit beeinträchtigt werde. Zum anderen führe die Beratung mög-

---

[57] *Gerhard Weisser*, Überrechnungshof?, DÖH 6 (1960/62), 65 ff.

[58] Vgl. *Vogel* (o. Fn. 56), 197 m. w. N.; *Franz Klein*, Grundgesetz und Haushaltskontrolle, DÖV 1961, 805 ff.

licherweise zu einer Flucht aus der Verantwortung[59]. Habe sich die Verwaltung an einen Vorschlag des Bundesrechnungshofs gehalten, so werde sie sich mit einem Hinweis darauf der Verantwortung gegenüber dem Parlament zu entziehen suchen. In der Tat muß man davon ausgehen, daß durch die Beratung die Exekutive von ihrer Verantwortung teilweise entlastet wird: „Der Rechnungshof übernimmt Verantwortung — ohne daß er seinerseits für seine Raterteilung verantwortlich wäre (d. h. dem Parlament gegenüber für seinen Ratschlag einstehen müßte)[60]." Verantwortung und Verantwortlichkeit fallen hier also auseinander.

Gegen diese Bedenken wird geltend gemacht, die beratende Verwaltungsbehörde sei ja gar nicht an die Meinung des Rechnungshofs gebunden. In einer Art „Haftungsausschluß"[61] für den Rechnungshof wird darauf hingewiesen, daß die Verantwortung der Verwaltung nicht abgenommen werden könne. „Weder die gutachtlichen Vorschläge noch die Prüfungsentscheidungen des Rechnungshofs sind für die Verwaltung oder für das über die Entlastung befindende Parlament verbindlich, so daß von ihnen keine präjudizierende Wirkung ausgehen kann[62]." Die endgültige Entscheidung liege immer noch bei der Exekutive.

Dieses „dezisionistische"[63] Modell der Beratung politischer Entscheidungen, das in der Rechtswissenschaft immer noch vorherrschend ist, geht aber an der realen Beratungssituation vorbei. Vor allem in der politik- und wirtschaftswissenschaftlichen Analyse der Politikberatung[64] durch Sachverständige ist klar geworden, daß Beratung und Entscheidung in der Regel „keine punktuellen Akte" sind, die streng voneinander isoliert werden könnten[65]. Die Entscheidung wird in einem oft langwierigen Prozeß schrittweise vorbereitet. Während dieses Prozesses stehen der Berater und die entscheidende staatliche Instanz miteinander in Kontakt und beeinflussen sich gegenseitig. Die Einflußnahme des Beraters beginnt oft bereits bei der Präzisierung der Zielvorstellungen der

---

[59] *Weisser* (o. Fn. 57), 71.

[60] *Vogel* (o. Fn. 56), 197.

[61] So *Hans Reger*, Verwaltung und Rechnungshof, BayVBl 1963, 329 ff., 332.

[62] *Grupp* (o. Fn. 1), 123.

[63] Die Unterscheidung eines dezisionistischen, technokratischen und pragmatischen Beratungsmodells geht zurück auf *Jürgen Habermas;* vgl. seinen Aufsatz: Verwissenschaftlichte Politik und öffentliche Meinung, in: *ders.*, Technik und Wissenschaft als Ideologie, Frankfurt 1968, 120 ff. Zu diesen — nicht unproblematischen — Beratungsmodellen vgl. auch *Dietzel* (o. Fn. 49), 236 ff.; *Klaus Lompe,* Wissenschaftliche Beratung der Politik, Göttingen 1966, 28 ff.

[64] Vgl. nur *Lompe* (o. Fn. 63); *Arnd Morkel,* Politik und Wissenschaft, Hamburg 1967; umfassend *Dietzel* (o. Fn. 49).

[65] Vgl. zum folgenden *Winfried Brohm,* Sachverständige und Politik, in: Festschrift für Ernst Forsthoff, München 1972, 35 ff., 44 ff.; *von Arnim* (o. Fn. 12), 337 f.

Politiker. Diese haben häufig zunächst nur unbestimmte Vorstellungen von ihrem Ziel und müssen von dem Berater über Zielkonflikte und Interdependenzen erst aufgeklärt werden. Man denke hier z. B. an das Ziel Verwaltungsvereinfachung. Bis dieses Ziel durch Unterziele operationalisierbar gemacht worden ist, ist ein langwieriger Konkretisierungsprozeß zu durchlaufen. In diesem Konkretisierungsprozeß fallen bereits wesentliche Vorentscheidungen, die natürlich durch die sachverständigen Berater entscheidend beeinflußt werden. Die Einflußnahme durch die Berater setzt sich fort auf allen Ebenen des Entscheidungsprozesses, so bei der Zustandsanalyse, der Prognose der zukünftigen Entwicklung, dem Abstecken des Handlungsspielraums, der Auswahl von Handlungsalternativen usw. Auf allen diesen Stufen werden die Vorstellungen der Politiker über Ziele, Art und Zeitpunkt der Maßnahmen durch die Argumente der Berater laufend neu präzisiert und damit verändert. „Insofern ist jede Beratung Mitwirkung an der Entscheidung, „Mitentscheidung". Der Jurist, der klare Verantwortlichkeiten sucht, neigt dazu, lediglich den letzten Teil des Entscheidungsprozesses, die „Entscheidung", in den Blick zu nehmen. Er übersieht dabei allzuleicht, daß diese vielfach nur der Endpunkt eines langen Prozesses ist, in dem sie inhaltlich geformt und damit faktisch bereits gefällt wurde[66]."

Als Ergebnis dieser Überlegungen ist festzuhalten, daß der Bundesrechnungshof in seiner Funktion als Berater mitgestaltend im politischen Prozeß tätig wird. Diese beratende Tätigkeit findet in Art. 114 GG, der seine Stellung umschreibt, keine unmittelbare verfassungsrechtliche Grundlage. Fraglich ist vor allem die demokratische Legitimation des Bundesrechnungshofs für eine solche umfangreiche Beratungstätigkeit. Man wird allerdings nicht so weit gehen können wie Roedig, der meint: „Gutachten des Bundesrechnungshofs sind unzulässig, weil einem parlamentarisch nicht verantwortlichen Staatsorgan ohne verfassungsrechtliche Grundlage kein bestimmender Einfluß auf die Haushalts- und Wirtschaftsführung eingeräumt werden darf[67]." Es muß nämlich gesehen werden, „daß die Gutachtertätigkeit, soweit sie sich auf haushaltsrechtliche und haushaltswirtschaftliche Fragen allgemeiner Art und nicht auf konkrete Einzelfälle bezieht, also bei ‚Gutachten ohne Einzelfall', die Prüfungstätigkeit — ohne sie in unzulässiger Weise vorweg zu nehmen — wertvoll ergänzen und die Prüfungserfahrungen generell nutzbar machen kann[68]."

Die Unterscheidung zwischen Einzelfall-Gutachten und „abstraktem" Gutachten ohne Einzelfall scheint mir der entscheidende Gesichtspunkt zu sein. Gutachten, die konkrete Einzelfälle betreffen, sind zu unterlas-

[66] *Brohm* (o. Fn. 65), 45.
[67] *Roedig* (o. Fn. 47), 147.
[68] *Reger* (o. Fn. 54), 194 f.

sen, „weil erfahrungsgemäß das Absicherungsinteresse einzelner Ressorts im Vordergrund steht“[69] und weil der Bundesrechnungshof in diesen Fällen zu stark mitgestaltend in einem Bereich tätig wird, den er später zu kontrollieren hat. Daneben müssen vor allem auch die informellen Anfragen der Verwaltung an den Rechnungshof unterbunden werden. Gutachten, die abstrakte Fragen betreffen — wie z. B. Stellungnahmen zu Organisationsmodellen, Arbeitsmethoden etc. — sind dagegen zulässig, allerdings nur dann, wenn sie „aufgrund von Prüfungserfahrungen“ ergehen (§ 88 II BHO). Ob dieses Erfordernis allerdings eine praktikable Grenze für die Beratung darstellt, erscheint zweifelhaft. In irgendeiner Form wird der Bundesrechnungshof für jede Beratungstätigkeit auf Prüfungserfahrungen zurückgreifen können. Man wird dem genannten Tatbestandsmerkmal vor allem einen Hinweis daraufhin entnehmen müssen, daß eine Beratungstätigkeit des Bundesrechnungshofs nur dann legitim ist, wenn sie in Zusammenhang mit seiner Hauptaufgabe — nämlich der Prüfung — steht. Auf jeden Fall sind Stellungnahmen unabhängig von Prüfungserfahrungen unzulässig. In dieser Weise verfährt übrigens schon seit Jahrzehnten der Bayerische Oberste Rechnungshof[70]. Natürlich wird es oft schwerfallen, konkrete Einzelfälle von allgemeinen Fragen zu trennen. Es wäre aber schon ein beachtlicher Fortschritt, wenn die in den beiden Begriffen zutage tretende Tendenz von den Rechnungshöfen beachtet würde.

Um die Beratungstätigkeit auch organisatorisch klar von der Prüfungstätigkeit zu trennen, wäre zu überlegen, ob in den Rechnungshöfen nicht jeweils eine eigene Abteilung gegründet werden sollte, die die Prüfungs-Erfahrungen der anderen Bereiche für allgemeine Gutachten verwendet. Vogel[71] schlägt in diesem Zusammenhang die Einrichtung eines „Amtes für Verwaltungsreform“ vor, „das mit dem Rechnungshof in enger Symbiose leben könnte“. Um Doppelfunktionen zu vermeiden, ist es m. E. aber ausreichend, innerhalb der Rechnungshöfe Beratung und Prüfung organisatorisch zu trennen. Das hätte den Vorteil, daß Prüfer und Berater zumindest nicht mehr dieselbe Person sein könnten. Das Befangenheitsargument könnte so weitgehend entkräftet werden.

b) Verpflichtung des Rechnungshofs zur Gutachtenerstellung aufgrund von Ersuchen von Parlament oder Regierung

Im Gegensatz zur Regelung in § 88 BHO sehen mehrere Landeshaushaltsordnungen verbindliche Gutachtenaufträge an die Rechnungshöfe vor, die von den Landtagen oder den Landesregierungen ausgehen kön-

---

[69] BT-Drs. V/3040, S. 56, Tz 247.

[70] Vgl. *Reger* (o. Fn. 47), 195.

[71] Vgl. *Vogel* (o. Fn. 56), 198.

nen. So sind derartige Regelungen in § 88 III BayHO, § 88 III LHO/Baden-Württemberg, § 88 V LHO/Hamburg, § 88 III LHO/Hessen, § 88 III LHO/Niedersachsen, § 88 III LHO/Rheinland-Pfalz und § 88 IV LHO/Schleswig-Holstein zu finden.

Gegen diese verbindlichen Beratungsaufträge sprechen — zusätzlich zu den gegen eine freiwillige Beratung geltend gemachten Bedenken — eine Reihe weiterer wichtiger Argumente:

— Die Unabhängigkeit der Rechnungshöfe bezieht sich auf Art, Inhalt und Umfang der Kontrolltätigkeit. Die Unabhängigkeit bei der Auswahl des Kontrollobjekts ist aber gefährdet, wenn der Rechnungshof auf Verlangen von Regierung oder Parlament Gutachten zu bestimmten Fragen erstellen muß[72].

— Die Prüfungs- und die Beratungskapazität der Rechnungshöfe ist sehr begrenzt. Durch die Erteilung von Gutachtenaufträgen haben es Regierung und Parlament aber in der Hand, die Rechnungshöfe von der Erledigung anderer Aufgaben, die sie sich gestellt haben, abzuziehen[73]. „Die Kontinuität der Prüfungstätigkeit leidet, wenn die vom Rechnungshof gesetzten Schwerpunkte zugunsten aktueller Anliegen verschoben werden[74].“ Schlimmstenfalls könnte der Rechnungshof durch eine Vielzahl solcher Aufträge lahmgelegt werden.

— Durch verbindliche Beratungsaufträge könnte der Rechnungshof in eine Schiedsrichterrolle bei politischen Kontroversen hineingedrängt werden. Es besteht die Gefahr, daß sich Parlament und Regierung um ihre politische Verantwortung für umstrittene Maßnahmen drükken, indem sie ein Gutachten des Rechnungshofs einholen und dieses ihrer Entscheidung mit dem Argument zugrundelegen, der Rechnungshof als neutrales Organ werde schon das Richtige geraten haben. Zu einer derartigen „Mitregierung“ ist der Rechnungshof aber weder demokratisch legitimiert, noch fachlich kompetent genug.

— Das Hineinziehen in tagespolitische Fragen durch obligatorische Gutachtenerstellung könnte zu einer Politisierung der Rechnungshöfe führen. Das hätte aber schädliche Auswirkungen auf die öffentliche Akzeptanz ihrer Prüfungstätigkeit.

— Es erscheint auch aus rechtlichen Gründen fraglich, ob die Landeshaushaltsordnungen Bestimmungen über Gutachtenaufträge überhaupt aufnehmen durften. Die Landeshaushaltsordnungen müssen

---

[72] Vgl. *Reger* (o. Fn. 31), 225; so auch schon *Herbert Peucker*, Grundfragen neuzeitlicher Finanzkontrolle, Göttingen 1952, 79, Anm. 1.

[73] Vgl. *Werner Weber*, Zur Frage der Rechnungsprüfung der juristischen Personen des öffentlichen Rechts, DÖH 1 (1954/55), 27 ff., 37.

[74] So *Dieter Keller*, Prüfungsaufträge und Unabhängigkeit der Rechnungshöfe, DÖV 1979, 705 ff., 706.

sich am Haushaltsgrundsätzegesetz ausrichten. Dieses sieht in § 42 V vor, daß der Rechnungshof aufgrund von Prüfungserfahrungen beraten *kann*. Es ist aber außerordentlich zweifelhaft, ob die Landeshaushaltsordnungen diese Kann-Vorschrift in eine Muß-Vorschrift umwandeln durften[75].

Insgesamt ist festzustellen, daß eine Verpflichtung der Rechnungshöfe zur Gutachtenerstellung aufgrund von Ersuchen von Parlament oder Regierung sowohl aus politischen als auch aus rechtlichen Gründen außerordentlich problematisch erscheint. Von dieser Möglichkeit sollten Regierung und Parlament — wenn überhaupt — nur äußerst sparsam Gebrauch machen.

c) Beratung durch den Bundesbeauftragten für die Wirtschaftlichkeit in der Verwaltung (BWV)

Auch nachdem durch § 88 II BHO jetzt dem Bundesrechnungshof insgesamt die Beratung als Aufgabe zugewiesen worden ist (bis zum Erlaß der BHO konnte gem. §§ 101 RHO, 8 BRHG gutachtliche Tätigkeit nur vom Bundesrechnungshofspräsidenten wahrgenommen werden), hat die Bundesregierung mit Beschluß vom 15. 9. 71 den Präsidenten des Bundesrechnungshofs daneben zum Beauftragten für Wirtschaftlichkeit[76] bestellt. Grund dafür war, daß vor allem in Fällen von besonderer Bedeutung oder Eilbedürftigkeit ein individueller Beamter zur Verfügung stehen soll, der unabhängig von kollegialen Entscheidungen seine Stellungnahmen nach persönlichen Weisungen erarbeiten lassen kann. „Die bisher dem BWV vorbehaltene Beratungsfunktion ist durch die BHO seit dem 1. 1. 70 als gesetzlicher Auftrag auch dem Bundesrechnungshof als Behörde erteilt (§ 88 II BHO). Trotzdem ist die Bestellung eines BWV noch sinnvoll. Denn der Bundesrechnungshof kann seine beratende Tätigkeit nur in nicht weisungsgebundenen Kollegialverfahren ausüben. Der BWV dagegen kann unabhängig vom Kollegium seine Stellungnahmen nach persönlichen Weisungen erarbeiten lassen. Das kann in Fällen von besonderer Bedeutung oder Eilbedürftigkeit vorteilhafter sein. Die Einsetzung eines BWV läßt sich indessen nur vertreten, wenn damit kein besonderer personeller Aufwand verbunden ist. Deshalb muß diese Aufgabe auch weiterhin dem Präsidenten des Bundesrechnungshofs in Personalunion übertragen werden. Nur er kann sich eines bereits vorhandenen Personalkörpers bedienen und zudem gleichzeitig die Kenntnisse und Erfahrungen des Bundesrechnungshofs aus dessen Prüfungstätigkeit nutzen[77].“

---

[75] Vgl. *Reger* (o. Fn. 31), 226; *Erwin Adolf Piduch*, Bundeshaushaltsrecht, Bd. 2, Stuttgart, Berlin, Köln, Mainz, Stand 1. 1. 1981, Anhang zu § 88 BHO, b).

[76] *Piduch* (o. Fn. 75), § 88, Anm. 6.

[77] Zitat nach *Piduch* (o. Fn. 75), § 88, Anm. 6.

Die Institution des BWV geht auf das Amt des Reichssparkommissars zurück, das 1922 angesichts äußerst gespannter Haushaltslage eingerichtet wurde[78]. Seither haben jeweils die Präsidenten des Rechnungshofs dieses Amt innegehabt.

Fraglich ist, ob neben der Beratungsaufgabe des Bundesrechnungshofs als Organ nach § 88 II BHO für eine Beratungsaufgabe des Bundesrechnungshofspräsidenten als BWV überhaupt noch Raum ist, ob das Amt des BWV nicht obsolet geworden ist. So sollte durch den neuen Art. 114 II 3 GG „ermöglicht werden, daß ohne verfassungsrechtliche Zweifel durch einfaches Bundesgesetz dem Rechnungshof Zuständigkeiten und Aufgaben übertragen werden, die er bisher durch seinen Präsidenten (z. B. Gutachten als Beauftragter für die Wirtschaftlichkeit in der Verwaltung — Sparkommissar) ausgeübt hat“[79], und durch § 88 II BHO „sollte die bisher auf die Person des Präsidenten beschränkte beratende Funktion des Bundesrechnungshofs gegenüber Parlament und Regierung ... ihre volle gesetzliche Legitimation erfahren“[80]. Neben der Beratungsaufgabe des Bundesrechnungshofs nach § 88 II BHO sollte also für eine Beratungsaufgabe des Bundesrechnungshofspräsidenten als BWV kein Raum mehr sein[81]. Neben diesen aus Sinn und Zweck der Neuregelung des § 88 II BHO abgeleiteten Bedenken gegen die Beibehaltung des Amtes und der allgemeinen Bedenken gegen eine Beratungstätigkeit des Bundesrechnungshofs liegen die Probleme des Amtes des BWV vor allem in folgendem: Einmal in der Heraushebung eines einzelnen Mitglieds des Bundesrechnungshofs unter Durchbrechung des Kollegialprinzips, zum anderen im Abstellen auf die Weisungsbefugnisse des Bundesrechnungshofspräsidenten, was eine Gutachtenerstellung beschleunigen soll. Besonders zum zweiten Punkt ist zu sagen, daß der Bundesrechnungshofspräsident bei der Heranziehung von Mitgliedern des Rechnungshofs auf deren Einverständnis angewiesen ist. Der Präsident kann daher Weisungen nur gegenüber den „Prüfungsbeamten“ im Sinne des § 119 II RHO erlassen.

Der ehemalige Präsident des Bundesrechnungshofs Hans Schäfer stellte zwar fest, „daß die Tätigkeit des Bundesbeauftragten als wichtige, aber auch notwendige Ergänzung der Prüfung der Haushalts- und Wirtschaftsführung des Bundes durch den Bundesrechnungshof anzusehen ist“[82]. Meiner Ansicht nach würde sich aber das Amt erübrigen,

[78] Zur Geschichte dieser Institution vgl. *Friedrich von Pfuhlstein*, Über die Institution des Bundesbeauftragten für Wirtschaftlichkeit in der Verwaltung, in: Verfassung, Verwaltung, Finanzkontrolle, Festschrift für Hans Schäfer, Köln u. a. 1975, 375 ff.

[79] Zu BT-Drs. V/3605, 13.

[80] Zitiert nach *Piduch* (o. Fn. 75), § 88, Anm. 6.

[81] *Piduch* (o. Fn. 75), § 88, Anm. 6.

[82] *Schäfer* (o. Fn. 35), 51.

wenn der Bundesrechnungshof eine spezielle Abteilung für Beratung aufbaute. Diese Abteilung könnte die Aufgabe des BWV bruchlos übernehmen, so daß die dem Bundesrechnungshof wegen seines Kollegialaufbaus wesensmäßig fremde Hervorhebung eines Einzelmitglieds mit Weisungsgewalt entfiele[83].

IV. Maßstäbe der Kontrolle

Nach Art. 114 II GG hat der Bundesrechnungshof die Rechnungen sowie die Wirtschaftlichkeit und Ordnungsmäßigkeit der Haushalts- und Wirtschaftsführung zu prüfen[84]. Diese Regelung wird durch § 90 BHO ergänzt, der Schwerpunkte der Rechnungsprüfung („insbesondere") kennzeichnet. Daraus ergeben sich drei Maßstäbe für die Prüfung:

1. rechnungstechnische Ordnungsmäßigkeit,
2. Rechtmäßigkeit,
3. Wirtschaftlichkeit und Sparsamkeit.

Bei der folgenden Darstellung und Analyse der Kontrollmaßstäbe wird besonderes Gewicht auf die „Wirtschaftlichkeit und Sparsamkeit" gelegt werden, weil dieser Maßstab am wenigsten geklärt ist und daher Anlaß zu intensiver wissenschaftlicher und politischer Auseinandersetzung gegeben hat.

1. Rechnungstechnische Ordnungsmäßigkeit

Unter rechnungstechnischer Korrektheit ist die Begründung und Belegung der Einnahmen und Ausgaben und die ordnungsmäßige Aufstellung der Haushalts- und Vermögensrechnung zu verstehen (§ 90 Nr. 2 BHO). Bei der Prüfung geht es hier also darum, die „Rechnung" an den für Rechnungen allgemein geltenden Regeln zu messen[85]. Maßstab der Prüfung sind allein die der Bilanz- und Buchungstechnik entlehnten Regeln der Rechnungslegungstechnik. „Bei der Prüfung der rechnungstechnischen Ordnungsmäßigkeit einer Rechnung prüft der Bundesrechnungshof also lediglich die Frage, ob die Rechnung in sich folgerichtig, vollständig, übersichtlich und im einzelnen belegt ist[86]."

---

[83] Kritik an der Institution des BWV auch bei *Reger* (o. Fn. 31), 230 ff.

[84] Zum folgenden vgl. *Tiemann* (o. Fn. 15), 126 ff.

[85] Vgl. *Stern* (o. Fn. 17), 434.

[86] *Vogel / Kirchhof* (o. Fn. 9), Rdnr. 85.

2. Rechtmäßigkeit

Bei der Kontrolle der Rechtmäßigkeit überprüft der Rechnungshof nicht nur die Übereinstimmung des finanzwirksamen Verwaltungshandelns mit dem Haushaltsgesetz und dem Haushaltsplan (§ 90 Nr. 1 BHO). Vielmehr mißt er das exekutivische Handeln an allen Rechtsvorschriften, also z. B. auch an der Verfassung. Haushaltsplan und Haushaltsgesetz hat er ebenfalls am Maßstab höherrangigen Rechts zu prüfen.

Die Kontrolle der Einhaltung des Haushaltsplans als der notwendigen Ermächtigung zu allen Einzelausgaben der Exekutive ist nach wie vor eine der wichtigsten Aufgaben der Rechnungshöfe. „Während sich früher die Prüfung der Rechtmäßigkeit des Haushaltsvollzugs aber im wesentlichen auf eine Gegenüberstellung der Einzelausgaben und -einnahmen mit dem Haushaltsplan beschränkte, besteht unter dem Grundgesetz eine wichtige und schwierige Aufgabe des Bundesrechnungshofs darin, die jeweiligen Einzelermächtigungen auf ihre Vereinbarkeit mit der Verfassung sowie mit den gesetzlichen Planungsrichtlinien und den einzelnen Planungsgesetzen des Bundes zu überprüfen[87].“ Eine verbindliche Kontrolle über die Verfassungsmäßigkeit von Haushaltsgesetz und Haushaltsplan steht dem Bundesrechnungshof zwar nicht zu; er ist auch hier auf die Äußerung seiner sachverständigen Rechtsauffassung beschränkt, aber er kann — und muß — Haushaltsansätze und ihre Verwendung als verfassungswidrig beanstanden[88]. Allerdings darf der Rechnungshof nicht abstrakt die Rechtmäßigkeit eines Haushaltsansatzes prüfen; Anlaß muß vielmehr ein konkreter Verwaltungsvorgang sein, der im Rahmen der Rechnungsprüfung der Prüfung durch den Rechnungshof unterliegt.

3. Wirtschaftlichkeit und Sparsamkeit

a) Schwierigkeiten bei der Bestimmung des Wirtschaftlichkeitsprinzips

Die Prüfung der Wirtschaftlichkeit und Sparsamkeit[89] ist nach Aussage eines Mitglieds des Bundesrechnungshofs die wichtigste Aufgabe der Rechnungshöfe[90]. Sie hat in Art. 114 GG eine verfassungsrechtliche

---

87 *Vogel / Kirchhof* (o. Fn. 9), Rdnr. 96.

88 Vgl. BVerfGE 20, 56 ff., 96.

89 Eine tiefgreifende Auseinandersetzung mit diesem Thema bieten jetzt *Andreas Greifeld*, Der Rechnungshof als Wirtschaftlichkeitsprüfer, München 1981 und *Kurt Reding*, Die Effizienz staatlicher Aktivitäten, Baden-Baden 1981.

90 *Helmut Karehnke*, Zur Wirtschaftlichkeitsmessung im staatlichen Bereich, DVBl 1970, 949 ff., 949.

Verankerung gefunden. In Ausführung dieser Bestimmung werden Wirtschaftlichkeit und/oder sparsames Handeln bzw. Kontrolle staatlichen Handelns auf Wirtschaftlichkeit und Sparsamkeit im geltenden Haushaltsrecht mehrfach gefordert (vgl. nur die §§ 6 I HGrG = 7 I BHO, 12 III HGrG = 15 II BHO, 19 II HGrG = § 34 II BHO, § 31 I HGrG = § 58 I BHO, § 65 I BHO, § 43 II HGrG = 90 BHO). Gem. § 7 Abs. II BHO sind für geeignete Maßnahmen von erheblicher finanzieller Bedeutung Kosten-Nutzen-Analysen durchzuführen.

Diese Bindung der Verwaltung an die Grundsätze von Sparsamkeit und Wirtschaftlichkeit kann bereits auf eine ehrwürdige Tradition zurückblicken. Schon die Instruktion für die Preußische Oberrechnungskammer vom 18. 12. 1824 schrieb in § 24 vor: „Bei allen Ausgaben, insofern deren Bestimmung nicht durch die Etats unveränderlich und unwiderruflich feststeht, muß die größte mit dem Zweck der Bewilligung nur irgend vereinbare Sparsamkeit beobachtet und jede Unwirtschaftlichkeit bei Vermeidung eigener Vertretung vermieden werden[91].“ Daher muß es verwundern, wenn heute, 150 Jahre nach Erlaß dieser Instruktion, die Begriffe Sparsamkeit und Wirtschaftlichkeit immer noch weitgehend ungeklärt sind. So weist z. B. Fuchs ausdrücklich darauf hin, daß die Begriffe Wirtschaftlichkeit und Sparsamkeit „nach Inhalt und Bedeutung“ bisher unklar geblieben seien, wodurch eine „echte Unsicherheit“ bei der Anwendung der Prinzipien entstehe[92]. Senf kritisiert den Mangel noch schärfer: „Mir jedenfalls ist es bisher noch nicht gelungen, in irgendeinem Kommentar zur Reichshaushaltsordnung eine sinnvolle und vor allem für den Bewirtschafter praktikable Definition dessen zu finden, was nun eigentlich Sparsamkeit und Wirtschaftlichkeit bei der Verwaltung öffentlicher Mittel bedeuten. Man will, von überkommenen hausväterlichen Vorstellungen ausgehend, das Laster unterdrücken, ohne jedoch die Tugend zu definieren[93].“ Auch Karehnke weist darauf hin, daß trotz mancher Versuche einer begrifflichen Trennung von Sparsamkeit und Wirtschaftlichkeit eine Klärung noch ausstehe[94].

Die haushaltsrechtliche Literatur bietet eine bunte Palette von Einordnungsversuchen. Teils hält man die Begriffe nicht einmal für Rechtsbegriffe sondern für betriebswirtschaftliche Formeln, Wirtschaftlichkeitsprüfung soll reine Ermessensprüfung sein. Teils geht man von un-

---

91 *Karl Theodor Hertel* (Hrsg.), Die Preußische Oberrechnungskammer, Berlin 1884, 135 f.

92 *Arthur Fuchs,* Wesen und Wirken der Kontrolle, Tübingen 1966, 137.

93 *Paul Senf,* Die Reform der öffentlichen Haushaltsgebarung zur Erhöhung der Transparenz, in: Heinz Haller (Hrsg.), Probleme der Haushalts- und Finanzplanung, Berlin 1969, 165.

94 *Karehnke* (o. Fn. 90), 951.

bestimmten Rechtsbegriffen aus, teils von beidem, Rechtsbegriff wie Ermessensrichtlinie, offenbar je nach Bedarf[95].

Die Unklarheiten, die hier zutage treten, stimmen im Hinblick auf die Prüfung von Sparsamkeit und Wirtschaftlichkeit der staatlichen Tätigkeit durch den Bundesrechnungshof nicht gerade optimistisch. So betont z. B. auch Hüttl, daß es keine Patentregeln für Sparsamkeit und Wirtschaftlichkeit gebe, daß „eine pingelige Knauserigkeit ebenso falsch sein kann wie eine unangebrachte Großzügigkeit“[96]. „Unter dieser Unsicherheit leidet natürlich die Spruchpraxis des Bundesrechnungshofs, gilt es ein Urteil in Wirtschaftlichkeitsfragen abzugeben[97].“ Hüttl weist zwar darauf hin, daß den Prüfungsbemerkungen der Rechnungshöfe im Zusammenhang mit Verstößen gegen die Grundsätze der Sparsamkeit und Wirtschaftlichkeit „im Ergebnis“ fast immer zugestimmt werden kann; aber die Begründung der Stellungnahmen sei nicht ausreichend. „Der Schluß aus dem klar dargestellten Sachverhalt erfolgt meist unvermutet, manchmal sogar abrupt mit Sätzen wie ‚Dies verstößt gegen den Grundsatz der Sparsamkeit und Wirtschaftlichkeit‘ oder ‚Das ist ein Verstoß gegen § 26 RHO‘. Der geistige Prozeß, der zur Schlußfolgerung führt, bleibt im Dunkeln[98].“

Gerade auf die überzeugende Begründung seiner Stellungnahmen ist der BRH aber angewiesen, will er Bundestag und vor allem die Verwaltung zur Befolgung seiner Vorschläge veranlassen. Da er keine eigenen Durchsetzungsmöglichkeiten hat, ist er auf die Überzeugungskraft seiner Argumente beschränkt. Nur rational nachvollziehbare Stellungnahmen können Grundlage für Verbesserungen in der Verwaltung sein. Sonst werden Stellungnahmen zu vielleicht publikumswirksamen, aber wirkungslosen Appellen. Aufgrund der politischen Bedeutung seiner Stellungnahmen, die sich aus seiner Position als einem der bedeutendsten Kontrollorgane unserer Verfassung und aus seiner Einschätzung als objektivem, über dem Parteienstreit stehendem „Richter“ ergibt, ist dem BRH sogar eine erhöhte Begründungspflicht aufzuerlegen. Voraussetzung einer rationalen, nachvollziehbaren Begründung wäre aber, daß er klar die Kriterien für seine Wirtschaftlichkeitsprüfungen angibt. Der

---

[95] Vgl. dazu m. w. N. *Tiemann* (o. Fn. 15), 132 ff.; *Fuchs* (o. Fn. 92), 137 ff.; *Rudolf Salmen*, Das Wirtschaftlichkeitsprinzip in der kommunalen Finanz- und Haushaltsplanung, Berlin 1980, 22 ff.

[96] *Adolf Hüttl*, Wirtschaftlichkeit, in: Fritz Morstein-Marx (Hrsg.), Verwaltung, Eine einführende Darstellung, Berlin 1965, 282 ff., 285.

[97] *Martin-Peter Büch*, Zur Bestimmung der Grundsätze der Wirtschaftlichkeit und der Sparsamkeit im öffentlichen Haushalt der Bundesrepublik Deutschland, Köln u. a. 1976, 5.

[98] Vgl. *Adolf Hüttl*, Das Wirtschaftlichkeitsprinzip in der öffentlichen Verwaltung, in: Bundesrechnungshof (Hrsg.), Zweihundertfünfzig Jahre Rechnungsprüfung, Frankfurt 1964, 205 ff., 211.

Rechnungshof müßte sich offen den Problemen stellen, die sich mit der Kontrolle von Wirtschaftlichkeit und Sparsamkeit verbinden. Bis jetzt kann man jedenfalls die Grundsätze — wenn es überhaupt welche gibt —, nach denen die Rechnungshöfe ihre Wirtschaftlichkeitsprüfungen durchführen, nur aus den Prüfungsberichten, Denkschriften und Gutachten erahnen. Es wäre aber vor allem auch für die geprüften Verwaltungen sinnvoll, wenn sie wüßten, welche Kriterien der Rechnungshof zugrundelegt, — wenn diese also offengelegt würden. Vereinzelte Veröffentlichungen von Rechnungshofmitgliedern reichen dazu aber nicht aus[99].

b) Der Inhalt des Wirtschaftlichkeitsprinzips

„Wirtschaftlich handelt, wer bestrebt ist, verfügbare Mittel zweckmäßig und rationell einzusetzen, entweder einen bestimmten Ertrag mit geringstmöglichem Aufwand oder mit gegebenen Mitteln einen größtmöglichen Ertrag zu erzielen." Diese Ausführungen von Fischer-Menshausen[100] sind eine Fassung des sogenannten Wirtschaftlichkeitsprinzips (auch ökonomisches Prinzip genannt), das in den Wirtschaftswissenschaften formuliert wurde. Es hat zwei Versionen: Verwende gegebene Mittel so, daß du damit den höchsten Ertrag erzielst (1. Version des ökonomischen Prinzips oder Maximalprinzip) oder: Erreiche einen gegebenen Zweck mit dem geringsten Aufwand (2. Version des ökonomischen Prinzips oder Minimalprinzip). Die vor allem in der haushaltsrechtlichen Literatur häufig zu findende Formel, der Grundsatz der Wirtschaftlichkeit bedeute, „daß mit dem geringstmöglichen Aufwand der größtmögliche Nutzen erzielt wird"[101], ist eine nichtssagende Fehlinterpretation des ökonomischen Prinzips. Eine der beiden Größen muß festgelegt sein, sonst fehlt jede Bewertungsgrundlage[102].

Dem ökonomischen Prinzip liegen zwei Sachverhalte zugrunde, die ein Wirtschaften bedingen: einmal die knappen Ressourcen, zum anderen die Unbegrenztheit menschlicher Wünsche. „Aus dem Spannungsverhältnis der Vielzahl der Wünsche und der Begrenztheit der Mittel zur Befriedigung dieser Wünsche resultiert die Forderung, eine Hand-

[99] Vorbildlich in diesem Zusammenhang *Helmut Karehnke*, der laufend aus seinem Tätigkeitsfeld publiziert, sowie z. B. *Karl Rambow*, Direktor beim Bundesrechnungshof, Vorschläge für eine sparsamere und wirtschaftlichere Verwendung der öffentlichen Mittel, DÖV 1975, 617 ff.

[100] *Herbert Fischer-Menshausen*, Art. 114 (Finanzkontrolle), Rdnr. 18, in: Ingo von Münch (Hrsg.), Grundgesetz-Kommentar, Bd. 3, München 1978.

[101] *Piduch* (o. Fn. 75), Art. 114 GG, Anm. 25; ähnlich auch *Peucker* (o. Fn. 72), 138; *Karl Maria Hettlage*, in: Wirtschaftliche öffentliche Verwaltung, Veröffentlichungen der kommunalen Gemeinschaftsstelle für Verwaltungsvereinfachung (KGSt), 1961, 50.

[102] Zur Kritik vgl. *Stern* (o. Fn. 17), 435 f.; *Paul Senf*, Kurzfristige Haushaltsplanung, Handbuch der Finanzwissenschaft, 3. Aufl., Tübingen 1977, 387 f.

lungsanweisung zu suchen, die diesen Gegebenheiten entspricht; diese Handlungsanweisung heißt Wirtschaften, sie findet ihren Niederschlag in den beiden Versionen des Wirtschaftlichkeitsprinzips[103]." Jedes Verfahren zur Beurteilung der Wirtschaftlichkeit muß also versuchen, eine Relation zu knüpfen zwischen einem Zielsystem als Ausdruck des Wertsystems des Akteurs und dem Bereich der Mittel. Die Beurteilung der Wirtschaftlichkeit von Handlungen setzt deshalb voraus, daß alle potentiellen Alternativen im Mittelbereich berücksichtigt und auf ihre Folgewirkungen hinsichtlich der Zielerreichung überprüft werden. Sie setzt ferner voraus, daß Alternativen und Folgen auch hinsichtlich anderer Ziele überprüft werden, und erfordert schließlich die Bewertung der Handlungsweisen mit ihren Vor- und Nachteilen, was deren Vergleichbarkeit und Kommensurabilität voraussetzt.

Einer Übertragung des Maximal- bzw. des Minimalprinzips auf konkrete wirtschaftliche Vorgänge stehen jedoch erhebliche praktische Schwierigkeiten entgegen[104]. Die sogenannte Minimalkosten- bzw. optimale Faktorkombination läßt sich empirisch kaum bestimmen. Jede tatsächliche Beurteilung einer wirtschaftlichen Aktivität ist gegenüber dem Optimierungsmodell insofern unvollkommen, als

— vollständige Information über das Potential alternativer Mittel bzw. deren Kosten,

— vollständige Information über die Wirkung eines bestimmten Mitteleinsatzes,

— fehlerfreies Bewerten eines Ergebnisses (einer Leistung) gemäß einem bestimmten Wertsystem

in der Realität selten vorliegen. So läßt sich das ökonomische Prinzip nur als idealtypisches Leitbild für die Beurteilung der Wirtschaftlichkeit verstehen. Das Prinzip der Wirtschaftlichkeit ist eine *regulative Idee*, d. h. das wirtschaftliche Optimum einer Maßnahme wird sich nie endgültig feststellen lassen. Wir bleiben immer aufgefordert, weiter nach einer Verbesserung der Wirtschaftlichkeit zu streben.

c) *Wirtschaftlichkeit im staatlichen Sektor*

Wird der Grundsatz der Wirtschaftlichkeit auf die staatliche Tätigkeit angewendet, so ergeben sich Schwierigkeiten vor allem im Zielbereich, bei der Informationsgewinnung und bei der Bewertung der staatlichen Aktivitäten.

---

[103] *Büch* (o. Fn. 97), 36.

[104] Vgl. zum folgenden *Josef Siebig*, Beurteilung der Wirtschaftlichkeit im Krankenhaus, Konstanz 1980, 14.

Probleme im Zielbereich

Dieselbe staatliche Aktivität dient oft unterschiedlichen Zielen. Ein Blick auf Ziel-Mittel-Hierarchien, wie sie z. B. in der Theorie der Wirtschaftspolitik aufgestellt werden, macht deutlich, daß es einen zentralen alleingültigen Zielbezug nicht gibt. Die Vielzahl der öffentlichen Ziele kann dazu führen, dieselbe Tätigkeit der öffentlichen Hand gleichzeitig als wirtschaftlich und als unwirtschaftlich zu qualifizieren. So könnte es nach Auffassung von Lindner z. B. sein, „daß Rationalisierungsmaßnahmen, die für die einzelne Verwaltung betriebswirtschaftlich noch vernünftig, weil mit Nettoeinsparungen verbunden, sein könnten, für die Gesamtheit der öffentlichen Haushalte und makroökonomisch sich als barer Unsinn erwiesen. Den durch Personalfreisetzungen der einen Verwaltung erzielten Einsparungen stünden nämlich bei länger anhaltender Unterbeschäftigung Steuerausfälle, Ausfälle an Renten-, Kranken- und Arbeitslosenversicherungsbeiträgen und zusätzliche Aufwendungen für Unterstützungen und Wiedereingliederungs- und Arbeitsbeschaffungsmaßnahmen an anderer Stelle gegenüber, die oft die Einsparungen bei weitem überstiegen“[105]. Hier stehen einander also das Ziel wirtschaftlicher Haushaltsführung einer einzelnen Behörde oder eines einzelnen Behördenzweigs und das Ziel gesamtwirtschaftlicher Wirtschaftlichkeit gegenüber. Nach welchen Kriterien soll dieser Zielkonflikt entschieden werden?

Informationsprobleme

Ein Handeln nach dem ökonomischen Prinzip setzt grundsätzlich die Kenntnis aller Zweck(Ziel)-Mittel-Relationen voraus[106]. Diese Kenntnis ist in der Realität nicht zu erreichen. Vielmehr muß von einer überschaubaren (und damit unweigerlich reduzierten) Zahl von Zwecken (Zielen) und Mitteln ausgegangen werden.

Ein weiteres Informationsdefizit ergibt sich aus der Unsicherheit von Prognosen über die Zukunft. Die Einflußfaktoren auf die Zweck(Ziel)-Mittel-Relation lassen sich nicht alle vorausberechnen.

Bei jeder Wirtschaftlichkeitsanalyse stellt sich auch die Frage, ob und bejahendenfalls wie der Analysator der Maßnahme, z. B. der Rechnungshof-Prüfer, den Informationsstand des Handelnden, z. B. des zu prüfenden Verwaltungsbeamten, zu berücksichtigen hat. Diese Fragen zielen auf die Unterscheidung von subjektiver und objektiver Rationalität ab, wobei zur Beurteilung der subjektiven Rationalität der augenblickliche Informationsstand des Handelnden, zur Bestimmung der ob-

[105] *Klaus Lindner*, Aspekte zur Theorie und Praxis von Wirtschaftlichkeitsbetrachtungen und -kontrollen, Die Verwaltung 1977, 409 ff., 412.

[106] Vgl. zum folgenden *Büch* (o. Fn. 97), 105.

jektiven Rationalität jedoch alles verfügbare Wissen maßgebend sind[107]. Verschiedene Personen beurteilen die Wirtschaftlichkeit einer Maßnahme wahrscheinlich allein deshalb unterschiedlich, weil ihr Informationsstand differiert.

Da jede Informationserhebung somit nur selektiv vorgenommen werden kann, gelangt damit ein erstes wichtiges subjektives Element in jede Wirtschaftlichkeitsanalyse hinein.

Bewertungsprobleme

Über staatliches Handeln befinden nicht nur ein Akteur, sondern eine Vielzahl von Akteuren mit einer Vielzahl sich unterscheidender Wertvorstellungen. Eine allgemein akzeptierte Skala für den Nutzen von Maßnahmen der öffentlichen Hand existiert nicht[108]. Verwaltungsleistungen oder öffentliche Güter lassen sich nicht nach Marktpreisen berechnen. Ein eindimensionaler Meßwert für den Nutzen so verschiedener Maßnahmen wie z. B. die Anlegung eines Kinderspielplatzes oder der Bau einer Straße läßt sich nicht konstruieren. Auch auf der Kostenseite gibt es nicht meßbare oder kaum feststellbare Größen. Dazu gehören die sogenannten intangiblen Kosten und die externen Effekte[109]. *Intangible* Kosten sind solche Auswirkungen von Projekten, die die subjektive Wertschätzung dieser Maßnahmen beeinträchtigen, ohne quantifizierbar bzw. in Geld bewertbar zu sein. Als Beispiel läßt sich die Zerstörung des Landschaftsbildes durch den Bau einer Autobahn anführen. *Externe* Kosten sind Kosten, die nicht beim Staat als Träger der Maßnahme selber, sondern bei Dritten entstehen. Beispiele: Durch den Bau eines Kanals sinkt der Grundwasserspiegel ab und die anliegenden Grundstücke liefern aufgrund von Wassermangel immer weniger Erträge. Auch die Verminderung von Dienststellen im Zuge der Zusammenlegung von Verwaltungseinheiten zu „optimalen Betriebsgrößen" bzw. die dadurch erzielte „Kostenersparnis" muß nicht unbedingt ein brauchbarer Erfolgsindex sein. Hans Hirsch[110] hat in einer Studie nachgewiesen, daß die Verwaltungsreform den zu betreuenden Bürgern zusätzliche Kosten (Zeit- und Wegekosten) auflastet, die den erwarteten Rationalisierungseffekt illusorisch erscheinen lassen können. Da es somit anerkannte Maßstäbe für die Ergebnisse staatlichen Handelns nicht gibt, werden diese weitgehend subjektiv beurteilt. Wie bei der Infor-

---

107 Dazu *Siebig* (o. Fn. 104); *Gérard Gäfgen,* Theorie der wirtschaftlichen Entscheidung, 3. Aufl., Tübingen 1974, 33.

108 Vgl. *Heinrich Reinermann,* Wirtschaftlichkeitsanalysen, in: Handbuch der Verwaltung, Heft 4.6, Köln u. a. 1974, 48 ff.

109 Vgl. *Walter Wittmann,* Öffentliche Finanzen, Einführung in die Finanzwissenschaft, Reinbek 1978, 60 ff.

110 *Hans Hirsch,* Ökonomische Maßstäbe für die Gebietsreform, Köln 1971.

mationsgewinnung wird auch bei der Bewertung das subjektiv „wertende“ Element der Ermittlung von Wirtschaftlichkeit deutlich.

Diese grundsätzlichen Schwierigkeiten und Unsicherheiten führen — zusammengefaßt — vor allem zu folgenden Gefahren für Wirtschaftlichkeitsanalysen in der öffentlichen Verwaltung:

— Eine Reihe von Bewertungsfragen kann — wie oben dargestellt — nicht ohne subjektive Entscheidungen des Prüfers gelöst werden. Derartige Entscheidungen beeinträchtigen aber die angestrebte Rationalität der Wirtschaftlichkeitsprüfung. „Man kann Kosten und Nutzen manipulieren oder den Maßstab so erweitern, daß sich fast jedes Projekt qualifiziert[111].“

— Außerdem besteht die Gefahr, daß bei der Entscheidung über die wirtschaftlich optimale Durchführung eines Projekts die Projektvorschläge bevorzugt werden, deren Erträge monetär bewertet sind, gegenüber den Projekten, die zahlreiche Intangibles enthalten. „Meßbare, aber unter Umständen unbedeutende Erträge und Kosten erhalten leicht ein größeres Gewicht als die vielleicht weit wichtigeren, aber unmeßbaren[112].“

— Wirtschaftlichkeitsuntersuchungen stellen hohe Anforderungen an das statistische Ausgangsmaterial, die häufig nicht erfüllt werden können. Wenn dann auf Schätzungen zurückgegriffen werden muß, so führt das leicht zu Ungenauigkeiten.

— Schließlich sind Wirtschaftlichkeitsuntersuchungen zeitraubend und personell aufwendig. Es sind dazu Spezialisten verschiedener Fachrichtungen, wie z. B. Volks- und Betriebswirte oder Diplomingenieure erforderlich. Bereits die Auswahl dieser Spezialisten, meist organisiert in Planungsinstitutionen, programmiert aber oft das Untersuchungsergebnis vor!

Aus diesen Gründen ist z. B. für Kosten-Nutzen-Analysen mit Recht die Frage aufgeworfen worden, „ob das Verhältnis von finanziellem, zeitlichem und personellem Aufwand der Analyse zu dem Stellenwert ihres Ergebnisses bei der Entscheidungsfindung eine Anwendung noch gerechtfertigt erscheinen läßt“[113]. Nur bei verhältnismäßig einfachen Projekten können für alternative Maßnahmen, die denselben Zweck erfüllen sollen, Wirtschaftlichkeitsuntersuchungen mit Erfolg angestellt wer-

---

111 *Aaron Wildavsky*, Politische Ökonomie der Effizienz: Kosten-Nutzen-Analyse, Systemanalyse, Programmbudget, in: Horst Claus Recktenwald, Kosten-Nutzen-Analyse und Programmbudget, Tübingen 1970, 365 ff., 373.

112 *René L. Frey*, Infrastruktur, 2. Aufl., Tübingen 1972, 115.

113 *Reinhard Sellnow*, Kosten-Nutzen-Analyse und Stadtentwicklungsplanung, Stuttgart 1973, 75.

den. Dagegen ist es z. B. nicht möglich, mit Hilfe dieser Methoden (Kosten-Nutzen-Analyse, Kosten-Wirksamkeits-Analyse etc.), die Frage zu beantworten, ob es sinnvoll ist, den Freizeitwert einer Gemeinde durch den Bau einer Festhalle zu erhöhen oder ob es nicht besser wäre, die vorhandenen Mittel für den kommunalen Straßenbau zu verwenden. Diese Frage muß einem politischen Entscheidungsprozeß überlassen bleiben.

Gerade das letzte Beispiel weist auf ein entscheidendes Problem der Wirtschaftlichkeitsmessung staatlicher Leistungen hin — wenn es nicht das grundlegende überhaupt ist. Ökonomische Rationalität darf nämlich nicht mit politischer oder gesellschaftlicher Rationalität gleichgesetzt oder mit dieser verwechselt werden. Es ist fraglich, ob neben dem Ziel- und Wertsystem, das in der politischen Auseinandersetzung zum Ausdruck kommt, überhaupt noch Platz für ein autonomes ökonomisches Wertsystem ist, das unpolitisch, gewissermaßen „rein ökonomisch" begründet wird[114]. Auf jeden Fall wird man aber davon ausgehen müssen, daß die reine Anwendung des Wirtschaftlichkeitsprinzips ohne seine Einordnung in Beziehungsgeflechte politischer und gesellschaftlicher Rationalitätskriterien lediglich auf unterer Vollzugsstufe möglich ist, wenn es z. B. um ganz konkrete Maßnahmen wie Beschaffungsvorhaben, Auftragsvergaben für die Errichtung von Bauwerken u. ä. m. geht. Eine Erfolgskontrolle staatlicher Tätigkeit (dazu unten VII) kann und darf sich nicht nur am Wirtschaftlichkeitsmaßstab orientieren.

d) Der Grundsatz der Sparsamkeit und sein Verhältnis zum Wirtschaftlichkeitsprinzip

Der Grundsatz der Sparsamkeit ist in der haushaltsrechtlichen und finanzwissenschaftlichen Literatur noch weniger geklärt als das Wirtschaftlichkeitsprinzip. Rehm bezeichnet das Sparsamkeitsprinzip als allgemeine Regel staatlicher Aktivität zu Recht als „dubios" und kaum brauchbar als Kriterium für konkrete Entscheidungen bei der Haushaltsplanung und beim Budgetvollzug[115].

Die in der Literatur vertretenen Ansichten lassen sich in drei Gruppen oder Kategorien einordnen[116]: Die erste Gruppe wird von den Interpretationsversuchen gebildet, die Sparsamkeit entweder als ein Synonym der Wirtschaftlichkeit ansehen oder aber Sparsamkeit mit einem Teilprinzip der Wirtschaftlichkeit, nämlich dem Minimalprinzip gleichsetzen — dem Grundsatz der Sparsamkeit also keine eigenständige Be-

[114] Vgl. dazu *Hannes Rehm*, Wirtschaftlichkeit und Sparsamkeit im öffentlichen Sektor, Die Verwaltung 1980, 77 ff., 83 m. w. N.

[115] *Rehm* (o. Fn. 114), 79.

[116] Vgl. *Büch* (o. Fn. 97), 82 ff.

deutung beimessen[117]. Zur zweiten Kategorie gehören Versuche, Sparsamkeit in Analogie zum Privathaushalt als Ausfluß eines „hausväterlichen“ Prinzips zu interpretieren: möglichst wenig Ausgaben und geringe Verschuldung[118]. Die dritte Gruppe sieht in dem Sparsamkeitsprinzip eine Verpflichtung des Staates zur Enthaltsamkeit, eine Pflicht zur Schonung der Privatwirtschaft[119].

Lediglich aufgrund der letzten beiden Meinungen erhält das Sparsamkeitsprinzip eine eigenständige Bedeutung. Sie lassen sich aber beide kaum halten. Gegen die Interpretation des Sparsamkeitsgebots als Ausfluß eines hausväterlichen Prinzips ist vor allem einzuwenden, daß der Staat heute keine einem privaten Haushalt vergleichbare Institution ist. Der Staat konsumiert nicht, vielmehr stellt er den Konsumenten und Unternehmen Güter und Dienste zur Verfügung. Daher gibt es beim Staat auch keinen Konsumverzicht[120]. Die Interpretation, die im Sparsamkeitsgrundsatz eine staatliche Zielfindungsregel sieht, die den Staat zur Enthaltsamkeit bei der Übernahme von Aufgaben verpflichtet, ist — jedenfalls zum gegenwärtigen Zeitpunkt — viel zu allgemein und konturlos. Voraussetzung für ihre Anwendbarkeit wäre z. B. eine allgemein anerkannte normative Theorie staatlicher Aufgaben, die aber nicht existiert[121].

Man wird daher dem Sparsamkeitsgrundsatz eine eigenständige Bedeutung absprechen müssen[122]. Der Sparsamkeitsgrundsatz ist vielmehr im Wirtschaftlichkeitsprinzip enthalten, und zwar ist er ein Synonym zum Minimalprinzip. Die Tatsache, daß er trotzdem immer noch in vielen Gesetzen zusätzlich zum Wirtschaftlichkeitsgebot genannt wird, ist ein historisches Relikt. Art. 114 GG erwähnt deshalb auch konsequenterweise nur noch die Wirtschaftlichkeit.

---

117 So *Salmen* (o. Fn. 95), 23 f.; *Piduch* (o. Fn. 75), § 7 Anm. 2; *Vogel / Kirchhof* (o. Fn. 9), Rdnr. 101.

118 Darstellung und Kritik bei *Büch* (o. Fn. 97), 83 und 86 f.

119 So vor allem *Büch* selbst (o. Fn. 97), 83 ff. und passim.

120 Vgl. *Büch* (o. Fn. 97), 86 f.

121 So richtig *Rehm* (o. Fn. 114), 80 f. Zur Bestimmung von Staatsaufgaben vgl. vor allem *Hans-Peter Bull,* Die Staatsaufgaben nach dem Grundgesetz, 2. Aufl., Kronberg 1977, sowie *Günter Hesse,* Staatsaufgaben, Baden-Baden 1979. Beide Autoren gehen davon aus, daß es eine allgemeine Theorie staatlicher Aufgaben nicht gibt. In diesen Zusammenhang gehören auch neuere wirtschaftswissenschaftliche Ansätze wie z. B. die Theorie öffentlicher Güter oder die Moderne (Neue) Politische Ökonomie. Vgl. dazu nur *Bruno S. Frey,* Moderne Politische Ökonomie, München 1977; zur Theorie öffentlicher Güter vgl. den Überblick bei *Walter Wittmann,* Öffentliche Finanzen, Reinbek 1978, 15 ff.; *ders.*, Öffentliche Güter, WiSt 1976, 19 ff.

122 So im Ergebnis auch *Stern* (o. Fn. 17), 438.

e) Probleme für eine Wirtschaftlichkeitsprüfung durch den Bundesrechnungshof aufgrund mangelnder Zielvorgaben durch den Haushaltsplan

Bei der Prüfung der Wirtschaftlichkeit durch den BRH macht sich besonders das Fehlen eines konsistenten Zielsystems bemerkbar. Die im Haushaltsplan ausgewiesenen Ausgaben sind nicht auf ein zu realisierendes Ziel gerichtete „Programmkosten", sondern isolierte Ausgabenansätze. Der Haushaltsplan zeigt nur den „input" der Mittel auf, ohne den erstrebten „output" der Leistungen erläuternd darzustellen. Die Budgetierungspraxis der Bundesrepublik leidet trotz aller Reformbestrebungen nach wie vor unter einer Reihe struktureller Mängel. Um nur die wichtigsten zu nennen[123]:

— einseitige Ausgabenorientierung bei
— mangelnder Aufgabenplanung,
— fehlende Ziel- und Leistungsvorgaben,
— Fortschreibung bestehender Haushaltsansätze von „unten nach oben",
— unzulängliche Koordination.

Die Forderung nach einer ziel- und programmorientierten Rationalisierung des Budgetierungsprozesses durch Übernahme von Budgetierungssystemen wie dem PPBS (Planning-Programming-Budgeting-System), dem RCB (Rationalisation des Choix Budgetaires) oder dem Zero-Base-Budgeting[124] oder Elementen aus diesen Konzeptionen wurde bisher nicht realisiert.

Sinnvolle Wirtschaftlichkeitsanalysen und -vergleiche sind aber — wie oben herausgearbeitet — nur dann möglich, wenn das Ziel der Maßnahme definiert ist. Da aber in der Bundesrepublik die den Budgetansätzen zugrundeliegenden Zielvorstellungen im Haushalt nicht mani-

---

[123] Die folgende Zusammenfassung bei *Bert Rürup / K. H. Grünewald*, Zero-Base-Budgeting, Verwaltung und Fortbildung 1978, 145 f.; zur Auseinandersetzung mit den Funktionsdefiziten traditioneller Haushaltsplanung vgl. *Bert Rürup*, Die Programmfunktion des Haushaltsplans, Berlin 1971, 15—57; *Paul Senf* (o. Fn. 102), 371 ff.; *Heinz Kolms*, Finanzwissenschaft IV, Berlin und New York 1976, 148 ff.; guter kurzer Überblick bei *Herbert König*, Dynamische Verwaltung, Stuttgart 1977, 58 ff.

[124] Vgl. zu den verschiedenen modernen Budgetierungssystemen den Überblicksartikel von *Bert Rürup / Gisela Färber*, Programmhaushalte der „zweiten Generation", DÖV 1980, 661 ff., mit umfangreichen Nachweisen; *Karl-Heinrich Hansmeyer / Bert Rürup*, Staatswirtschaftliche Planungsinstrumente, 2. Aufl., Tübingen/Düsseldorf 1975, 48 ff.; *Heinrich Reinermann*, Programmbudgets in Regierung und Verwaltung, Baden-Baden 1975; zum Zero-Base-Budgeting: *Rürup / Grünewald* (o. Fn. 123), passim; *Andreas Greifeld*, Wirtschaftlichkeit der amerikanischen Verwaltung durch Zero-Base-Budgeting, Die Verwaltung 1977, 197 ff.; zum RCB: *Walter Kitterer*, Das moderne Budget, Eine vergleichende Analyse der zentralen Staatshaushalte Frankreichs und der BRD, Frankfurt 1976.

fest werden, ist es mehr als zweifelhaft, vom BRH eine gültige Aussage über die Wirtschaftlichkeit des öffentlichen Haushaltsgebarens zu verlangen. Daran hat auch die Einführung des Funktionenplans nicht viel geändert. „Wird das fehlende Zielsystem berücksichtigt, so muß dem Rechnungshof eigentlich verboten werden, Wirtschaftlichkeitsprüfungen durchzuführen, denn Aufwendungen und Erträge beziehen ihre Bedeutung nur vom Zielsystem her, haben also instrumentelle Bedeutung. Allenfalls kann den Rechnungshöfen zugestanden werden, auf unterster Ebene Wirtschaftlichkeitsprüfungen vorzunehmen, dort, wo es gilt, einfache Produktionsabläufe zu prüfen[125]."

f) Wirtschaftlichkeitskontrolle des Bundesrechnungshofs als Evidenzkontrolle

In einem gewissen Gegensatz zu den verwaltungs- und wirtschaftswissenschaftlichen Erkenntnissen über die Problematik einer Wirtschaftlichkeitsrechnung im öffentlichen Bereich steht die Tatsache, daß der Rechnungshof durch Gesetz, ja sogar durch das Grundgesetz zum Prüfen der Wirtschaftlichkeit verpflichtet ist. Ist man sich aber der Problematik der Wirtschaftlichkeitsprüfung bewußt, so kann diese lediglich eine Evidenzkontrolle darstellen, d. h. der Rechnungshof darf nur im Falle einer offensichtlichen Verletzung von Wirtschaftlichkeitsgrundsätzen die Maßnahmen von Regierung oder Verwaltung beanstanden. Aufgrund der mangelnden Stringenz der Beurteilungsmaßstäbe muß der Rechnungshof von einer Beanstandung absehen, wenn die geprüften Maßnahmen noch als vertretbar erscheinen[126]. Insoweit hat die Exekutive einen Wertungsvorrang, der Rechnungshof muß „self restraint" üben[127]. Während die Exekutive demokratisch legitimiert ist, politische Entscheidungen zu treffen, fehlt diese Legitimationsbasis dem Rechnungshof. Es liegt hier ein strukturell ähnliches Verhältnis vor wie zwischen Bundesverfassungsgericht und Exekutive. Das Bundesverfassungsgericht erklärt nur dann z. B. eine wirtschaftspolitische Entscheidung der Regierung für verfassungswidrig, wenn sie „für jedermann erkennbar" oder „offensichtlich" gegen das Grundgesetz verstößt[128]. In

---

[125] *Büch* (o. Fn. 97), 131.

[126] So auch *von Arnim* (o. Fn. 12), 369; *Vogel / Kirchhof* (o. Fn. 9), Rdnr. 105; *Stern* (o. Fn. 17), 439; anderer Ansicht *Tiemann* (o. Fn. 15), 138, ohne überzeugende Begründung. Diese geht davon aus, daß die materielle Rechnungsprüfung die Bewertungskriterien der Verwaltung voll durch eigene ersetzen kann.

[127] Vgl. *Klaus Vogel*, Verfassungsrechtliche Grenzen der öffentlichen Finanzkontrolle, DVBl 1970, 196.

[128] Vgl. dazu aus der Vielzahl der Entscheidungen BVerfGE 40, 109 (118); BVerfGE 41, 269 (291); ein Überblick über die Rechtsprechung zu diesem Verhältnis bei *Hans-Peter Schneider*, Verfassungsgerichtsbarkeit und Gewaltenteilung, NJW 1980, 2105.

allen übrigen Fällen dürfen die kontrollierten Organe die Vermutung „funktioneller Richtigkeit" für sich in Anspruch nehmen.

Außerdem sprechen auch Gründe der Durchsetzbarkeit seiner Beanstandungen dafür, daß der BRH einen Beurteilungsspielraum der Exekutive im Bereich der Wirtschaftlichkeitsprüfung akzeptiert. Läßt sich der BRH bei seiner Wirtschaftlichkeitsprüfung nämlich zu sehr in konkrete Einzelfälle ein, indem er z. B. bestimmte Maßnahmen kritisiert oder Alternativen vorschlägt, so besteht die Gefahr, daß bei Mißlingen seiner Alternativ-Vorschläge sein Ansehen insgesamt leidet. Als „Ritter ohne Schwert" ist der BRH aber gerade auf die Anerkennung seiner sachlichen Kompetenz angewiesen. Verstrickt sich der BRH auf dem Gebiet der Wirtschaftlichkeitskontrolle zu tief in die Unwägbarkeiten des Verwaltungshandelns, kann es sein, daß auch die Ergebnisse seiner Kontrolle von Rechtmäßigkeit und Ordnungsmäßigkeit nicht mehr so ernst genommen werden, wie es ihnen gebührt. Mit einer derartigen Evidenzkontrolle wäre auch den Einwänden von Rürup gegen Wirtschaftlichkeitsprüfungen durch den BRH begegnet. Dieser will wegen der Bedenken gegen ihre intersubjektive bzw. interinstitutionelle Nachvollziehbarkeit Wirtschaftlichkeitsprüfungen beim BRH sogar gänzlich abschaffen[129].

Die Beschränkung der Wirtschaftlichkeitsprüfung auf eine Evidenzkontrolle trägt einerseits den Schwierigkeiten der Wirtschaftlichkeitskontrolle und dem funktionellen Verhältnis von Exekutive und BRH Rechnung, andererseits wird der verfassungsrechtlichen Forderung nach einer Wirtschaftlichkeitskontrolle, die Art. 114 GG nun einmal statuiert, nachgekommen.

V. Organisation und Personal der Rechnungshöfe

1. Organisation des Bundesrechnungshofs

Den organisatorischen Aufbau des Bundesrechnungshofs regeln das Bundesrechnungshofsgesetz (BRHG) sowie gem. § 119 II Nr. 1 BHO der Teil V der Reichshaushaltsordnung (§§ 118 ff. RHO)[130]. Der Bundesrechnungshof besteht danach aus dem Präsidenten und dem Vizepräsidenten sowie der erforderlichen Zahl von Direktoren und Ministerialräten. Letztere sind gem. § 11 II BRHG allerdings nur dann Mitglieder des Bundesrechnungshofs, wenn sie ausdrücklich dazu ernannt sind. Nur den Mitgliedern kommt die richterliche Unabhängigkeit nach Art. 114 II GG

---

129 Vgl. *Rürup* (o. Fn. 123), 148 f.

130 Vgl. zum folgenden *Tiemann* (o. Fn. 15), 166 ff.; *Grupp* (o. Fn. 1), 100 ff.

zu, nicht aber den Prüfungsbeamten, die dem Bundesrechnungshof zugeteilt werden.

Der Bundesrechnungshof gliedert sich in eine Präsidialabteilung mit fünf Referaten und in sieben Prüfungsabteilungen mit 49 Prüfungsgebieten[131]. Die Abteilungen werden von Direktoren, die Referate und Prüfungsgebiete von Ministerialräten geleitet. Den Prüfungsgebieten sind Prüfungsbeamte, den Referaten Sachbearbeiter zugeteilt. Zur Zeit verfügt der Bundesrechnungshof über ca. 350 Prüfungsbeamte des höheren und des gehobenen Dienstes[132].

Der innere Aufbau des Bundesrechnungshofs ist von den beiden Organisationsprinzipien Kollegialprinzip und Präsidial- oder bürokratisches Prinzip geprägt. Grundsätzlich wurde für den Bundesrechnungshof aufgrund der Gewährleistung richterlicher Unabhängigkeit für die einzelnen Mitglieder durch Art. 114 GG das Kollegialprinzip als Organisationsform festgelegt.

Im Rechnungsprüfungsverfahren trifft der Bundesrechnungshof nur kollegiale Entscheidungen[133]. Dies gilt insbesondere für die endgültigen Entscheidungen aufgrund des Prüfungsverfahrens, so z. B. für die Entscheidung über die Aufstellung von Bemerkungen. Durch § 88 II BHO wurde dieses Prinzip auch für die Beratungen durch den Bundesrechnungshof eingeführt. Im Regelfall entscheiden der zuständige Ministerialrat als Leiter des jeweiligen Prüfungsgebiets und der zuständige Direktor als Leiter der jeweiligen Prüfungsabteitung (§ 126 a I RHO). Nur in Ausnahmefällen sind Entscheidungen der Senate, des Großen Senats oder eines aus Mitgliedern des Bundesrechnungshofs und der Rechnungshöfe der Länder gebildeten Vereinigten Senats vorgesehen (§ 126 b, c RHO, § 10 BRHG). Die Senate sind die eigentlichen Kollegien des Bundesrechnungshofs. Sie bestehen aus jeweils fünf Mitgliedern, den Vorsitz führt der Präsident. Der Große Senat ist die oberste Spruchinstanz des Bundesrechnungshofs. Er besteht aus dem Bundesrechnungshofpräsidenten, dem Vizepräsidenten, den Direktoren sowie aus drei vom Präsidenten jeweils für ein Jahr bestimmten Ministerialräten.

Der Präsident übt zwei verschiedene Funktionen aus. Er ist auf der einen Seite als Behördenchef mit Leitungs- und Dienstaufsichtsaufgaben betraut, nimmt aber andererseits auch eine eigene Stellung im Prüfungsverfahren ein. In seiner ersteren Funktion leitet und beaufsichtigt er die gesamte Tätigkeit des Bundesrechnungshofs. Ihm obliegt die Führung der Verwaltung, die Verteilung der Geschäfte[134] — soweit dies

---

[131] Vgl. *Schäfer* (o. Fn. 35), 42.

[132] Vgl. zu dieser Zahl *Schäfer* (o. Fn. 35), 42.

[133] Vgl. *Vogel / Kirchhof* (o. Fn. 9), Rdnr. 192.

nicht durch die gem. § 13 BRHG vom Großen Senat zu beschließende Geschäftsordnung geschieht — und die Vertretung nach außen. Der Präsident darf den Mitgliedern des Rechnungshofs auch Weisungen erteilen. Diese dürfen allerdings nicht die Erfüllung der Prüfungsaufgaben und das Prüfungsverfahren sowie die Beratungsfunktionen beschränken und in keinem Fall den sachlichen Inhalt der Entscheidungen betreffen (vgl. § 126 RHO). Zur Erfüllung seiner Aufgaben untersteht dem Präsidenten unmittelbar die Präsidialabteilung. Sie bereitet die dem Präsidenten vorbehaltenen Entscheidungen vor und bearbeitet die ihr vom Präsidenten oder dem Vizepräsidenten zugewiesenen amtlichen Geschäfte. Nur im Bereich der von der Präsidialabteilung zu erfüllenden Aufgaben entscheidet der Präsident allein, ohne von der Zustimmung der anderen Mitglieder abhängig zu sein.

Ob die Ausgestaltung der Position des Bundesrechnungshofspräsidenten in allen Punkten der richterlichen Unabhängigkeit der übrigen Rechnungshofsmitglieder gerecht wird, ist fraglich[135]. So erscheint insbesondere das ausgedehnte Beanstandungsrecht des Präsidenten gegenüber Senatsbeschlüssen systemwidrig[136].

2. Die Unabhängigkeit der Mitglieder des Bundesrechnungshofs

Gem. Art. 114 II GG sind die Mitglieder des Bundesrechnungshofs mit richterlicher Unabhängigkeit ausgestattet. Die dadurch garantierte sachliche und persönliche Unabhängigkeit soll die Objektivität ihrer Arbeit gewährleisten[137].

Sachliche Prüfungsentscheidungen müssen völlig weisungsfrei gefällt werden. Konsequenterweise bestimmt § 126 RHO deshalb, daß Weisungsbefugnisse des Präsidenten nur insoweit bestehen, als sie nicht das Prüfungsverfahren beschränken oder den sachlichen Inhalt der Entscheidungen des Rechnungshofs betreffen. Diese sachliche Unabhängigkeit besteht aber nicht nur intern, sondern vor allem auch gegenüber Legislative und Exekutive.

---

[134] Bedenken gegen die Geschäftsverteilungsbefugnis des Präsidenten im Hinblick auf die richterliche Unabhängigkeit der BRH-Mitglieder bei *Beckensträter* (o. Fn. 15), 160 f. Er fordert die Verteilung der Geschäfte durch ein Präsidium — ähnlich wie bei den Gerichten. A. A. *Tiemann* (o. Fn. 15), 167 und *Grupp* (o. Fn. 1), 108, die davon ausgehen, daß es genügt, wenn die Geschäfte im voraus verteilt werden — was tatsächlich auch der Fall ist.

[135] Die Verfassungswidrigkeit einiger Organisationselemente behauptet z. B. *Grupp* (o. Fn. 1), 105 ff.

[136] So auch *Tiemann* (o. Fn. 15), 167.

[137] Vgl. *Vogel / Kirchhof* (o. Fn. 9), Rdnr. 180 ff.; zur richterlichen Unabhängigkeit der Mitglieder des Bundesrechnungshofs vgl. besonders *Ernst-Günther Richter*, Mitglieder des Rechnungshofs — Beamte oder Richter?, DVBl 1969, 67 ff.; *Hans-Ernst Folz / Regina Herrmann*, Die richterliche Unabhängigkeit der Mitglieder der Rechnungshöfe, JZ 1979, 769 ff.

Die persönliche Unabhängigkeit der Mitglieder des Bundesrechnungshofs sichert ihnen den Schutz vor Entlassung, dauernder oder zeitweiliger Amtsenthebung oder Versetzung und vorzeitiger Pensionierung (Art. 97 II GG). Folge dieser Unabhängigkeitsforderung ist die kollegiale Organisation des Bundesrechnungshofs. Da die Bundesrechnungshof-Mitglieder frei von Weisungen arbeiten, kann ihre Behörde nicht monokratisch organisiert sein[138].

Die richterliche Unabhängigkeit, die zunächst nichts anderes als eine persönliche Rechtsstellung ist, soll ihrem verfassungsrechtlichen Ziel nach die Unabhängigkeit der Institution Rechnungshof bei der Erfüllung seiner Aufgabe sichern. Die Mitglieder können daher nicht auf ihre Unabhängigkeit verzichten. Um dies zu gewährleisten, ist die Stellung als Beamter des Bundesrechnungshofs inkompatibel z. B. mit einer Mitgliedschaft im Bundestag, im Bundesrat oder in der Bundesregierung.

Die Unabhängigkeit des Rechnungshofs und seiner Mitglieder macht es unmöglich, ihn in die staatliche Behördenhierarchie einzugliedern. Notwendige Konsequenz daraus ist, daß der Bundesrechnungshof seine Geschäftsordnung selbst erläßt und bezüglich seines Haushalts ein eigenes Voranschlagsrecht — wie z. B. die Ministerien — besitzt.

3. Bestellung des Präsidenten und der Mitglieder des Bundesrechnungshofs

Der Präsident und der Vizepräsident des Rechnungshofs werden gem. § 119 III RHO unter Gegenzeichnung des Bundesfinanzministers vom Bundespräsidenten ernannt. Der Bundesfinanzminister holt für seinen Vorschlag einen Kabinettsbeschluß ein.

Durch die Auswahl des Präsidenten und des Vizepräsidenten hat die Bundesregierung „mittelbar eine gewisse Chance, auf die große Linie der Finanzkontrolle einzuwirken“[139]. Die übrigen Mitglieder des Bundesrechnungshofs werden nämlich auf Vorschlag des Rechnungshofspräsidenten ernannt (§ 113 IV RHO). Dieser mittelbare Einfluß des Kontrollierten auf das Krontrollorgan erscheint problematisch, weil dadurch die Unabhängigkeit des Bundesrechnungshofs zumindest psychologisch beeinträchtigt werden kann. Außerdem wird das alleinige Vorschlagsrecht der Bundesregierung der gewandelten verfassungsrechtlichen Stellung des Bundesrechnungshofs nicht gerecht. Der Bundesrechnungshof erfüllt seine Aufgaben sowohl für die Exekutive als auch für die

---

[138] Dazu ausführlich *Grupp* (o. Fn. 1), 105 ff.; *Beckensträter* (o. Fn. 15), 160 f.

[139] *Karl Dressler*, Stellung und Aufgabe des Bundesrechnungshofs, in: Bundesrechnungshof (Hrsg.), 250 Jahre Rechnungsprüfung, Frankfurt/M. 1964, 157 ff., 161.

Legislative. Die Legislative sollte daher an der Auswahl der Bundesrechnungshofspräsidenten zumindest mitwirken. In den Bundesländern haben sich die Landtage dieses Recht bereits gesichert (vgl. z. B. § 10 RHG — Baden-Württemberg, wonach der Ministerpräsident den Rechnungshofspräsidenten mit Zustimmung des Landtags ernennt). Entsprechendes wird in einem Entwurf für ein neues BRH-Gesetz vorgeschlagen, den der Bundesrechnungshof 1973 selbst vorgelegt hat[140]. Durch eine Mitwirkung der Legislative würde die demokratische Legitimation des Rechnungshofs verstärkt. Um die Mitwirkung des Parlaments zu sichern, genügt es, wenn die Ernennung des Rechnungshofspräsidenten durch die Regierung von der Zustimmung des Parlaments abhängig gemacht wird. Eine alleinige Wahl durch die Legislative ohne Beteiligung der Exekutive — wie etwa bei den Bundesverfassungsrichtern — ist nicht notwendig[141]. Der vorgeschlagene Auswahlmodus wäre der Doppelfunktion des Bundesrechnungshofs am ehesten angemessen. Allerdings sollte die Zustimmung von einer Zweidrittelmehrheit im Parlament abhängig gemacht werden. Dadurch würde auch die Opposition den notwendigen Einfluß erhalten, um zu verhindern, daß Parlamentsmehrheit und Regierung die ihnen politisch geeignet erscheinende Person durchsetzen. Das Erfordernis der Zweidrittelmehrheit hätte also eine gewisse versachlichende Funktion. Die Ernennung sämtlicher Mitglieder des Bundesrechnungshofs von der Zustimmung des Parlaments abhängig zu machen, erscheint nicht notwendig. Die Mitglieder können ja nur aufgrund eines Vorschlags des Präsidenten ernannt werden. Der über die Auswahl des Präsidenten ausgeübte Einfluß des Parlaments erscheint aber ausreichend[142]. Vermieden werden sollte indes auch hier eine Gegenzeichnung durch den Bundesfinanzminister, dessen Haushaltsführung ja gerade Gegenstand der Kontrolle ist. Dafür könnte eine Gegenzeichnung durch den Bundeskanzler in Betracht kommen.

---

140 *Hans Schäfer*, Verfassungsrechtliche Stellung Bundesrechnungshof—Parlament, Bulletin der Bundesregierung 1977, 1083 ff., 1084.

141 *von Arnim* (o. Fn. 8), 30 f. ist gegen eine weitere Mitwirkung der Bundesregierung. Ähnlich der Antrag der SPD-Fraktion zum Entwurf eines neuen Bundesrechnungshofs-Gesetzes, BT-Drs. V/4215, 1.

142 Allerdings erscheint der Vorschlag von *Hanns Weber* beachtenswert, zur Stärkung der sachlichen und persönlichen Unabhängigkeit der Mitglieder des Bundesrechnungshofs auch gegenüber dem Präsidenten das Vorschlagsrecht für ihre Ernennung dem Großen Senat des Bundesrechnungshofs zu übertragen. Vgl. *ders.*, Unerwünschte Finanzkontrolle?, DÖV 1981, 128 ff.

4. Gefahr: Auswahl des Leitungspersonals der Rechnungshöfe nach parteipolitischen Gesichtspunkten

Würde die Ernennung des Präsidenten des Bundesrechnungshofs von der Zustimmung einer Zwei-Drittel-Mehrheit des Parlaments abhängig gemacht, so könnte der Rekrutierung des Präsidenten nach rein parteipolitischen Gesichtspunkten entgegengewirkt werden. Das gilt auch für die Bundesländer. Günter Mann hat aufgrund einer empirischen Untersuchung festgestellt, „daß mit einer einzigen Ausnahme kein Präsident eines Rechnungshofs — direkte Vorgänger des jetzigen Amtsinhabers eingeschlossen — Mitglied einer nicht an der Regierung beteiligten Partei ist“[143]. Er stellte fest, daß von 24 derzeitigen oder ehemaligen Präsidenten, deren Parteimitgliedschaft bekannt ist, 20 der einzigen Regierungspartei oder der Partei des größeren Koalitionspartners, 3 dem kleineren Koalitionspartner, aber nur ein einziger einer Oppositionspartei angehören. Hier liegt der Verdacht nahe, daß die jeweiligen Regierungsparteien die Personalentscheidung bei der Besetzung der Rechnungshofsspitze dazu benutzen, dieses wichtige Kontrollorgan zu „entschärfen“. Zwar sollte die Neutralisierungswirkung eines übertragenen Amtes nicht unterschätzt werden, aber es sollte doch auch klar sein, daß Kontrolle ineffektiv werden kann, „wenn Kontrollierter und Kontrolleur ‚Fleisch vom gleichen Fleische‘ sind“[144].

5. Personal der Rechnungshöfe

Die Qualität von Rechnungsprüfung und Beratung durch den Rechnungshof hängt entscheidend von der Qualifikation seines Personals ab[145].

Die leitenden Positionen der Rechnungshöfe sind auch heute noch eine Domäne der Verwaltungsjuristen, die Positionen der Mitglieder der Rechnungshöfe sind durchweg mit ihnen besetzt. So sind z. B. die Präsidenten der Rechnungshöfe unmittelbar vor ihrer Ernennung nahezu ausschließlich in Führungspositionen der Bundes- und Landesministerien tätig gewesen — im Rang von Staatssekretären oder Abteilungsleitern[146]. Die anderen Mitarbeiter der Rechnungshöfe im höheren Dienst rekrutieren sich ebenfalls aus den verschiedenen Verwaltungszweigen.

---

143 Vgl. *Günter Mann*, Unabhängige Kontrolleure?, ZParl 1981, 353 ff., 359.

144 *Klaus Stern*, Das Staatsrecht der Bundesrepublik Deutschland, Bd I, München 1978, 774.

145 Vgl. zum folgenden: *Helmut Karehnke*, Die Bedeutung der Personalfragen für die Arbeit der Rechnungshöfe, DÖH 1969, 78 ff.; *Reger* (o. Fn. 31), 242 ff.

146 Vgl. *Mann* (o. Fn. 143), 357.

Die Prüfertätigkeit wird in den meisten Fällen von Beamten des gehobenen Dienstes oder Aufstiegsbeamten wahrgenommen. Auch diese Beamten stammen im wesentlichen aus den einschlägigen Verwaltungen. Sie werden fast ausschließlich erst nach mehrjähriger Verwaltungspraxis eingestellt. Eingesetzt werden sie dann meist zu Prüfungen in den Behördenzweigen, denen sie früher angehört haben[147].

Aufgrund dieser Rekrutierungspraxis ist es zweifelhaft, ob die Beamten die notwendige Unabhängigkeit gegenüber ihren alten Arbeitsbereichen haben. Dieses Manko dürfte auch dadurch nicht aufgewogen werden, daß die Prüfer aufgrund ihrer Verwaltungserfahrung die Taktiken und Methoden zur Bestandssicherung und -erweiterung kennen, mit denen in den jeweiligen Behördenzweigen gearbeitet wird.

Überblickt man den Aufgabenbereich der Rechnungshöfe, so erscheint insbesondere aber auch problematisch, ob die herkömmlichen Prüfer aus dem gehobenen Dienst für Gebiete wie Wirtschaftlichkeitsprüfung, Organisationsprüfung etc. überhaupt über die notwendige Qualifikation und das diesen Aufgaben entsprechende Selbstverständnis verfügen. Die steigende Komplexität vieler staatlicher Aktivitäten erfordert vor allem, daß mehr Prüfungsaufgaben als bisher von akademisch vorgebildetem spezialisiertem Personal (z. B. Wirtschaftswissenschaftlern, Diplomingenieuren) übernommen werden[148]. Vialon fordert daher zu Recht einen „anderen Prüfertyp"[149]. Aber bisher wurden nur „gelegentlich ... auch Nicht-Laufbahnbewerber, z. B. solche mit wirtschaftswissenschaftlicher Ausbildung und privatwirtschaftlicher Revisionspraxis"[150] eingestellt.

Auch von der Möglichkeit, externe Sachverständige zu den Prüfungen als Berater hinzuzuziehen (vgl. § 94 Abs. II BHO), macht z. B. der Bundesrechnungshof kaum Gebrauch[151]. Dadurch entsteht die Gefahr, daß die Kontrolle lediglich in einem „verwaltungsinternen" Blickwinkel vorgenommen wird. Gerade verwaltungsexterner Sachverstand könnte gewohnte Routinen aufbrechen und alte Probleme in neuem Licht erscheinen lassen.

Das vor allem auch durch die gegenwärtig betriebene Rekrutierungspraxis bedingte hohe Durchschnittsalter der Prüfer (ca. 50 Jahre)[152] trägt

---

147 Vgl. *Greifeld* (o. Fn. 89), 102 f.

148 So *Helmut Karehnke*, Zur Prüfung der staatlichen Haushalts- und Wirtschaftsführung nach der Haushaltsreform, DÖH 1974, 39.

149 *Friedrich Karl Vialon*, Streitfragen der öffentlichen Finanzkontrolle, Finanzarchiv 1962, 2.

150 *Karehnke* (o. Fn. 145), 79.

151 Vgl. *Hans Clausen Korff*, Wege zur Verbesserung der Finanzkontrolle, ZParl 1981, 409.

152 So ein Mitglied des Hamburger Rechnungshofs gegenüber dem Verfasser.

möglicherweise zusätzlich zu einer gewissen „Routinisierung" der Prüfungstätigkeit bei.

Die Prüfungstätigkeit der Rechnungshöfe ist nur dann erfolgreich, wenn die Prüfungsberichte über die besseren Sachargumente in den jeweils strittigen Fragen verfügen. Da der Rechnungshof keine verbindlichen Durchsetzungsmöglichkeiten hat, ist er auf Überzeugung durch Begründung angewiesen. Das setzt qualifiziertes Personal voraus. Karehnke fordert zu Recht, „die bisherige mehr oder weniger dem Zufall überlassene Auswahl von Personal für die Rechnungshöfe sollte daher künftig auf der Grundlage einer planmäßigen Personalwirtschaft betrieben werden"[153].

VI. Bundesrechnungshof und interne Finanzkontrollorgane der Verwaltung

Der Bundesrechnungshof ist für die finanzwirksame Verwaltungstätigkeit ein externes Kontrollorgan. In der Verwaltung selbst existieren interne Kontrollorgane, die bereits vor der Prüfung durch den Bundesrechnungshof Mängel abstellen sollen. Dazu gehören vor allem die Vorprüfungsstellen, Organe der Innenrevision und die Beauftragten für den Haushalt.

1. Vorprüfungsstellen

Die finanzwirksamen Vorgänge, die vom Bundesrechnungshof zu prüfen sind, unterliegen der Vorprüfung durch die Verwaltungsbehörden, die sich dafür sog. Vorprüfungsstellen bedienen (vgl. § 100 BHO)[154]. Im Gegensatz zum Rechnungshof, der als externe Kontrolle zu betrachten ist, üben die Vorprüfungsstellen verwaltungsinterne Kontrolle aus. Sie bereiten, wie schon der Name sagt, die spätere Prüfung durch den Rechnungshof vor, indem sie verwaltungsintern die Bücher und Belege auf Unvollständigkeit, Unrichtigkeit und Unklarheit durchsehen und für Abhilfe sorgen. Da grundsätzlich alle Rechnungen von dieser Behörde vorzuprüfen sind, kann sich der Rechnungshof bei seinen Prüfungen mit Stichproben begnügen. Die Aufgaben der Vorprüfungsstellen sind analog der Aufgaben der Rechnungshöfe ausgestaltet. Sie prüfen also wie diese Ordnungsmäßigkeit, Rechtmäßigkeit, Wirtschaftlichkeit und Sparsamkeit.

---

[153] *Karehnke* (o. Fn. 145), 80.

[154] Vgl. *Tiemann* (o. Fn. 15), 67 ff.; *Wulf Damkowski*, Funktion und Problematik der verwaltungsinternen Haushaltskontrolle und Möglichkeiten ihrer Verbesserung, DÖV 1977, 81 ff.; *Reger* (o. Fn. 31), 209 f.; *Karehnke* (o. Fn. 148), 35 f. Die meisten Bundesländer haben ebenfalls Vorprüfungsstellen eingerichtet. Lediglich Bayern und Rheinland-Pfalz verfügen statt der Vorprüfungsstellen über Rechnungshof-Außenstellen.

Ihre organisatorische Verortung weist insofern eine Besonderheit auf, als sie zwar — wie schon gesagt — verwaltungsinterne Einheiten sind, aber einer doppelten Weisungsgewalt unterliegen: einerseits unterstehen sie als Teil der Behörden, bei denen sie eingerichtet sind, der allgemeinen Dienstaufsicht ihres Behördenleiters, andererseits unterliegen sie der Fachaufsicht des Rechnungshofs, also einer verwaltungsexternen Einrichtung. Obwohl die Vorprüfungsstellen fachlich nur den Weisungen des Bundesrechnungshofs unterliegen, hat dieser kaum Einfluß auf ihre personelle Ausstattung. Lediglich die Leiter der Vorprüfungsstellen sind im Benehmen mit dem Bundesrechnungshof zu bestellen und abzuberufen (§ 100 V BHO). Die Mitarbeiter der Vorprüfungsstellen sind daher weitgehend von ihrem Dienstherrn abhängig, der z. B. auch über ihre Beförderung entscheidet. Die jeweiligen Dienstherren haben natürlich kein Interesse daran, ihre besten Leute ausgerechnet auf die Kontrolle ihrer eigenen Behörde anzusetzen. „Es ist kein Geheimnis, daß bei ihnen (d. h. bei den Vorprüfungsstellen) nicht gerade die Bestqualifizierten eingesetzt werden[155]." Die „Zwitterstellung" der Vorprüfungsstellen bringt somit erhebliche Probleme mit sich. Sie führt zu komplizierten Kompetenzabgrenzungen und damit verbunden zu Verhaltensunsicherheiten der Mitarbeiter. Diese Schwierigkeiten werden dadurch verstärkt, daß eine fachliche Unterstellung unter eine verwaltungsexterne Institution vorliegt, „was die Kooperation zwischen Dienst- und Fachvorgesetzten sicherlich nicht erleichtert"[156].

Es wird daher von verschiedener Seite vorgeschlagen, die Vorprüfungsstellen voll aus der Verwaltung auszugliedern und dem Rechnungshof auch dienstlich zu unterstellen[157]. Meiner Auffassung nach wäre es aber besser, die Vorprüfungsstellen der fachlichen Unterstellung unter den Rechnungshof zu entziehen, sie also vom Rechnungshof abzukoppeln[158]. Sie könnten dann zu echten Innenrevisionsorganen der Verwaltung werden, die derzeit noch weitgehend fehlen. Diese Innenrevisionen könnten vor allem auch die Aufgabe einer Organisations- und Wirtschaftlichkeitskontrolle wahrnehmen, die dem Bundesrechnungshof meiner Auffassung nach wegen seiner besonderen verfassungsrechtlichen Stellung weitgehend versagt sein muß (vgl. oben IV, 3 f). Wirtschaftlichkeits- und Organisationskontrolle ist zum großen Teil eine wertbehaftete politische Aufgabe. Sie sollte daher auch zunächst in der Verwaltung selbst verankert sein, die politisch für ihre Tätigkeit verantwortlich ist. Die vorgeschlagenen Innenrevisionen könnten außer-

---

155 Vgl. *Korff* (o. Fn. 151), 408.

156 *Damkowski* (o. Fn. 154), 83.

157 *Erwin Adolf Piduch*, Grundfragen der Finanzkontrolle, DÖV 1973, 228 ff., 230; *Karehnke* (o. Fn. 148), 35; *Korff* (o. Fn. 151), 408.

158 So auch *Damkowski* (o. Fn. 154), 84.

dem die Aufgabe einer politischen Erfolgskontrolle für die Exekutive erfüllen. Diese kann vom Bundesrechnungshof ebenfalls nicht geleistet werden. Für die Kontrolle durch den Rechnungshof dürften Stichproben ausreichen. Sie haben eine genügend große Präventivfunktion. Auf eine Kontrolle aller Belege, wie sie bis jetzt für den Bundesrechnungshof durch die Vorprüfungsstellen geleistet wird, ist er nicht angewiesen. Daß eine vom Bundesrechnungshof abgekoppelte Innenrevision schlechter arbeiten sollte als die alten Vorprüfungsstellen, ist nicht einzusehen. Außerdem kann der Bundesrechnungshof im Einvernehmen mit dem zuständigen Bundesminister bei den Behörden der Bundesverwaltung im Bedarfsfalle jederzeit Prüfungsstellen (d. h. also Außenstellen) einrichten (vgl. § 94 III BHO).

2. Innenrevisionen

Manche Verwaltungen sind bereits dazu übergegangen, Innenrevisionen einzurichten[159]. Hier sind besonders die Universitäten Baden-Württembergs zu nennen. Diese Innenrevisionen arbeiten völlig getrennt vom Rechnungshof und sind nur der Verwaltungsspitze verantwortlich. Sie bringen gegenüber der externen Rechnungshofkontrolle — neben den oben unter VI, 1 genannten Möglichkeiten — vor allem folgende Vorteile:

— Fehler und Schwachstellen werden laufend festgestellt und können daher frühzeitig abgestellt werden. Die Rechnungshofkontrolle stellt dagegen Fehler erst nachträglich und damit teilweise verspätet fest.

— Die Innenrevisionen verfügen über intime Kenntnisse des Verwaltungsablaufs ihrer Behörde. Der externe Rechnungsprüfer steht dagegen außerhalb der Verwaltungsorganisation und hat damit unvermeidbare Informationslücken.

— Die externe Prüfung ist meist beschränkt auf die Prüfung von Einzelfällen. Systemimmanente Fehlerquellen bleiben daher oft unaufgedeckt. Hier ist die Innenrevision eher in der Lage, durch eine sytematische Analyse der Verfahrensabläufe Schwachstellen zu ermitteln und Vorschläge für eine Abhilfe — z. B. durch organisatorische Maßnahmen — zu erarbeiten.

— Gegen externe Prüfer bestehen stärkere Vorbehalte als gegen Kontrolleure aus der eigenen Behörde. Die daraus entstehenden Reibungsverluste sind daher bei der Innenrevision wesentlich kleiner.

Durch die Innenrevisionen bekommen die Verwaltungschefs ein Organ an die Hand, das kompetent genug ist, um zweifelhafte Feststellungen

159 Vgl. zur Innenrevision im Hochschulbereich die Empfehlungen des Arbeitskreises Innenrevision der leitenden Verwaltungsbeamten der Hochschulen, DUZ 1978, 183 ff. und die Darstellung in dieser Arbeit unten Teil B, IV 3.

der Rechnungshöfe überzeugend kritisieren zu können. Mit Hilfe einer schlagkräftigen Innenrevision wird die Auseinandersetzung mit dem Rechnungshof auch auf politischer Ebene besser geführt werden können.

3. Beauftragter für den Haushalt

Eine besondere interne Kontrollinstanz für die Haushalts- und Wirtschaftsführung ist der Beauftragte für den Haushalt[160]. Er ist bei jeder Dienststelle zu bestellen und bewirtschaftet die Einnahmen und Ausgaben (§ 9 BHO). Seine Aufgaben nimmt er völlig unabhängig vom Rechnungshof wahr. Er leitet und kontrolliert die gesamte Haushalts- und Wirtschaftsführung seiner Dienststelle. Er ist also zuständig für Haushaltsplanung, -durchführung und -kontrolle. Diese dreifache Zuständigkeit erscheint problematisch. Kaum jemand wird in der Lage sein, seine Planungsarbeit später objektiv auf ihre Durchführung zu kontrollieren. Eine ausgebaute Innenrevision könnte den Haushaltsbeauftragten zugunsten seiner Planungs- und Durchführungsarbeiten entlasten, indem sie ihm die Kontrollfunktion abnähme.

VII. Erfolgskontrolle staatlicher Planung durch den Bundesrechnungshof?

1. Problemstellung

Unter Begriffen wie Programmevaluation, Erfolgskontrolle, Aufgabenkritik haben sich in den letzten Jahren die Bemühungen von Politik und Wissenschaft verstärkt, die Kontrolle politischer Planung in den Griff zu bekommen[161]. Knappere Ressourcen sowie besonders die langfristige Festschreibung und die unkritische Fortschreibung alter Pro-

---

[160] Vgl. dazu *Damkowski* (o. Fn. 154), 81 f.

[161] Vgl. dazu vor allem *Hans Ulrich Derlien*, Die Erfolgskontrolle staatlicher Planung, Baden-Baden 1976; *Arend Hübener / Rudolf Halberstadt*, Erfolgskontrolle politischer Planung, Göttingen 1976; *Dieter Schimanke*, Evaluierung — Bemerkungen zu einem neuen Schwerpunkt der Verwaltungswissenschaft, Verwaltungsarchiv 1977, 361 ff.; *Dieter Brümmerhoff / Heinfried Wolff*, Aufgabe und Möglichkeit einer Erfolgskontrolle der staatlichen Aktivität, Zeitschrift für die gesamte Staatswissenschaft 1974, 477 ff.; *Eberhard Bohne / Herbert König*, Probleme der politischen Erfolgskontrolle, Die Verwaltung 1976, 19 ff.; *Rudolf Steinberg*, Evaluation als neue Form der Kontrolle final programmierten Verwaltungshandelns, Der Staat 1976, 185 ff.; *Gerd-Michael Hellstern / Hellmut Wollmann*, Evaluierung der öffentlichen Verwaltung — Zwecke und Anwendungsfelder, Verwaltung und Fortbildung 1980, 61 ff.; *Jürgen Volz*, Erfolgskontrolle kommunaler Planung, Köln, Berlin, Bonn, München 1980; *Rudolf Dieckmann*, Schwierigkeiten mit der Erfolgskontrolle in der öffentlichen Verwaltung, DÖV 1980, 737 ff.

gramme haben sich als ernste Restriktion einer vor allem seit 1969 betriebenen „Reformpolitik“ erwiesen, die sich neue, nur durch erheblichen Mitteleinsatz zu lösende gesellschaftspolitische Aufgaben gestellt hat[162]. Diese Politik soll durch verstärkte politische Planung durchgesetzt werden.

Das heutige Verständnis politischer Planung ist ein Ergebnis der Planungsbewegung der späten sechziger Jahre. War das Thema Planung in der Bundesrepublik Deutschland lange Zeit dadurch tabuisiert, daß man Planung mit dem politischen System der kommunistischen Staaten identifizierte, so entwickelte sich seit der Wirtschaftskrise von 1966 eine regelrechte Planungseuphorie. Raumplanung, Regionalplanung, Wirtschaftsplanung usw. standen politisch im Mittelpunkt der Diskussion. Von einer Art Reaktions- oder Auffangplanung, die früher auch schon — unter den verschiedensten Etiketten — betrieben werden mußte, entwickelte sich die Planung zu einer gestaltenden, initiierenden. Der Staat übernahm steuernd und lenkend immer mehr Aufgaben. Zur Erfüllung dieser Aufgaben mußte die Verwaltung auf die neuen Ziele programmiert werden, ihre Koordination mußte verbessert werden. Aus dieser Problemstellung heraus entwickelte sich ein Planungsverständnis, das dadurch gekennzeichnet ist, daß „durch politische Planung selbst der Verselbständigung einzelner, dezentral agierender Verwaltungseinheiten entgegengewirkt wird, indem ihnen im Rahmen übergreifender Planungen Ziele, Handlungsschranken und klare Vorgaben gesetzt werden. Mit dieser politischen Planung sollte tendenziell eine Politisierung der Verwaltungsentscheidungen, d. h. eine bessere Ausrichtung dieser Entscheidungen an den akzeptierten politischen Zielen erreicht werden. Zugleich sollte die so verstandene politische Planung die Formulierung politischer Ziele dadurch erleichtern, daß die Beziehungen zwischen den politischen Zielen — und damit das Maß ihrer Konsistenz und Kompatibilität — klarer erkennbar werden[163].“ Umfangreiche Planungssysteme wurden in Bund und Ländern entwickelt, die verschiedensten politischen Programme wurden den Verwaltungen zur Ausführung vorgegeben. Die Realisierung machte so lange keine Schwierigkeiten, als das Wachstum der Volkswirtschaft ständig steigende Budgets garantierte. Erst als aufgrund der relativen Stagnation der Zuwachsraten der finanzielle Spielraum kleiner wurde, stellte sich das Problem der Auswahl und Prioritätensetzung zwischen den einzelnen Programmen.

Voraussetzung einer rationalen Auswahl ist vor allem eine Wirksamkeitsanalyse der Programme. Als Gegenstück zur politischen Planung wird daher verstärkt eine Erfolgskontrolle gefordert. Allerdings deuten

---

[162] *Derlien* (o. Fn. 161), 31.

[163] *Hübener / Halberstadt* (o. Fn. 161), 4.

nach Auffassung der Kommission für wirtschaftlichen und sozialen Wandel „zahlreiche Anzeichen darauf hin, daß mit der Ausweitung der Staatsaufgaben die Kontrollkapazität jener Instanzen, die die Zielausrichtung und Effizienz administrativer Aufgabenbewältigung überprüfen sollen, nicht entsprechend mitgewachsen ist. Einem absoluten Mehr an staatlicher Aktivität steht daher ein relatives Weniger an Erfolgskontrolle gegenüber“[164]. Von den intensivierten Erfolgskontrollen erhofft man sich „die Entdeckung ineffektiver Programme und ineffizienter Programmelemente und damit die Möglichkeit, entsprechende Ressourcen-Umschichtungen zugunsten neuer Programme oder zur Aufstockung effektiver Programme begründen und politisch legitimieren zu können“[165].

2. Methodische Schwierigkeiten der Erfolgskontrolle

Schwierigkeiten bei der Erfolgskontrolle bereitet zunächst der Kontrollmaßstab. Leider gibt es in diesem Bereich noch keine einheitliche Terminologie. Begriffe wie Effektivität, Effizienz oder Erfolg werden oft wahllos gebraucht. Hier soll von folgenden — inzwischen wohl überwiegend akzeptierten — Definitionen der beiden wichtigsten Begriffe Effizienz und Effektivität ausgegangen werden: *Effektivität* beschreibt die Wirksamkeit der Verwaltung im Sinne einer Ziel-output-Relation, also das Verhältnis von Zielen und Erträgen. Sie stellt einen Soll-Ist-Vergleich von Ziel und Ergebnis her. Der Begriff *Effizienz* dagegen wird der Kennzeichnung der Wirtschaftlichkeit als input-output-Relation vorbehalten, betrifft also das Verhältnis von Aufwand und Ertrag. Sie stellt eine Zweck-Mittel-Relation zwischen Ertrag und Aufwand her[166]. Die Rechtfertigung für diese Terminologie ergibt sich einmal daraus, daß den Begriffen Effektivität und Effizienz eindeutig abgrenzbare Prüfungsgebiete zugewiesen werden. Zum anderen spricht dafür die Tatsache, daß sich Aussagen über Soll-Ist-Vergleiche und Zweck-Mittel-Relationen auf verschiedene Eigenschaften eines Programms beziehen. Schließlich lassen sich alle anderen verwendeten Begriffe wie Wirksamkeit, Wirtschaftlichkeit etc. als Unterbegriffe von Effizienz und Effektivität verstehen[167].

Sind nun aber sowohl Effektivität als auch Effizienz Maßstab der Erfolgskontrolle? Aderhold z. B. versteht unter Erfolgskontrolle nur die

---

[164] Gutachten der Kommission (o. Fn. 14), 564.

[165] *Derlien* (o. Fn. 161), 31.

[166] Dazu *Carl Böhret / Marie Therese Junkers*, Führungskonzepte für die öffentliche Verwaltung, Stuttgart 1976, 117 f.; *Winfried Brohm*, Strukturprobleme der planenden Verwaltung, JuS 1977, 500 ff.

[167] Vgl. *Bohne / König* (o. Fn. 161), 23.

Effektivitätskontrolle[168]. Andere ordnen der Evaluation sowohl die Maßstäbe Effizienz als auch Effektivität zu[169]. Meiner Auffassung nach kann nur Letzteres richtig sein. Die Erfolgskontrolle soll vor allem dem Vergleich und der Auswahl zwischen verschiedenen Programmen dienen. Dafür reicht aber eine Effektivitätskontrolle nicht aus. Es kann ja sein, daß zwei Programme zur Erreichung desselben Ziels gleich effektiv sind, d. h. einen identischen Zielerreichungsgrad haben, daß aber eines der Programme wesentlich effizienter ist, d. h., daß sein Verhältnis von Aufwand und Ertrag wesentlich besser ist als das des anderen. Gerade die Entscheidung dieser Frage muß eine Erfolgskontrolle auch leisten können. Allerdings ist klar, daß Effizienz-Vergleiche verschiedener Programme nur sinnvoll sind, wenn die Effektivität der einzelnen Programme bereits bestätigt ist.

Neben der Festlegung der Terminologie und des Bewertungsmaßstabs bestehen die methodischen Schwierigkeiten der Erfolgskontrolle vor allem darin, daß

„— aufgrund fehlender oder nicht hinreichend operational definierter Programmziele nachträglich Wirkungsindikatoren entwickelt werden müssen, die möglicherweise die Intentionen nur partiell abdecken, die bei der Programmentwicklung ausschlaggebend waren, oder die unvorhergesehene positive und negative Nebenfolgen eines Vorhabens nur unvollständig erfassen,

— daß die so spezifizierten Wirkungen nicht immer gemessen werden können, weil die dafür erforderlichen Daten in Form amtlicher Statistiken oder beim Programmvollzug erhebbarer Daten nicht verfügbar und mit nachträglichen Befragungen nur schwer beschaffbar sind,

— und daß drittens, selbst wenn es gelingt, Programmeffekte zu messen, eine kausale Zurechnung dieser Wirkungen auf das betreffende Programm häufig nicht eindeutig möglich ist, weil experimentelle Programmanordnungen fehlen, so daß nicht auszuschließen ist, daß z. B. externe Faktoren positive Effekte neutralisiert oder negative Effekte erzeugt haben“[170].

Diese Schwierigkeiten stellen aber eine Erfolgskontrolle insgesamt nicht in Frage. „Es gibt für Erfolgskontrollen durch Evaluation keinen Ersatz. Allen aufgeführten Fehlerquellen zum Trotz bringt eine methodisch saubere Evaluationsstudie immer noch wissenschaftlichere, abge-

---

[168] Vgl. *Dieter Aderhold*, Kybernetische Regierungstechnik in der Demokratie, München — Wien 1973, 246.

[169] Z. B. *Bohne / König* (o. Fn. 161), 27; *Steinberg* (o. Fn. 161), 204.

[170] *Hans Ulrich Derlien*, Organisatorische Aspekte der Programmevaluation, Verwaltung und Fortbildung 1978, 52 ff.

sichertere Ergebnisse als die sonst ohnehin übliche subjektive, intuitive, informelle und anekdotische Bewertung von Programmen[171]."

3. Institutionalisierung der Erfolgskontrolle

Erfolgskontrollen sind in der Vergangenheit in der Bundesrepublik zumeist anläßlich politischer Kritik an einem Programm oder aufgrund administrationsinterner Konflikte initiiert worden[172]. Daß eine politische oder gesetzliche Verpflichtung zur Durchführung von Evaluation besteht, ist bisher im Vergleich z. B. zu den USA die Ausnahme. Ad hoc veranlaßte Evaluationen stoßen aber oft auf den Widerstand der programmverantwortlichen Facheinheiten. Außerdem ist es schwierig, die methodischen Voraussetzungen für die optimale Durchführung der Evaluation sicherzustellen, wenn sie nicht bereits bei der Programmentwicklung geplant ist. Es scheint daher dringend notwendig, die Programmevaluation in Gestalt gesetzlicher Pflichten zur Durchführung der Wirkungsanalysen zu institutionalisieren.

Die entscheidende Frage ist aber in diesem Zusammenhang, wer Träger der Erfolgskontrolle sein soll, d. h. welche exekutivinternen oder -externen Stellen diese Aufgaben übernehmen sollen. Dazu gibt es bereits eine Reihe von Vorschlägen. So werden wissenschaftliche Planungsgremien mit einem entsprechenden organisatorischen Unterbau vorgeschlagen, die „für die Kontrolle der Plandurchführung eine sachliche Grundlage liefern"[173] sollen. Auch eine Berichtspflicht der Regierung mit Überprüfung durch Parlamentsbeauftragte wird zur Diskussion gestellt[174]. Rürup schlägt das Statistische Bundesamt für die Erfolgskontrolle vor[175]. Andere Entwürfe gehen von Evaluationszentren bei Exekutive oder Legislative aus[176].

Von einigen Autoren wird der Bundesrechnungshof als Träger der politischen Erfolgskontrolle vorgeschlagen. „Für die Bundesrepublik erscheinen die Chancen der Institutionen der externen Finanzkontrolle — Rechnungshöfe wie Rechnungsprüfungsämter —, aus ihrer derzeitigen Funktion der Finanzkontrolle heraus in eine umfassendere politische Erfolgskontrolle hineinzuwachsen, durchaus als real[177]." Als Begründung

---

[171] *Steinberg* (o. Fn. 161), 208.

[172] Dazu *Derlien* (o. Fn. 170), 54.

[173] So *Horst Harnischfeger*, Planung in der sozialstaatlichen Demokratie, Neuwied und Berlin 1969, 134.

[174] *Harnischfeger* (o. Fn. 173), 127.

[175] *Rürup* (o. Fn. 123), 147 f.

[176] *Steinberg* (o. Fn. 161), 209; *Derlien* (o. Fn. 161), passim; *Bohne / König* (o. Fn. 161), 38.

[177] *Herbert König*, Kritische Analyse des Managements finanzieller, personeller und materieller Ressourcen in der öffentlichen Verwaltung, Verwal-

wird vor allem darauf verwiesen, daß der Träger der politischen Erfolgskontrolle unabhängig sein müsse, was ja beim Bundesrechnungshof durch das Grundgesetz verfassungsrechtlich garantiert sei. Außerdem sei der Bundesrechnungshof infolge seines einmaligen Überblicks über die geprüfte Verwaltung der ideale Träger der Erfolgskontrolle. „Niemand sonst verfügt über eine solche Intimkenntnis des Kontrollobjektes[178].“ Allerdings wird gesehen, daß eine Institutionalisierung der Erfolgskontrolle bei den Rechnungshöfen „eine recht weitgehende Veränderung des gesamten Kontrollverfahrens und der Prüfungstätigkeiten voraus“-setzt[179].

Die Ausweitung der Finanzkontrolle der Rechnungshöfe auf Erfolgskontrolle würde eine qualitativ völlig neue Aufgabe für die Rechnungshöfe darstellen. Zwar prüfen die Rechnungshöfe bereits jetzt „Wirtschaftlichkeit und Sparsamkeit“ des Verwaltungshandelns. Diese Wirtschaftlichkeitskontrolle ist aber keine Erfolgskontrolle im eigentlichen Sinne. Wirtschaftlichkeitskontrolle ist grundsätzlich nur Effizienzkontrolle[180], d. h. Vergleich von output und input, von Ergebnis und verbrauchten Ressourcen. Eine Erfolgskontrolle setzt aber — wie bereits dargelegt — vor allem eine Effektivitätskontrolle voraus, d. h. einen Vergleich von politischem Ziel und erreichtem Ergebnis. Außerdem ist die Wirtschaftlichkeitskontrolle auf einer anderen Ebene angesiedelt als die politische Erfolgskontrolle. Die Wirtschaftlichkeitsprüfung spielt sich auf einer mikroökonomischen, betriebswirtschaftlichen Ebene ab, während die politische Erfolgskontrolle auf der makroökonomischen Ebene durchgeführt wird. Geht man mit Brümmerhoff / Wolff[181] von einer Einteilung der Planung in strategische, taktische und operationale aus, so ist die Wirtschaftlichkeitsprüfung der Rechnungshöfe auf der operationalen, der unmittelbaren Durchführungsebene anzusiedeln. Strategische oder taktische Fragen, wie z. B. die Prüfung der Berechtigung einer bestimmten Politik, die Untersuchung der Konkurrenzbeziehungen zwischen verschiedenen politischen Zielen, die Festlegung bestimmter Präferenzen bei der Entscheidung über Pläne etc. sind Sache der politischen Erfolgskontrolle. „Erfolgskontrolle ist etwas anderes als

---

tungswissenschaftliche Informationen, Sonderheft 3, 1977, 36. Für eine verstärkte politische Erfolgskontrolle durch die Rechnungshöfe vgl. jetzt auch *Bert Rürup / Hanns Seidler*, Von der fiskalischen Haushaltskontrolle zur politischen Erfolgskontrolle, Die Verwaltung 1981, 501 ff.; *Gerd-Michael Hellstern / Hellmut Wollmann*, Wirksamere Gesetzesevaluierung. Wo könnten praktikable Kontrollverfahren und Wirkungsanalysen bei Parlament und Regierung ansetzen?, ZParl 1980, 547 ff., 562 ff.

[178] *König* (o. Fn. 177), 38.

[179] *Hirsch* (o. Fn. 16), 158.

[180] Vgl. *Reinermann* (o. Fn. 108), 2 f.

[181] *Brümmerhoff / Wolff* (o. Fn. 161), 484 ff.; vgl. auch *Reinermann* (o. Fn. 108), 13 ff.

Überwachung budgetärer Richtigkeit, Sauberkeit und input-output-rationaler Mittelbewirtschaftung"[182], wie sie der Bundesrechnungshof durchführt.

Vor allem aber ist die politische Erfolgskontrolle „wegen der Werthaftigkeit ihrer Maßstäbe ein eminent politisches Geschäft"[183]. Durch die Übertragung der Erfolgskontrolle könnten die Rechnungshöfe in ein politisches Spannungsfeld geraten, das sich mit ihrer „neutralen" Stellung zwischen Exekutive und Legislative nicht vereinbaren läßt. Die Rechnungshöfe sind durch ihre unabhängige Stellung dem politischen Interessenstreit bewußt entzogen. Legte man die politische Erfolgskontrolle institutionell in die Hand der Rechnungshöfe, so gerieten diese in die Gefahr, „den kontrollierten Behörden ihre eigenen, demokratisch nicht legitimierten Wertmaßstäbe und politischen Konzeptionen aufzudrängen"[184], und zwar „in stärkerem Maße, ... als es etwa dem Parlament bei der Mittelbewilligung möglich ist"[185]. So lange nicht allem staatlichen Handeln konkrete politisch-planerische Zielsysteme vorgegeben sind, wäre der Bundesrechnungshof bei der politischen Erfolgskontrolle auf eigene Maßstäbe angewiesen. Nicht einmal der Haushalt enthält aber derartige Vorgaben in operationalisierter Weise[186]. Die Aufgabe der politischen Erfolgskontrolle sollte dem Bundesrechnungshof daher nicht übertragen werden.

Erwägenswert erscheint aber die Anregung Derliens, der dem Bundesrechnungshof ein Vorschlagsrecht für die Durchführung von Erfolgskontrollen geben möchte. „Eine realistische Alternative könnte darin bestehen, daß der Bundesrechnungshof im Rahmen seiner Prüfungspflicht nach § 90 BHO in den Prüfungsberichten oder in den Bemerkungen zum Haushaltsplan darauf hinweisen würde, in welchen Bereichen und bei welchen Maßnahmen Evaluationen angebracht wären, die allerdings von seiten der Regierung durchzuführen wären[187]." Ob man Derlien allerdings darin folgen kann, daß Evaluationen nur durch die Regierung vorzunehmen seien, erscheint fraglich. Denn allzu leicht könnten sie zu einem Rechtfertigungsinstrument degenerieren. Mit der Durchführung wirksamer Kontrollen würde sich die Regierung dem Risiko aussetzen, Fehler in Programmplanung und -durchführung aufdecken zu müssen. Es bestände daher die Gefahr, daß die Evaluations-Berichte „frisiert" würden. Um diese Entwicklung zu verhindern, sollten neben verwaltungsinternen Evaluationseinheiten, die der politischen Kontrolle

---

[182] *Aderhold* (o. Fn. 168), 256.
[183] *Aderhold* (o. Fn. 168), 256.
[184] *Aderhold* (o. Fn. 168), 257.
[185] *Hirsch* (o. Fn. 16), 149.
[186] Vgl. dazu die Darstellung oben IV, 3 e.
[187] *Derlien* (o. Fn. 170), 55.

der Verwaltung durch die Regierung dienten, auch verwaltungsexterne Institutionen der politischen Erfolgskontrolle eingerichtet werden, die vor allem dem Parlament zuarbeiten müßten[188]. Wie das im einzelnen auszusehen hätte, kann im Rahmen dieser Arbeit nicht weiter verfolgt werden[189].

VIII. Die politische Neutralität des Rechnungshofs — eine Ideologie?

Die These von der politischen Neutralität[190] des Rechnungshofs ist ein wesentlicher Teil des traditionellen Selbstverständnisses der Finanzkontrolle. Die Tätigkeit des Bundesrechnungshofs wird beschrieben als „unpolitische, streng fachbezogene Arbeit"[191], als „rein fachliche Kontrolle"[192]. Der Rechnungshof wird verstanden als „neutrales, politisch nicht handelndes, der politischen Verantwortung weitgehend entrücktes Fachorgan"[193]. Der ehemalige Präsident des Bundesrechnungshofs Hans Schäfer bezeichnet politisch relevante Wertungen sogar als „elektrisch geladenen Zaun", vor dessen Berührung sich der Bundesrechnungshof zu hüten habe[194].

Dieser herrschenden Meinung über die politische Funktion des Rechnungshofs wird nur selten widersprochen. Einer der wenigen, die sich gegen die Befürchtungen einer „Politisierung des Rechnungshofs" wenden, ist der Bundestagsabgeordnete Friedrich Schäfer. „Die hinter dieser Befürchtung stehende Vorstellung setzt falsch an, wenn sie in einem politisch-parlamentarischen System wie dem unseren davon ausgeht,

---

188 So auch *Bohne / König* (o. Fn. 161), 38.

189 Als weitere Möglichkeit einer Verstärkung der Erfolgskontrolle sei nur noch auf das sogenannte „sunset"-Konzept verwiesen, das in den USA entwickelt wurde. Kernstück dieses Konzepts ist die grundsätzliche zeitliche Limitierung von Maßnahmen und Programmen. Diese laufen ohne eine ausdrückliche Beschlußfassung der Legislative zur Weiterführung nach einem festgesetzten Zeitpunkt aus. Diese automatische Terminierung soll Verwaltung und Parlament in regelmäßigen Abständen zur Erfolgskontrolle der Maßnahmen und Programme zwingen. Vgl. dazu *Rürup / Färber* (o. Fn. 124), 665 ff.

190 Instruktiv vor allem die Kontroverse zwischen Battis und Tiemann, in: *Ulrich Battis,* Rechnungshof und Politik, DÖV 1976, 721 ff.; *Susanne Tiemann,* Nochmals: Rechnungshof und Politik, DÖV 1977, 241 ff.; *Ulrich Battis,* Schlußwort, DÖV 1977, 243.

191 *Bernhard Bank,* Über die Eigenständigkeit des Rechnungshofs zwischen Parlament und Regierung, DÖV 1962, 526 ff., 528.

192 So z. B. *Burkhard Tiemann,* Zur staatsrechtlichen Stellung und Funktion des Bundesrechnungshofs, DVBl 1970, 955 ff., 958.

193 So *Hans Schäfer,* Der Bundesrechnungshof im Verfassungsgefüge der Bundesrepublik, DÖV 1971, 542 ff., 543.

194 *Hans Schäfer,* Finanzkontrolle und parlamentarische Demokratie, Bulletin der Bundesregierung 1976, 1225 ff., 1231.

Haushaltskontrolle sei derzeit eine unpolitische Betätigung oder könne das jemals sein... Durch eine konsequente weitere Integration der Finanzkontrolle in die politische Kontrolle des Parlaments wird die Rechnungsprüfung nicht ihre Unabhängigkeit verlieren, sondern im Gegenteil durch den klaren Bezug zur Politik ihr Gewicht und ihr Ansehen erhöhen[195]." Auch Wolff / Bachof stellen ohne nähere Begründung fest, bei der Anwendung des Prüfungsmaßstabes Wirtschaftlichkeit und Sparsamkeit sei eine Kritik politischer und Zweckmäßigkeitsentscheidungen der Regierungs- und Verwaltungsorgane nicht ausgeschlossen[196]. Pelny meint, es sei gerade für die politische Autorität des Bundesrechnungshofes wünschenswert, daß er politische Arbeit leiste. Bei der Kontrolle möglichst wirtschaftlicher Verwaltungsführung komme der Rechnungshof nicht um politische Wertsetzungen herum[197].

Diese unterschiedlichen Positionen resultieren aus einem unreflektierten Gebrauch des Begriffs „politisch". Meiner Auffassung nach muß zwischen den Dimensionen „politische Wertung als Teil der Kontrolltätigkeit" und „politische Auswirkung der Kontrolle" unterschieden werden[198]. Daß sich die Kontrolle des Bundesrechnungshofs politisch auswirkt, wird wohl von niemandem bestritten. Die politische Transformation der Prüfungsfeststellungen ist ja der eigentliche Sinn der Finanzkontrolle. Die Art der politischen Auswirkung wurde oben bei der Beratung (III 4) exemplarisch näher untersucht. Ähnliche Diskussionen wie bei der politischen Funktion des Bundesrechnungshofs gibt es übrigens auch beim Streit um den „politischen Richter", bei den Fragen „Bundesverfassungsgericht und Politik", „Verwaltung und Politik". Genau wie richterliche Entscheidungen sich auf den politischen Prozeß auswirken, indem z. B. bestimmte Handlungsalternativen als rechtswidrig ausgeschieden werden, genauso gehen Prüfungsfeststellungen des Bundesrechnungshofs in den politischen Prozeß ein — wenn auch mit dem Unterschied, daß sie nicht rechtlich bindend sind.

Das eigentliche Problem des Verhältnisses von Rechnungshof und Politik stellt sich, wenn es um die Frage geht, ob der Rechnungshof seinen Prüfungen politische Wertungen zugrundelegen darf, ob legitimer Prüfungsmaßstab ein — wie auch immer geartetes — politisches Wertsystem des Bundesrechnungshofs ist.

---

195 *Friedrich Schäfer*, Zur Stellung des Präsidenten des Bundesrechnungshofs, in: Verfassung, Verwaltung, Finanzkontrolle, Festschrift für Hans Schäfer, Köln u. a. 1975, 147 ff., 167.

196 *Hans J. Wolff / Otto Bachof*, Verwaltungsrecht III, 4. Aufl., München 1978, 433.

197 *Stefan Pelny*, Die legislative Finanzkontrolle in der Bundesrepublik Deutschland und in den Vereinigten Staaten von Amerika, Berlin 1972, 158 f.

198 Ähnlich *Tiemann* (o. Fn. 192), 242.

Die oft als entscheidend hingestellte Frage, ob politische Entscheidungen vom Bundesrechnungshof geprüft werden dürfen, geht daher an der Sache vorbei[199]. Der Rechnungshof hat sämtliche finanzwirksamen Maßnahmen von Regierung und Verwaltung zu kontrollieren, auch die sogenannten politischen. Die alte Formel vom politischen Ziel, das vorgegeben sei, so daß nur noch das Mittel vom Bundesrechnungshof überprüft werden dürfe[200], ist meiner Ansicht nach falsch. Einmal gibt es nicht nur ein Ziel, sondern bei der Konkretisierung einer Zielvorstellung ergeben sich ganze „Zielbäume", wobei ein Unterziel Mittel zur Erreichung des Oberziels ist. Wo hört das „politische" Ziel auf, und wo beginnt das durch den Rechnungshof überprüfbare Mittel? Zum anderen sind — wenn man wie der Verfasser davon ausgeht, daß der Haushaltsvollzug auch am Grundgesetz zu überprüfen ist — sämtliche Maßnahmen, d. h. auch alle sogenannten politischen, zumindest auf ihre Rechtmäßigkeit zu überprüfen. „Eine ‚verfassungsrechtliche Grenze' der öffentlichen Finanzkontrolle hinsichtlich ihres Ausmaßes gibt es insoweit nicht[201]. Die Frage der politischen Wertung stellt sich daher nicht beim Prüfungsgegenstand, sondern allein beim Prüfungsmaßstab[202]."

Prüfungsmaßstäbe sind — wie unter IV bereits ausführlich dargestellt — Ordnungsmäßigkeit, Rechtmäßigkeit, Wirtschaftlichkeit und Sparsamkeit. Die Entscheidungen über Ordnungsmäßigkeit und Rechtmäßigkeit einer Maßnahme sind rechtlich determiniert, politische Wertungen können nur bei dem Maßstab Wirtschaftlichkeit und Sparsamkeit in die Prüfungsfeststellungen einfließen. Wie weit bei diesem Maßstab subjektive und damit politische Wertungen den Prüfungsprozeß bestimmen, wurde oben unter IV 3 eingehend untersucht. Zwar ist der Grundsatz Wirtschaftlichkeit und Sparsamkeit in Rechtsvorschriften der Bundeshaushaltsordnung (BHO) und des HGrG enthalten. Das heißt aber noch lange nicht, daß eine nach diesem Maßstab vorgenommene Prüfungsfeststellung rechtlich festgelegt ist. Wenn Tiemann schreibt:

---

199 So schreibt z. B. *Gotthard Brunner*, Möglichkeiten und Grenzen der öffentlichen Finanzkontrolle, in: Verfassung, Verwaltung, Finanzkontrolle, Festschrift für Hans Schäfer, Köln u. a. 1975, 169 ff., 179: „Keinesfalls kann es Aufgabe des Rechnungshofs sein, Politik zu machen ... Politische Entscheidungen der Regierung unterliegen daher nicht der Nachprüfung durch die Finanzkontrolle."

200 Vgl. dazu *Schäfer* (o. Fn. 51), 1039; *Piduch* (o. Fn. 75), Art. 114, Rdnr. 25.

201 *Vogel* (o. Fn. 56), 196.

202 Problematisch daher z. B. *Helmut Karehnke*, Zur Neufassung des Artikels 114 des Grundgesetzes, DÖV 1972, 145 ff., 152, der „rein politische, rein finanzwirtschaftliche sowie daraus gemischte Sachverhalte" unterscheidet. Nur die letzten beiden sollen der Kontrolle des BRH unterliegen. Meiner Ansicht nach ist diese kaum praktikable Differenzierung überflüssig. Der Rechnungshof hat sämtliche finanzwirksamen Maßnahmen zu überprüfen — ob sie politisch motiviert sind oder nicht. Dazu zwingt ihn schon das Prinzip der Lückenlosigkeit der Kontrolle.

„Gerade auch Wirtschaftlichkeitsgrundsätze lassen sich nach streng Nutzen-Kosten-orientierten Gesichtspunkten beurteilen und erfordern keinen Rückgriff auf interessenpluralistisch geprägte Wertungen“[203], dann zeugt das von einer gewissen Unkenntnis der wirtschaftswissenschaftlichen — insbesondere finanzwissenschaftlichen — Diskussion. Der Begriff Wirtschaftlichkeit stellt weitgehend eine Leerformel dar, die durch eine politische — nicht rechtliche — Entscheidung zu füllen ist. Zu politischen Wertungen ist der Bundesrechnungshof aber grundsätzlich nicht befugt. Ihm fehlt im Vergleich zu Bundesregierung und Parlament die notwendige demokratische Legitimation, um eigene politische Wertmaßstäbe an die Stelle derjenigen der Exekutive zu setzen. Der Bundesrechnungshof muß den „Wertungsvorrang der zum Handeln befugten Exekutive“[204] beachten. Politische Wertungen sind nicht Sache des Bundesrechnungshofs, sondern der dafür demokratisch legitimierten Organe Bundesregierung und Bundestag. Art. 114 II GG, der dem Bundesrechnungshof auch die Prüfung der Wirtschaftlichkeit zur Aufgabe macht, muß daher einschränkend interpretiert werden (vgl. oben IV, 3 f). Der Rechnungshof darf finanzwirksame Maßnahmen nur dann als „unwirtschaftlich“ beanstanden, wenn dieser Tatbestand evident ist. Zwar verlangt auch die Feststellung der Evidenz einer unwirtschaftlichen Maßnahme noch eine wertende Entscheidung, diese ist aber auf das Notwendigste reduziert. Vor allem braucht es zu ihrer Feststellung keines speziellen politischen Wertungsmaßstabes des Bundesrechnungshofs. Evidenz bedeutet, daß jeder vernünftige Mensch, also eigentlich auch Bundesrat und Bundestag, die Unsinnigkeit der Maßnahme einsehen müßte. Ansonsten muß der Bundesrechnungshof „self restraint“[205] üben. Sämtliche vertretbaren Maßnahmen darf er nicht kritisieren.

Das Verständnis des Bundesrechnungshofs als unpolitische Institution ist also richtig, wenn sich „unpolitisch“ auf die zulässigen Prüfungsmaßstäbe bezieht — wobei allerdings zu sehen ist, daß die Prüfung der Wirtschaftlichkeit und Sparsamkeit eine Einbruchstelle des Politischen darstellt. Das Verständnis des Bundesrechnungshofs als unpolitische Institution ist aber falsch, wenn damit eine Deutung seiner Stellung im politischen System gegeben werden soll. Die Prüfungsfeststellungen des Bundesrechnungshofs haben eine genuin politische Funktion. Die Vertreter der Rechnungshöfe, die für ihre Institution politische Neutralität reklamieren, haben also die „richtige Ideologie“, wenn dieser — was meist der Tendenz nach der Fall ist — obige Unterscheidung zugrundeliegt. Vor allem muß aber das Bewußtsein vorhanden sein, daß der

---

203 *Tiemann* (o. Fn. 190), 242.

204 *Battis* (o. Fn. 190), 726.

205 *Vogel* (o. Fn. 56), 196.

Maßstab Wirtschaftlichkeit und Sparsamkeit eine große Versuchung für die Anwendung eigener politischer Wertungen darstellt.

IX. Wirksamkeit der Finanzkontrolle durch den Bundesrechnungshof — Notwendigkeit einer Reform

1. Wirkung der Prüfungs- und Beratungstätigkeit des BRH — Publizität seiner Prüfungsergebnisse

Dem Bundesrechnungshof stehen keine rechtlichen Möglichkeiten zur Verfügung, um seine Prüfungsentscheidungen gegenüber den geprüften Stellen durchzusetzen. Seine Bemerkungen sind rechtlich unverbindlich[206]. Ihn deshalb als „Ritter ohne Schwert"[207] zu bezeichnen, entspricht aber nicht der politischen Realität[208]. So trägt ein Aufsatz des derzeitigen Präsidenten des Bundesrechnungshofs, Karl Wittrock, den Titel „Unsere Kritik wird ernstgenommen"[209] und sein Vorgänger, Hans Schäfer, schreibt: „Wer jedoch glaubt, daß auf die Prüfungsmitteilungen des Bundesrechnungshofs oder seine jährlichen Bemerkungen hin nichts geschieht, verkennt die Wirklichkeit und unterschätzt den Einfluß der obersten Finanzkontrollbehörde[210]."

Dieser „Einfluß" des BRH ist vor allem darauf zurückzuführen, daß er gegenüber den kontrollierten Stellen der Exekutive als probates Mittel, um seine Beanstandungen durchzusetzen, die Drohung benutzen kann, an die Regierungsspitze oder die parlamentarischen Körperschaften zu berichten. Daß der BRH gerade durch den Hinweis darauf seinen „Anregungen" Nachdruck verleiht, zeigen seine „Bemerkungen". Darin heißt es z. B., daß sich ein Bundesminister erst nach Ankündigung einer Bemerkung an das Parlament der Auffassung des Bundesrechnungshofs angeschlossen habe[211]. Hans Schäfer bemerkt dazu: „Den Vorschlägen und Empfehlungen versagt die Verwaltung in aller Regel nicht die Gefolgschaft. Sie muß ja damit rechnen, daß der Bundesrechnungshof seine Beanstandungen als Bemerkungen dem Parlament unterbreitet[212]." Die-

---

[206] *Vogel / Kirchhof* (o. Fn. 9), Rdnr. 19.

[207] So *Karl Dreßler*, Stellung und Aufgabe des Bundesrechnungshofs, in: Bundesrechnungshof (Hrsg.): 250 Jahre Rechnungsprüfung, Frankfurt 1964, 157 ff., 172.

[208] Vgl. *Hans Schäfer*, Finanzkontrolle und parlamentarische Demokratie, Bulletin der Bundesregierung 1976, 1232 ff.; *von Arnim* (o. Fn. 8), 27.

[209] *Karl Wittrock*, Unsere Kritik wird ernstgenommen, Das Parlament v. 18. 11. 78 / Nr. 46.

[210] *Schäfer* (o. Fn. 35), 51.

[211] BT-Drs. III/1518, 19.

[212] *Schäfer* (o. Fn. 35), 51.

ses Druckmittel ist ein wesentlicher Grund dafür, daß in den weitaus meisten Fällen die Verwaltung den Beanstandungen des Bundesrechnungshofs Rechnung trägt[213].

Eine weitere wichtige „Waffe" des Rechnungshofs ist die Publizität seiner Prüfungsergebnisse[214]. Die Veröffentlichungspflicht folgt aus dem Verständnis des Rechnungshofs als Interessenvertreter der Allgemeinheit. „Ist das Volk, von dem alle Staatsgewalt abgeleitet und dem gegenüber ihre Ausübung zu vertreten ist, letztlich der Adressat der Rechenschafts- und der Kontrollberichte, so sind die Kontrollakte auch dem Volk zur Beurteilung vorzulegen, d. h. aber, sie sind zu veröffentlichen[215]." Das Parlament versagt weitgehend bei der Erfüllung seiner Aufgaben in der Finanzkontrolle. So werden z. B. die Bemerkungen des BRH vom Plenum erst lange nach ihrer Erstellung behandelt, so daß meist die politische Aktualität verlorengegangen ist. Daher hat eine „gegenwartsnahe" Diskussion in der Öffentlichkeit über festgestellte Mängel oft größere kontrollierende Kraft als die parlamentarische Finanzüberwachung. Zudem ist die Rechnungsprüfung im Parlament weitgehend eine Sache der Opposition, also der Minderheit. Ohne Resonanz, beschränkt auf den Innenbereich des Parlaments, bleibt eine kontrollierende Minderheit aber weitgehend macht- und einflußlos. Wesentliche Ansätze einer wirksamen Veröffentlichungspraxis sind bereits vorhanden. Die jährlichen Berichte des Bundesrechnungshofs werden als Bundestagsdrucksache veröffentlicht. Außerdem findet jedes Jahr bei Übergabe des Jahresberichts an Parlament und Regierung eine Pressekonferenz des Bundesrechnungshofs statt. Diese Bemühungen um die Publizität der Prüfungsergebnisse müssen aber noch verstärkt werden. Zu denken wäre in diesem Zusammenhang z. B. daran, die Bundesregierung zu verpflichten, innerhalb eines bestimmten Zeitraums zu den Beanstandungen des Rechnungshofs öffentlich Stellung zu nehmen[216]. Eine ähnliche Regelung gibt es bereits beim Gutachten des Sachverständigenrats[217]. Die Bundesregierung müßte dann klarlegen, wie sie die vom Bundesrechnungshof gerügten Mängel beseitigen will, oder

---

213 So äußern sich sowohl *Wittrock* (o. Fn. 209) als auch *Schäfer* (o. Fn. 35), 51.

214 Vgl. dazu *Bernhard Bank*, Die Publizität der Ergebnisse der Finanzkontrolle, DÖH 10 (1969/70), 18 ff.; *von Arnim* (o. Fn. 8), 27.

215 *von Arnim* (o. Fn. 8), 26.

216 Vgl. *von Arnim* (o. Fn. 8), 27 ff.; *Susanne Tiemann*, Parlamentarische Finanzkontrolle: Verfassungsrecht und Verfassungswirklichkeit, DVBl 1976, 323 ff., 330.

217 Vgl. § 6 I Gesetz über den Sachverständigenrat zur Begutachtung der gesamtwirtschaftlichen Entwicklung und § 2 II Ziff 1 Stabilitätsgesetz, die die Bundesregierung verpflichten, zu dem jährlichen Gutachten des Sachverständigenrats innerhalb von acht Wochen Stellung zu nehmen.

aber sie müßte ihre Maßnahmen begründen. Hier könnte dann die Opposition eingreifen, um unhaltbare Legitimationsversuche aufzudecken.

Zusammenfassend kann festgestellt werden, daß der Bundesrechnungshof trotz mangelnder rechtlicher Verbindlichkeit seiner Prüfungsergebnisse durchaus über schlagkräftige Mittel verfügt, um seine Beanstandungen durchzusetzen. „Wer daher von einer ‚Ohnmacht der Kontrolleure' spricht, verkennt Bedeutung und Einfluß des Bundesrechnungshofs und die Auswirkungen seiner Tätigkeit[218]."

2. Notwendigkeit einer Reform des Bundesrechnungshofs?

a) Defizite der gegenwärtigen Finanzkontrolle

Die öffentliche Finanzkontrolle wird in Politik und Wissenschaft trotz der Haushaltsreform in den Jahren 1967—1971 immer noch als defizitär empfunden[219]. Dabei geht es nicht so sehr um Mängel der Arbeit des Bundesrechungshofs, als vielmehr um eine Kritik am parlamentarischen Finanzkontroll-Verfahren zur Entlastung der Bundesregierung. „Die Rechnungskontrolle führt im Bundestag heute ein weitgehend unbeachtetes Schattendasein[220]." Die in den Jahresberichten des Bundesrechnungshofs zusammengefaßten Kontrollberichte werden im Parlament immer noch verspätet behandelt und dann wegen der fehlenden Aktualität oder aus Zeitmangel nicht genügend ausgewertet. Obwohl gerade die Haushaltsüberwachung durch die Legislative zu den originären parlamentarischen Kontrollfunktionen gehört, vernachlässigen Bundesrat und Bundestag die als politisch unbequem empfundene „Beseitigung der Budgetleiche"[221]. Trotz knapper gewordener Haushaltsmittel wird von den Parlamenten die Notwendigkeit einer umfassenden Finanzkontrolle immer noch nicht ausreichend erkannt. Gerade auf dem Gebiet der öffentlichen Finanzwirtschaft wirkt sich jedoch der Planungs- und Informationsvorsprung der Exekutive bei der Haushaltsgestaltung entscheidend aus. Je mehr aber im heutigen Leistungs- und Sozialstaat wegen der Kompliziertheit des Planens und des Verwaltungshandelns eine faktische Machtverschiebung von der Legislative zur Exekutive

---

218 *Schäfer* (o. Fn. 35), 51.

219 Vgl. zu dieser Feststellung vor allem *Hoffmann* (o. Fn. 1), 159 ff.; *Christian Tomuschat,* Die parlamentarische Haushalts- und Finanzkontrolle in der Bundesrepublik Deutschland, Der Staat 1980, 1 ff., 20 ff.; *Stefan E. Pelny,* Zur Reform des Bundesrechnungshofs: Die Legislative ließ ihre Kontrollmöglichkeiten ungenutzt, ZParl 1972, 417 ff.; *Susanne Tiemann,* Parlamentarische Finanzkontrolle: Verfassungsrecht und Verfassungswirklichkeit, DVBl 1976, 323 ff.; *von Arnim* (o. Fn. 8), 34 ff.

220 *Hirsch* (o. Fn. 16), 157.

221 *Heinig* (o. Fn. 7), 11.

stattfindet, desto mehr muß die politische Kontrolle durch die Legislative (insbesondere durch die Opposition) verstärkt werden[222].

Bereits bei der Behandlung der Rechnungshofberichte im Rechnungsprüfungsausschuß des Bundestags treten die Mängel klar zutage. Zwar werden die Berichte des Bundesrechnungshofs genau geprüft. Aber der Rechnungsprüfungsausschuß betreibt äußerst selten selbständige Ursachenforschung für Mißstände der öffentlichen Verwaltung[223]. Er ergänzt die fachlich-objektiven Prüfungsresultate des Rechnungshofs kaum durch eigene Wertungen unter politischen Aspekten; diese werden daher zu wenig in den politisch-parlamentarischen Entscheidungsprozeß transformiert. „Insgesamt wird so die ansonsten gründliche Detailarbeit des Rechnungsprüfungsausschusses durch den völligen Mangel politischer Wertung und Folgemaßnahmen zunichte gemacht und nimmt den Charakter eines parlamentarische Aktivitäten vortäuschenden Schattenboxens an[224].“ Tomuschat spricht in diesem Zusammenhang von geradezu „sklavischer Abhängigkeit“ der Arbeit des Rechnungsprüfungsausschusses von den Bemerkungen des Bundesrechnungshofs. Diese „haken in buchhalterisch-ängstlicher Manier die Bemerkungen des Bundesrechnungshofs ab, ohne daß irgendeine zusätzliche politische Dimension der Untersuchung erkennbar würde“[225].

Auch das Entlastungsverfahren im Plenum des Bundestags vollzieht sich in Routinesitzungen mit äußerst spärlicher Diskussion, die bisher stets zu vorbehaltloser Entlastung führten, wobei auch die Opposition in der Regel keine Sanktionen für haushaltsrelevantes Fehlverhalten der Exekutive fordert[226]. Ursache für das Versagen des Parlaments im Entlastungsverfahren sind einmal Organisationsmängel institutioneller Art. Der Rechnungsprüfungsausschuß als Unterausschuß des Haushaltsausschusses verfügt nur über unzulängliche Befugnisse und leidet unter Arbeitsüberlastung. Außerdem kommt dieser Ausschuß durch die späten Rechnungshofberichte regelmäßig in Zeitdruck[227]. Ein weiterer Grund dürfte in der mangelnden Attraktivität der nur nachvollziehenden Finanzkontrolle liegen, deren politische Aktualität wegen der langen Prüfungsdauer und der vorgängigen Publizität der Rechnungshofberichte zum Zeitpunkt der parlamentarischen Behandlung bereits verpufft ist. Durch die Phasenverschiebung der politischen Finanzkontrolle, die teilweise bis zu vier Jahren beträgt, verliert das Parlament das In-

222 So auch *Tiemann* (o. Fn. 15), 383 ff.
223 Vgl. *Tiemann* (o. Fn. 219), 324.
224 *Tiemann* (o. Fn. 219), 325.
225 *Tomuschat* (o. Fn. 219), 21.
226 *Tomuschat* (o. Fn. 219), 23; *Tiemann* (o. Fn. 219), 325.
227 *Tiemann* (o. Fn. 219), 326.

teresse an den Prüfungsfeststellungen[228]. Die Kontrollergebnisse des Bundesrechnungshofs bedürfen aber zur Erfüllung der ihnen durch Verfassung und Gesetz zugedachten Funktion der politischen Umsetzung. Fehlt diese, so geht der gesamte korrektive, präventive und innovatorische Gehalt der Prüfungsfeststellungen verloren.

b) Reform des Bundesrechnungshofs zur Behebung der Kontrolldefizite?

Aufgrund dieser — teilweise gravierenden — Schwächen der parlamentarischen Haushaltskontrolle ist es nicht verwunderlich, daß immer wieder Reformvorschläge für eine Effektivierung des gesamten Kontrollapparats gemacht werden. Im Mittelpunkt der Reformüberlegungen steht dabei naturgemäß die Institution des Bundesrechnungshofs. Während einige Stellungnahmen für eine völlige Umstrukturierung des Bundesrechnungshofs plädieren, halten die meisten an seiner bisherigen Grundstruktur fest und machen nur Vorschläge für partielle Verbesserungen.

Auf eine Umstrukturierung des BRH zielen vor allem die Anregungen Hoffmanns[229] und Pelnys[230] ab.

Im Rahmen einer umfassenden Kritik der Praxis der Haushaltskontrolle, die im wesentlichen die oben genannten Defizite gründlich herausarbeitet, schlägt Hoffmann eine völlige Umgestaltung des Bundesrechnungshofs in Richtung auf ein Parlamentsorgan vor. Der Rechnungshof sei funktional Hilfsorgan des Parlaments, aber institutionell dem parlamentarischen Einfluß entzogen. Die Unabhängigkeit des Rechnungshofs und seiner Mitglieder behindere ein effektives Zusammenwirken mit dem Parlament bei der Regierungskontrolle. Diese müsse nämlich vor allem unter politischen Aspekten vorgenommen werden, während der Rechnungshof seine Prüfung betont unpolitisch verstanden wissen wolle. Die durch die Unabhängigkeit seiner Mitglieder bedingte Kollegialverfassung des Rechnungshofs verursache einen der Sache nach unangemessenen Zeitaufwand bei der Prüfungsdurchführung. Hoffmann schlägt daher vor, zwar den Präsidenten einer parlamentarischen Rechnungsprüfungsbehörde zur Sicherung seiner Unabhängigkeit gegenüber wechselnden Parlamentsmehrheiten mit parlamentarischer Zweidrittelmehrheit zu wählen, die Unabhängigkeit der Mitglieder des Bundesrechnungshofs aber aufzuheben. Außerdem soll der Bundesrechnungshof von der traditionellen Rechnungsprüfung von Ordnungsmäßigkeit und Rechtmäßigkeit entlastet werden, um neue Aufga-

[228] *Tiemann* (o. Fn. 219), 326.
[229] *Hoffmann* (o. Fn. 1), vor allem 168 ff.
[230] *Pelny* (o. Fn. 197), vor allem 137 ff.

ben in der Überwachung der wirtschaftlichen Staatstätigkeit zu übernehmen.

Die Reformvorstellungen Pelnys gehen in eine ähnliche Richtung. Er schlägt vor, den Bundesrechnungshof vorwiegend in den Dienst von Bundestag und Bundesrat zu stellen und als ein auch mit der Klärung politischer Verantwortlichkeit beauftragtes Instrument institutionell enger an das Parlament zu binden. Präsident und Vizepräsident des Rechnungshofs sollen auf begrenzte Dauer durch Bundestag und Bundesrat gewählt werden und abwählbar sein. Das Parlament soll den Bundesrechnungshof und dessen Personal mit Einzeluntersuchungen beauftragen können. Die Kontrollergebnisse des Bundesrechnungshofs sollen das ganze Jahr hindurch regelmäßig veröffentlicht werden. Außerdem sollen sie wesentlich intensiver als bisher im Haushalts- und im Finanzausschuß behandelt und vor allem auch für die künftige Haushalts- und Wirtschaftsführung verwendet werden.

Die Reformvorschläge Hoffmanns und Pelnys zielen darauf ab, den Rechnungshof zu einem reinen Instrument des Parlaments zu machen. Der Bundesrechnungshof würde dadurch seine unabhängige Stellung verlieren, Art. 114 GG müßte also auf jeden Fall geändert werden. Als Begründung für die Vorschläge wird vor allem der Wandel der Aufgaben von Exekutive und Legislative angegeben. „Während die Bestimmung der Staatstätigkeit zunehmend von der Exekutive übernommen wird, fällt dem Parlament im wesentlichen die Aufgabe der politischen Regierungs- und Verwaltungskontrolle zu[231].“ Von dieser Aufgabenverteilung her gesehen, sei es nur folgerichtig, das Kontrollorgan Bundesrechnungshof, auf das das Parlament bei der Ausübung der Finanzkontrolle angewiesen sei, auch in seinen Dienst zu stellen. Der Analyse der Entwicklung des Verhältnisses von Parlament und Regierung wird man zustimmen müssen. Fraglich ist nur, ob sie tatsächlich eine derart weitgehende Reform der Struktur des Bundesrechnungshofs erzwingt. Der Bundesrechnungshof dient derzeit beiden politischen Gewalten. „Inhaltlich läßt sich die gegenwärtge Finanzkontrolle durch den Rechnungshof als Sachverständigenarbeit begreifen, als eine ausschließlich fachlich orientierte Aufgabe, die gleichermaßen der Regierung bei ihrer Bewältigung der Budgetprobleme wie den gesetzgebenden Körperschaften bei ihrer Budgetarbeit zugutekommt[232].“ Dadurch, daß der Rechnungshof sowohl Bundestag als auch Bundesregierung zuarbeitet, soll er nach Auffassung Pelnys „nicht kongruenten“ Zielen dienen. „Die Regierung und ihre Mitglieder werden daran interessiert sein, aufgrund der Kon-

[231] *Pelny* (o. Fn. 197), 141.

[232] *G. von Koppenfels*, Finanz- und Wirtschaftlichkeitskontrolle in der Bundesrepublik Deutschland und die Stellung des Bundesrechungshofs zu Exekutive und Legislative, Diss. iur. Freiburg 1969, 42.

trollergebnisse der Finanzkontrollbehörde dem betroffenen Beamten gegenüber verwaltungsinterne Verantwortlichkeit geltend zu machen; Bundestag und Bundesrat hingegen sollten die Prüfungsergebnisse dazu dienen, die Regierungsmitglieder zur politischen Verantwortung zu ziehen[233]." Aber wieso sollte der Bundesrechnungshof die Aufgabe der Vorbereitung beider Kontrolltätigkeiten nicht erfüllen können? Er kann doch in seinem sachlichen Bericht über eine rechtswidrige Maßnahme sowohl die Verantwortung im Verwaltungsbereich als auch im Bereich der Exekutivspitze klären. Eine Unterstellung des Rechnungshofs unter das Parlament kann die „Auslieferung der Finanzkontrolle an schwankende, von Mehrheiten bestimmte Konstellationen parteipolitischer Art bedeuten und am Ende den vorhandenen wertvollen Fundus einer allseits unabhängigen, unbefangenen, neutralen und von sich aus frei und objektiv agierenden Kontrollinstanz zerschlagen"[234]. Der Rechnungshof muß die Entscheidungsgrundlagen für die politische Parlamentskontrolle liefern. Das setzt aber voraus, daß er selbst nicht politisiert wird, indem man ihn z. B. dem Parteienproporz überläßt. Der Bundesrechnungshof selbst als ausschließlich an Fachkriterien orientiertes Kontrollorgan darf seinem Prüfungsbericht keine politischen Wertungen zugrundelegen. Sind bereits die Orientierungsdaten, die der Bundesrechnungshof liefert, politisch beeinflußt, so bewegt sich die politische Finanzkontrolle auf schwankendem Boden. Sie läuft immer Gefahr, bereits im Tatsächlichen auf fehlerhafter Grundlage aufzubauen. Die Bedeutung der Unabhängigkeit des Rechnungshofs auch vom Parlament ist daher nicht zu unterschätzen. Sie bringt eine Objektivierungsfunktion mit sich, die versachlicht und so erst die Basis für politische Entscheidungen schafft[235]. In dieser unabhängigen Stellung kann der Rechnungshof sowohl das Parlament als auch die Regierung bei ihren Kontrollaufgaben unterstützen. Die volle Zuordnung des Rechnungshofs zum Parlament ist daher abzulehnen.

Allerdings wird man von einem gewissen Vorrang der Arbeit des Rechnungshofes für das Parlament ausgehen müssen. Die Regierung kann sich durch eine besser ausgebaute Innenrevision Kontrollmöglichkeiten sichern, die das Parlament nicht hat. Die gegenwärtige rechtliche Regelung wird dieser Stellung des Bundesrechnungshofs zwischen Parlament und Regierung noch nicht gerecht. Die durch die Änderung von Art. 114 GG eingeleitete Entwicklung, die dazu geführt hat, daß der Bundesrechnungshof seine Mitteilungen direkt dem Parlament zuleitet, muß fortgesetzt werden. Der Rechnungshof muß näher an das Parlament herangeführt werden. Dazu ist es — wie oben dargelegt — erfor-

---

[233] *Pelny* (o. Fn. 219), 419.

[234] *Reger* (o. Fn. 31), 333.

[235] So auch *Tiemann* (o. Fn. 15), 208.

derlich, die Besetzung der Leitung des Rechnungshofs von der Zustimmung des Parlaments abhängig zu machen.

c) *Reform der parlamentarischen Haushaltskontrolle*

Die wichtigsten Ansatzpunkte zu einer Aktivierung der Haushaltskontrolle liegen aber im parlamentarischen Bereich und nicht bei einer angeblich defizitären Finanzkontrolle durch die Rechnungshöfe. Exemplarisch seien im folgenden einige Verbesserungsvorschläge gemacht:

— Um eine zügigere Abwicklung des Entlastungsverfahrens zu erreichen, sollte der Rechnungsprüfungsausschuß aus dem Haushaltsausschuß ausgegliedert und verselbständigt werden[236]. Dadurch würde ihm vor allem der unmittelbare Zugang zum Plenum eröffnet.

— Die Rechte der Opposition könnten in diesem Ausschuß z. B. dadurch verstärkt werden, daß auf Antrag einer Minderheit bestimmte Einzelfälle aufgegriffen werden müssen, oder indem dem Rechnungsprüfungsausschuß die Rechte eines Untersuchungsausschusses gem. Art. 44 GG verliehen werden[237].

— Dem Rechnungsprüfungsausschuß sollten in regelmäßigen Abständen Zwischenberichte des Bundesrechnungshofs über seine Kontrolltätigkeit zugeleitet werden, die sich mit konkreten Fällen mangelhafter Verwaltungsführung befassen. Die Verzögerungsphase von Rechnungshofsbericht und Entlastungsbeschluß muß verkürzt werden, um die gewonnenen Erkenntnisse möglichst rasch in den Entscheidungsprozeß bei der neuen Haushaltsaufstellung einspeisen zu können. Zeitnähe ist „das A und O der retrospektiven Finanzkontrolle"[238].

— Eine qualifizierte Minderheit des Bundestages sollte das Recht erhalten, beim Bundesrechnungshof eine bestimmte (haushaltsrechtlich relevante) Prüfung zu beantragen. Um einer Überlastung des Rechnungshofs vorzubeugen und um seine Unabhängigkeit sicherzustellen, sollte dieses Recht als Anregungsrecht ausgestaltet werden[239].

— Der Haushaltsplan sollte in Richtung auf ein Programmbudget entwickelt werden, d. h. der Haushaltsplan sollte Verwaltungsziele und Verwaltungsmaßnahmen in ihrem Zusammenhang erkennen lassen. Ihm müßte am Jahresende eine ebenso gegliederte Haushaltsrechnung folgen, die durch ihre größere Transparenz in der Lage wäre,

---

[236] Vgl. dazu *von Arnim* (o. Fn. 8), 34 ff.; *Tiemann* (o. Fn. 219), 326; *Piduch* (o. Fn. 157), 230.

[237] *Tomuschat* (o. Fn. 219), 25.

[238] *Tomuschat* (o. Fn. 219), 19.

[239] Vgl. *Keller* (o. Fn. 74), passim; siehe auch oben unter III, 4 b.

ein breiteres parlamentarisches Interesse an der Finanzkontrolle zu wecken als die bisherigen unübersichtlichen Rechnungsabschlüsse[240].

— Eine Verstärkung der parlamentarischen Kontrolltätigkeit könnte auch dadurch erreicht werden, daß die Regierung verpflichtet wird, zu den Berichten des Rechnungshofs Stellung zu nehmen[241]. Das würde dem Parlament eine breitere Grundlage für eine politische Diskussion der Haushaltsführung liefern. Eine verstärkte Einschaltung der Öffentlichkeit, z. B. über eine bessere Veröffentlichung der Prüfungsergebnisse des Bundesrechnungshofs, würde die Parlamente ebenfalls zu größerer Aufmerksamkeit für die Finanzkontrolle zwingen.

d) Zusammenfassung

Insgesamt kann festgestellt werden, daß eine durchgreifende Reform des Bundesrechnungshofs nicht erforderlich ist. „Der Rechnungshoftyp hat sich für die deutschen Verhältnisse bewährt[242].“ Abgesehen von der Notwendigkeit punktueller Änderungen — die Arbeit hat versucht, sie herauszuarbeiten — ist der Bundesrechnungshof durchaus in der Lage, seine Aufgaben als Finanzkontrollorgan im Spannungsfeld von Parlament, Regierung und Öffentlichkeit zu erfüllen. Der Schwerpunkt einer Effektivierung der Finanzkontrolle muß im parlamentarischen Bereich liegen. Die Parlamente müssen sich der bisher kaum genutzten Möglichkeiten der Finanzkontrolle als Führungsinstrument bewußt werden. Sie müssen die Finanzkontrolle als eine ihrer zentralen Aufgaben wahrnehmen. Die Verteilungskämpfe im Zeichen knapper werdender Haushaltsmittel werden ihnen gar keine andere Wahl lassen.

X. Rechtsschutz gegen Prüfungsfeststellungen der Rechnungshöfe

Der Rechtsschutz gegen Prüfungsfeststellungen der Rechnungshöfe ist von der juristischen Literatur kaum behandelt worden[243]. Auch sind gerichtliche Entscheidungen, die sich mit der Prüfungstätigkeit der Rechnungshöfe befassen, relativ selten. Ursache für dieses Phänomen

[240] Vgl. oben IV, 3 e; *Tiemann* (o. Fn. 219), 330.

[241] Vgl. oben unter IX 1.

[242] *Eberhard Menzel*, Der staatsrechtliche Standort der Finanzkontrolle in der Bundesrepublik Deutschland und im Ausland, DÖV 1968, 593 ff., 601.

[243] Wichtige Ausnahmen: *Tiemann* (o. Fn. 15), 24 ff.; *dies.*, Rechtsschutzprobleme im Bereich öffentlicher Finanzkontrolle, DÖV 1975, 405 ff.; *Krebs* (o. Fn. 27), 77 ff.; neuestens *Ferdinand O. Kopp*, Rechtsschutz des Bürgers gegen den Inhalt und die Verbreitung von Prüfungsberichten eines Rechnungshofs, JuS 1981, 419 ff.

dürfte einmal die Tatsache sein, daß die Rechnungshöfe nicht mit Zwangsbefugnissen ausgestattet sind und ihre Prüfungsbemerkungen keine rechtliche Bindungswirkung haben, sondern „bloß faktischer Natur" sind. Außerdem werden die Rechnungshöfe weitgehend im staatsorganisatorischen Bereich tätig, so daß es sich bei den potentiellen Interessenkonflikten, die Anlaß von Rechtsstreitigkeiten werden könnten, „in aller Regel nicht um konfligierende subjektive Rechte, sondern um konfligierende Kompetenzen handelt, deren Schutz nur begrenzt mit gerichtlicher Hilfe herzustellen ist"[244]. Schließlich dürfte ein weiterer Grund für die kaum vorhandene Literatur und Rechtsprechung zu Fragen der Tätigkeit der Rechnungshöfe in der Tatsache liegen, daß die Wirkung der Prüfungsbemerkungen weithin unterschätzt wird.

Feststellungen eines Rechnungshofs können vor allem in folgenden drei Konstellationen Gegenstand von Rechtsstreitigkeiten sein:

— Ein außerhalb der Verwaltung stehender Privater fühlt sich in einem Prüfungsbericht zu Unrecht persönlich angegriffen.
— Ein Beamter meint, ein Prüfungsbericht verletze ihn in seinen perpersönlichen Rechten.
— Eine geprüfte Behörde hält die Prüfungsfeststellungen sachlich für unzutreffend.

1. Rechtsschutz Privater gegen Prüfungsfeststellungen der Rechnungshöfe

Geht ein Privater gerichtlich gegen eine Prüfungsfeststellung eines Rechnungshofs vor, weil sie ihn angeblich in seinen Rechten verletzt (Beispiel: Ein Unternehmer wird beschuldigt, bestimmte Qualitätsvorschriften bei öffentlichen Bauvorhaben nicht eingehalten zu haben), dann ist zunächst einmal der Rechtsweg zu prüfen. Bei Maßnahmen der Rechnungshöfe liegt der Verwaltungsrechtsweg nahe. Gemäß § 40 I VwGO ist der Verwaltungsrechtsweg in allen öffentlich-rechtlichen Streitigkeiten nichtverfassungsrechtlicher Art gegeben. Öffentlich ist eine Streitigkeit, deren Streitgegenstand sich als unmittelbare Folge öffentlichen Rechts darstellt[245], d. h. bei der sich das Klagebegehren als Folge eines Sachverhalts darstellt, der nach öffentlichem Recht zu beurteilen ist[246]. Der Bürger verlangt in unserem Fall vom Rechnungshof den Widerruf und die Unterlassung ehrverletzender, kreditschädigender oder sonstwie unzulässiger Äußerungen. In diesen Fällen liegt eine öffentlich-rechtliche Streitigkeit vor, wenn die angegriffenen Äußerungen im

---

[244] *Krebs* (o. Fn. 27), 77.

[245] Vgl. nur BVerwGE 38, 4.

[246] *Ferdinand O. Kopp*, VwGO, 4. Aufl., München 1979, § 40 Rdnr. 6 m. w. N.

Rahmen der Wahrnehmung öffentlicher Aufgaben gemacht wurden[247]. Der Bundesrechnungshof wird z. B. aufgrund von Grundgesetz, BHO, HGrG und BRHG tätig, eindeutig öffentlich-rechtlichen Vorschriften. Auf ähnliche Vorschriften stützen sich auch die Landesrechnungshöfe. Die Voraussetzung des Vorliegens einer öffentlich-rechtlichen Streitigkeit ist damit erfüllt.

Weitere Voraussetzung für den Verwaltungsrechtsweg ist aber, daß die Streitigkeit nichtverfassungsrechtlicher Natur ist. Der Bundesrechnungshof trifft seine Prüfungsfeststellungen und fertigt seine gutachtlichen Stellungnahmen in Wahrnehmung seiner verfassungsrechtlichen Aufgaben nach Art. 114 GG (ähnliches gilt auch für die Landesrechnungshöfe nach den Länderverfassungen). Verfassungsrechtliche Streitigkeiten im Sinne des § 40 I VwGO sind nach h. M. jedoch nicht schlechthin alle Streitigkeiten, bei deren Entscheidung die Anwendung von Vorschriften des Bundes- oder Landesverfassungsrechts in Betracht kommt, sondern nur Streitigkeiten zwischen am Verfassungsleben unmittelbar beteiligten Rechtsträgern, d. h. Verfassungsorganen und Teilen von solchen, die durch die Verfassung mit selbständigen Rechten ausgestattet sind[248]. Daher genügt es zur Annahme einer Streitigkeit nichtverfassungsrechtlicher Art, wenn einer der Beteiligten in diesem Sinne kein Verfassungsorgan oder verfassungsrechtliches Teilorgan ist. Da ein Bürger aber kein Verfassungsorgan in diesem Sinne ist, liegt in unserem Falle eine Streitigkeit nichtverfassungsrechtlicher Art vor. Auf die — äußerst umstrittene — Frage, ob die Rechnungshöfe Verfassungsorgane darstellen[249], braucht hier deshalb nicht eingegangen zu werden.

Da somit der Verwaltungsrechtsweg gegeben ist, muß als nächstes die Klageart geklärt werden. In Frage kommen Anfechtungsklage, allgemeine Leistungsklage und Feststellungsklage. Die Anfechtungsklage setzt gemäß § 42 I VwGO das Vorliegen eines Verwaltungsakts voraus. Tatbestandsmerkmal eines Verwaltungsakts ist die verbindliche Regelung eines Einzelfalles (§ 35 VwVfG). Die Prüfungsfeststellungen der Rechnungshöfe sind aber gerade nicht verbindlich — sie sind daher auch keine Verwaltungsakte. Vielmehr stellen sie schlichtes Verwaltungshandeln, sogenannte Realakte dar[250]. Das Klagebegehren des Bürgers ist auf den Widerruf oder das Unterlassen eines derartigen Realaktes ge-

[247] Vgl. BGHZ 34, 99; BVerwGE 58, 169; BGH, NJW 1978, 1860.

[248] Vgl. BVerwGE 36, 218 (228); BVerwG, NJW 1976, 637; *Krebs* (o. Fn. 27), 79; *Kopp* (o. Fn. 246), § 40 Rdnr. 32.

[249] *Grupp* (o. Fn. 1), 93 ff.; *Reger* (o. Fn. 31), 346 ff.; *Krebs* (o. Fn. 27), 83 ff.; *Tiemann* (o. Fn. 243), 405 ff.; *Kopp* (o. Fn. 243), 422 ff.; *Gerd Dieter Belemann*, Anmerkung zu OVG Münster DÖV 1979, 682 ff., DÖV 1979, 684; aus der Rechtsprechung: OVG Müster, DÖV 1979, 682 ff.; VG Düsseldorf, NJW 1981, 1396 ff.; BayVerfGH, DÖV 1968, 656; VGH Mannheim, B-W VBl 1971, 76 ff.

[250] So auch *Kopp* (o. Fn. 243), 424; OVG Münster, DÖV 1979, 683.

richtet. Dafür ist die allgemeine Leistungsklage die richtige Klageart. Sie geht der Feststellungsklage vor (vgl. § 43 II VwGO).

Sorgfältig geprüft werden muß die Klagebefugnis (§ 42 II VwGO analog). Die Prüfungsfeststellungen des Rechnungshofs sind grundsätzlich für den staatsinternen Bereich bestimmt. Die Möglichkeit, daß diese „intrapersonalen Akte" individuelle Rechte Dritter verletzen, wird nicht häufig anzunehmen sein. Als materielle Anspruchsgrundlage kommt für den Bürger der Folgenbeseitigungsanspruch in Betracht. Dieser würde voraussetzen, daß der Bürger durch die Prüfungsfeststellungen tatsächlich in seinen subjektiven Rechten verletzt ist. Dies wäre z. B. der Fall, wenn der Bürger durch falsche Tatsachenbehauptungen in seiner Ehre (geschützt durch Art. 2 und Art. 1 GG) verletzt wäre oder wenn die Äußerungen des Rechnungshofs geschäftsschädigende Auswirkungen hätten und damit ein Eingriff in den eingerichteten und ausgeübten Gewerbebetrieb (geschützt durch Art. 14 GG) vorläge.

Hinsichtlich des Prüfungsmaßstabs der Gerichte ist festzustellen, daß sie voll nachprüfen können, ob die Prüfungsfeststellungen hinsichtlich der Beurteilung von Rechtmäßigkeit und Ordnungsmäßigkeit des Handelns der Verwaltung und des Dritten richtig sind. Beim Maßstab der Wirtschaftlichkeit und Sparsamkeit wird man aber den Rechnungshöfen einen weiten Beurteilungsspielraum zubilligen müssen. Wirtschaftlichkeit und Sparsamkeit lassen sich kaum rechtlich operationalisieren[251]. Damit wäre — zumindest teilweise — den Bedenken von Kopp[252], Belemann[253] und Tiemann[254] Rechnung getragen, die aus der besonderen Stellung der Rechnungshöfe im Verfassungsgefüge (insbesondere aus ihrer im Grundgesetz und in den Länderverfassungen garantierten Unabhängigkeit) jedenfalls im Ergebnis eine Einschränkung des verwaltungsgerichtlichen Rechtsschutzes herleiten wollen.

2. Rechtsschutz von Beamten gegen Prüfungsfeststellungen der Rechnungshöfe

Verlangt ein Beamter gerichtlichen Rechtsschutz gegen die Prüfungsfeststellung eines Rechnungshofs (Beispiel: Die Kassenführung eines Beamten wird als nachlässig bezeichnet), so ist zu berücksichtigen, daß er sich als Amtswalter in einem Sonderstatus, einem sogenannten besonderen Gewaltverhältnis gegenüber dem Staat befindet. Die Prüfungsfeststellungen des Rechnungshofs treffen den Beamten zunächst in sei-

[251] Vgl. *Krebs* (o. Fn. 27), 77 f.; *Tiemann* (o. Fn. 15), 137.
[252] *Kopp* (o. Fn. 243), 424 f.
[253] *Belemann* (o. Fn. 249), 685.
[254] *Tiemann* (o. Fn. 243), 410.

ner Funktion als Amtswalter. Sie verbleiben im Innenbereich des Staates und sind nicht dazu bestimmt, Außenwirkung zu entfalten. Greift der Beamte die Prüfungsfeststellungen gerichtlich an, dann könnte es daher schon fraglich sein, ob überhaupt eine rechtliche Streitigkeit vorliegt, was unabdingbare Voraussetzung gerichtlichen Rechtsschutzes ist (vgl. z. B. § 40 I VwGO: öffentlich-*rechtliche* Streitigkeiten).

Die Rechtsfigur des besonderen Gewaltverhältnisses[255] dient dazu, den staatlichen Innenbereich vom äußeren Staat/Bürger-Verhältnis zu trennen. Staatstheoretischer Hintergrund des besonderen Gewaltverhältnisses ist der im 19. Jahrhundert entwickelte Rechtsbegriff, durch welchen der Bereich des Rechts auf die Beziehungen der Bürger untereinander und der Bürger zum Staat beschränkt wurde. Der Innenbereich des Staates wurde aufgrund der sogenannten „Impermeabilitätstheorie"[256] als rechtsfrei angesehen. Das hatte zur Konsequenz, daß im staatlichen Innenbereich, und damit in den besonderen Gewaltverhältnissen, die Grundrechte keine Geltung hatten, der Grundsatz der Gesetzmäßigkeit der Verwaltung nicht galt, Verwaltungsvorschriften und interne Anweisungen gerichtlich nicht angreifbar waren. Die Idee des rechtsfreien besonderen Gewaltverhältnisses wurde jedoch unter der Geltung des Grundgesetzes aus rechtsstaatlichen und demokratischen Erwägungen[257] heraus immer mehr in Zweifel gezogen und in ihren Konsequenzen eingeschränkt. Zu diesen Bemühungen gehört z. B. Ules Unterscheidung von Grund- und Betriebsverhältnis im besonderen Gewaltverhältnis[258], die besonders auf die Rechtsprechung nachhaltigen Einfluß ausübte. Einen gewissen Abschluß fand diese Entwicklung im Strafvollzugsbeschluß des Bundesverfassungsgerichts[259], der der Rechtsfigur des besonderen Gewaltverhältnisses keine rechtliche Bedeutung mehr zumaß. Ist auch umstritten, ob das besondere Gewaltverhältnis tatsächlich keinerlei rechtliche Bedeutung mehr hat[260], so ist doch folgendes festzuhalten: Die Theorie des rechtsfreien Raumes, der durch die besonderen Gewaltverhältnisse geschaffen werden sollte, ist von der herrschenden Mei-

---

255 Vgl. dazu nur *Hans Ulrich Evers,* Das besondere Gewaltverhältnis, Frankfurt 1972; *Hartmut Paetzold,* Die Abgrenzung von allgemeinem und besonderem Gewaltverhältnis, Diss. iur. Hamburg 1972; *Michael Ronellenfitsch,* Das besondere Gewaltverhältnis — ein zu früh totgesagtes Rechtsinstitut, DÖV 1981, 993 ff.

256 Vgl. dazu *Paul Laband,* Das Staatsrecht des Deutschen Reiches, 5. Aufl. 1911 ff., Bd II, 181; *Georg Jellinek,* System der subjektiven öffentlichen Rechte, 2. Aufl. 1905, 194.

257 Vgl. *Jost Pietzcker,* Vorrang und Vorbehalt des Gesetzes, JuS 1979, 710 ff., 713 f.

258 Vgl. *Carl Hermann Ule,* Das besondere Gewaltverhältnis, VVDStRL 15 (1957), 152 ff.

259 BVerfGE 33, 1 ff.

260 Dazu insbesondere *Ronellenfitsch* (o. Fn. 255), passim.

nung aufgegeben[261]. Die staatliche Innensphäre ist vom Recht geformt[262]. Auch im Innenbereich vorgenommene „intrapersonale Maßnahmen“ unterliegen rechtlicher Bewertung[263]. Streitigkeiten über sie sind daher Rechtsstreitigkeiten. Dem Beamten ist somit der Rechtsweg eröffnet. Gem. § 40 I VwGO muß er — wie ein außerhalb der Verwaltung stehender Privater — den Verwaltungsrechtsweg beschreiten (vgl. oben unter 1.). Richtige Klageart wäre wie beim Privaten die allgemeine Leistungsklage auf Widerruf oder Unterlassung der Prüfungsfeststellung[264].

Besondere Bedeutung kommt bei der Klage des Beamten der Klagebefugnis zu (vgl. § 42 II VwGO analog). Es muß zumindest möglich sein, daß die Prüfungsfeststellung des Rechnungshofs, die eigentlich nur staatsinterne Wirkung haben soll, sich dennoch als Verletzung der individuellen Rechtssphäre des Beamten auswirkt und damit z. B. ein Folgenbeseitigungsanspruch begründet ist. Als verletztes subjektives Recht des Beamten kommt vor allem die Ehre in Betracht.

3. Rechtsschutz von Behörden gegen Prüfungsfeststellungen der Rechnungshöfe

Greift eine Behörde die Prüfungsfeststellungen eines Rechnungshofs an (Beispiel: ein Regierungspräsidium hält eine Prüfungsfeststellung für sachlich unzutreffend), so stellt sich das Problem, daß ein staatliches Organ gegen ein anderes, der Staat also praktisch gegen sich selbst klagt. Diese Klage betrifft ausschließlich den Innenbereich des Staates, individuelle private Rechtspositionen — wie sie z. B. beim Beamten als Kläger gegen den Rechnungshof in Frage kamen — werden nicht berührt.

Die Zulässigkeit derartiger Insichprozesse ist noch weitgehend ungeklärt[265]. Zum Teil werden sie für prinzipiell unzulässig erklärt. Diese

---

[261] Vgl. *Schnapp*, Jura 1980, 293 f.; *Erichsen*, Verwaltungsrecht und Verwaltungsgerichtsbarkeit, 1977, 31 f. Implizit geht davon auch die Verwaltungsrechtsprechung aus, die — soweit ersichtlich — bei Klagen im Zusammenhang mit besonderen Gewaltverhältnissen nie das Vorliegen einer rechtlichen Streitigkeit problematisierte, sondern immer nur auf Fragen der Klageart, des Verwaltungsakts, der Klagebefugnis etc. einging.

[262] Vgl. nur *Winfried Brohm*, Verwaltungsvorschriften und besonderes Gewaltverhältnis, DÖV 1964, 245 ff.; *Hans-Heinrich Rupp*, Grundfragen der heutigen Verwaltungsrechtslehre, Tübingen 1965, 21 ff.

[263] Vgl. dazu vor allem die sogenannte Umsetzungs-Entscheidung des BVerwG in DVBl 1980, 882 ff., 883.

[264] Das BVerwG hat in seiner Umsetzungs-Entscheidung endlich auch dezidiert mit dem weit verbreiteten Irrtum aufgeräumt, Rechtsschutz im besonderen Gewaltverhältnis komme nur bei Vorliegen eines Verwaltungsaktes in Betracht; vgl. BVerwG DVBl 1980, 883.

ablehnende Haltung stützt sich auf unterschiedliche Begründungen, wie z. B.: Die Einheit der Verwaltung werde durch sie zerstört[266]; jeder Prozeß setze zwei personenverschiedene Parteien voraus, von denen die eine gegen die andere Rechtsschutz begehrt[267]; Behörden könnten im Verhältnis zueinander keine subjektiven Rechte im Sinne von § 42 II VwGO zustehen[268]. Zum Teil wird die Zulässigkeit von Insichprozessen aber auch positiver beurteilt. Insichprozesse seien zulässig, wenn Behörden ohne gemeinsame Aufsichtsbehörde seien[269].

Gegenüber diesen prinzipiellen Erwägungen zum Für und Wider der Zulässigkeit von Insichprozessen hat das Bundesverwaltungsgericht einen anderen — überzeugenderen — Weg eingeschlagen. Es prüft auch in den Fällen, die der Konstellation nach Insichprozesse darstellen, ganz schulmäßig die Zulässigkeitsvoraussetzungen durch[270]. Für unseren Fall bedeutet das, daß zunächst — genau wie bei der Klage des Beamten — geprüft werden muß, ob die Beziehungen zwischen der Behörde und dem Rechnungshof überhaupt rechtlicher Natur sind, da sonst der gerichtliche Rechtsschutz ausscheidet. Dieselben Argumente, die beim besonderen Gewaltverhältnis zur Bejahung der Möglichkeit einer rechtlichen Streitigkeit geführt haben, gelten aber auch hier. Das staatliche Innenverhältnis ist nicht, wie die Impermeabilitätstheorie behauptete, ein rechtsfreier Raum, sondern es ist auch durch Rechtsbeziehungen geprägt[271]. Kompetenzen, Aufsichtsverhältnisse oder — wie bei den Rechnungshöfen — Prüfungsbefugnisse sind rechtlich festgelegt. Diese Rechtsnormen vermitteln zwar grundsätzlich keine subjektiven Rechte, sondern stellen objektives Recht dar, ein Streit um sie ist aber dennoch ein Rechtsstreit[272]. Das hat zur Konsequenz, daß der Rechtsweg eröffnet

---

265 Vgl. dazu *Gunter Kisker*, Insichprozeß und Einheit der Verwaltung, Baden-Baden 1968; *ders.*, Organe als Inhaber subjektiver Rechte — BVerwGE 45, 207, JuS 1975, 704 ff.; *Wolfgang Löwer*, Der Insichprozeß in der Verwaltungsgerichtsbarkeit, Verwaltungsarchiv 1977, 327 ff.; *Dieter Lorenz*, Zur Problematik des verwaltungsgerichtlichen Insichprozesses, AöR 1968, 308 ff.; zur ähnlich gelagerten Problematik der Organklage vgl. *Hans-Jürgen Papier*, Die verwaltungsrechtliche Organklage, DÖV 1980, 292 ff.

266 Vgl. OVG Münster, OVGE 6, 224, 227; *Becker-Birk*, Der Insichprozeß in der Verwaltungsgerichtsbarkeit, Diss. iur. München 1966, 76 f.

267 *Hans Klinger*, VwGO, 2. Aufl., Göttingen 1964, § 61 Anm C 3 c; *Alexander Köhler*, VwGO, Berlin und Frankfurt 1960, Vorbem. zu §§ 42/43 Anm. VII 4.

268 *Carl Hermann Ule*, Verwaltungsprozeßrecht, 7. Aufl., München 1978, § 33 V 2; OVG Münster, DVBl 1964, 633, 634.

269 *Konrad Redeker / Hans-Joachim v. Oertzen*, VwGO, 7. Aufl., Stuttgart u. a. 1981, § 63 Rdnr. 8.

270 Vgl. BVerwGE 10, 145 ff.; BVerwGE 45, 207 ff.

271 Vgl. Literatur zu Fn. 261, 262 und 263.

272 Das setzt implizit auch das BVerwG voraus, sonst käme es in seinen Entscheidungen zu Insichprozessen gar nicht zur Prüfung der Frage des subjektiven Rechts i. S. d. § 42 II VwGO.

ist, in unserem Falle der Verwaltungsrechtsweg gemäß § 40 I VwGO. Die Streitigkeit zwischen Behörde und Rechnungshof ist nämlich auch nichtverfassungsrechtlicher Art im Sinne des § 40 I VwGO, da zumindest die Behörde kein Verfassungsorgan oder Teil eines Verfassungsorgans mit eigenen Rechten ist. Als Klageart kommt hier wiederum die allgemeine Leistungsklage in Betracht, denn bei den Prüfungsfeststellungen handelt es sich ja um schlichtes Verwaltungshandeln, um Realakte.

Besonders gründlich zu prüfen ist aber auch hier die Klagebefugnis (§ 42 II VwGO analog). Sie ist das zentrale Problem für die Zulässigkeit von Insichprozessen. Kann die Behörde geltend machen, ihr stehe möglicherweise ein Folgenbeseitigungsanspruch oder ein ähnlicher Leistungsanspruch zu, weil der Rechnungshof sie in subjektiven Rechten verletzt habe? Können der Behörde überhaupt subjektive Rechte gegenüber dem Rechnungshof zustehen? Als derartige subjektive Rechte kämen hier allenfalls Kompetenznormen in Betracht. Der Rechnungshof könnte durch seine Prüfungsfeststellungen seine Kompetenzen überschritten und dadurch die Kompetenzen der Behörde verletzt haben. Nach ganz herrschender Auffassung liegt in der Übertragung einer Kompetenz aber nicht die Begründung subjektiver Rechte, da das Organ die eingeräumte „objektive" Rechtsmacht lediglich im Interesse der hinter ihm stehenden Rechtspersönlichkeit, nicht aber im eigenen Interesse wahrnehme[273]. Das Recht aus der Kompetenz ist danach nicht ein subjektiv-öffentliches Recht auf die Kompetenz, sondern lediglich eine Pflichtbindung des Verwaltungsträgers[274]. Ein subjektives Recht der Behörde wäre danach in unserem Falle abzulehnen.

Abweichende Meinungen zur Begründung subjektiver Rechte von Behörden vertreten in der Literatur vor allem Lorenz und Kisker. Lorenz geht davon aus, daß eine Kompetenz der Behörde dann ein subjektives Recht gibt, „wenn sie im Interesse des von ihr wahrzunehmenden Sachbereichs erlassen wurde, wenn sie dem Schutz gerade dieses Bereichs dienen soll"[275]. Es ist aber nicht erkennbar, daß die Behörde in diesem Sinne durch die Übertragung einer Kompetenz im Verhältnis gerade zum Rechnungshof zur speziellen Sachwalterin eines bestimmten eigenen Sachbereichs eingesetzt worden wäre. Nach Kisker[276] steht die Einweisung von Organen (darunter müßten konsequenterweise auch Behörden fallen) in die Rolle von Trägern subjektiver Rechte und Pflichten da zur Diskussion, wo die Rechtsordnung Organ und Organ

---

[273] Vgl. *Löwer* (o. Fn. 265), 340 f. m. w. N.; *Lorenz* (o. Fn. 265), 319 m. w. N.

[274] *Löwer* (o. Fn. 265), 341; *Rupp* (o. Fn. 262), 100; *Becker-Birk* (o. Fn. 266), 49 f.

[275] *Lorenz* (o. Fn. 265), 320.

[276] *Kisker* (o. Fn. 265, JuS), 708.

bzw. Organ und Organisation in ein Spannungsverhältnis hineinstellt, das Interessenkonflikte als akzeptierte Möglichkeit einschließt. Ein derartiges Spannungsverhältnis dürfte zwischen dem Rechnungshof und den seiner Kontrolle unterliegenden Behörden zwar bestehen; man wird die Theorie Kiskers zur Begründung subjektiver Rechte von staatlichen Organen aber als zu weitgehend und zu abstrakt ablehnen müssen[277].

Die Klage einer Behörde gegen den Rechnungshof wegen fehlerhafter Prüfungsfeststellungen ist daher im Normalfall wegen eines fehlenden subjektiv-öffentlichen Rechts und damit wegen mangelnder Klagebefugnis unzulässig. Allerdings müssen die Ausnahmefälle im Blick behalten werden, in denen sich eine Behörde tatsächlich auf subjektive Rechte, etwa Grundrechte, berufen kann[278]. Eine solche „Behörde" ist z. B. die Universität. Sie kann die aus Art. 5 III GG abgeleitete Hochschulautonomie als subjektives Recht geltend machen. Ihr müßte man daher auch die Möglichkeit einräumen, gegen in ihren Augen fehlerhafte Prüfungsfeststellungen eines Rechnungshofs gerichtlich vorzugehen.

---

[277] Zur Kritik an den Auffassungen von Lorenz u. Kisker vgl. auch *Löwer* (o. Fn. 265), 342 ff.

[278] Vgl. zu diesen Fällen *Löwer* (o. Fn. 265), 345 ff.

TEIL B

Universität und Rechnungshof — Grenzen der Finanzkontrolle

I. Ausgangslage: Die veränderte Einstellung von Öffentlichkeit, Politik und Rechnungshöfen zu Wissenschaft und Universität

1. Wissenschaft und Universität als Objekte der Kritik der Öffentlichkeit

Das Verhältnis der Gesellschaft zur Wissenschaft ist zunehmend bestimmt von Distanz und Skepsis[1]. War es früher durch eine Wissenschaftsgläubigkeit gekennzeichnet, die den Verheißungen wissenschaftlichen Fortschritts blind vertraute, so muß sich die Wissenschaft heute die drängende Frage nicht nur nach den Erfolgen, sondern auch nach den Folgen ihrer Tätigkeit gefallen lassen. Wissenschaft gerät so immer mehr unter Legitimationsdruck, sie steckt in einer „Akzeptanzkrise"[2].

Im Mittelpunkt dieser Vertrauenskrise stehen die Universitäten als die wichtigsten Institutionen der Wissenschaft[3]. Die Kritik an den Uni-

---

[1] Vgl. zu dieser Entwicklung *Hermann Lübbe*, Über einige Ursachen anwachsender Wissenschaftsfeindschaft, in: Clemens Burrichter (Hrsg.), Probleme der Wissenschaftsforschung, Erlangen — Nürnberg 1978, 11 ff.; *Klaus Meyer-Abich*, Versagt die Wissenschaft vor dem Grundrecht der Freiheit, Vortrag vor der Jahresversammlung 1979 der Westdeutschen Rektorenkonferenz am 22. 5. 1979; *Christian Graf von Krockow*, Universität und Öffentlichkeit, DUZ 1981, 76 ff.; *Adolf Theis / Heribert Knorr*, Das Spannungsverhältnis zwischen Verwaltung und Wissenschaft, DUZ 1979, 170 ff.; *Wilhelm A. Kewenig*, Alternativen zur Überwindung der „Akzeptanzkrise", Wirtschaft und Wissenschaft 1978, H. 3, 1 ff.

[2] *Kewenig* (o. Fn. 1), 2; vgl. zur Einstellung der westeuropäischen Öffentlichkeit zu Wissenschaft und Technik die Untersuchung der EG: Kommission der Europäischen Gemeinschaften (Hrsg.), Die Einstellung der europäischen Öffentlichkeit angesichts der Entwicklung in Wissenschaft und Technik, Brüssel 1979.

[3] *Theis / Knorr* (o. Fn. 1), 170; zur Einstellung der Öffentlichkeit zu den Hochschulen vgl. Erhebung des Instituts für Demoskopie Allensbach, veröffentlicht in: Ministerium für Wissenschaft und Kunst Baden-Württemberg (Hrsg.), Hochschule und Gesellschaft, Ergebnisse einer Repräsentativumfrage, Villingen-Schwenningen 1979.

versitäten läßt sich in zwei Kategorien fassen. Einmal hat sich das Verhältnis der Öffentlichkeit zur Universität im Rahmen eines allgemeinen Einstellungswandels zur Wissenschaft negativ verändert, zum andern haben universitätsspezifische Faktoren dazu beigetragen, das Bild der Universität in der Öffentlichkeit zu belasten.

Als Gründe des allgemeinen Einstellungswandels zur Wissenschaft lassen sich skizzieren:

— Die frühere Wissenschaftsgläubigkeit ist einem Gefühl der Unsicherheit gegenüber der Wissenschaft gewichen. Die Ambivalenz, die Doppelgesichtigkeit der Wissenschaft wird den Menschen immer mehr bewußt[4]. Auf der einen Seite bringt sie technische Erleichterungen, schützt vor Krankheiten, verhindert Hungerkatastrophen, vergrößert den Wohlstand; auf der anderen Seite aber hat sie die Voraussetzungen für immer tödlichere Vernichtungsmittel geschaffen, bedroht die Umwelt, vernichtet die natürlichen Lebensbedingungen. Die „Nebenfolgen" des wissenschaftlichen Fortschritts, mit denen oft nicht gerechnet wurde, lassen diesen insgesamt in einem anderen Licht erscheinen. „Das Problemerzeugungspotential der wissenschaftlich-technischen Zivilisation wächst derzeit rascher als ihr Problemlösungspotential[5]."

— Die Wissenschaft selbst befindet sich in einer Orientierungskrise[6]. Immer mehr wird ihr bewußt, daß sie selbst oft die Krisen, z. B. in der Natur, verursacht hat, derer sie heute nicht mehr Herr wird. In der Gen-Forschung, in der Kernenergie stößt sie auf die Frage ihrer Verantwortlichkeit, die sie von sich aus kaum beantworten kann. „Wissenschaft auf Abwegen"[7], so lautet der bezeichnende Titel eines Buches, das versucht, Antworten auf ethische Fragen der Wissenschaft zu finden.

— Die mangelnde Verläßlichkeit wissenschaftlicher Prognosen — vor allem auch auf dem ökonomischen Sektor — hat in der Bevölkerung

---

4 *Lübbe* (o. Fn. 1), 26 f.; *Meyer-Abich* (o. Fn. 1), 5 f.

5 *Lübbe* (o. Fn. 1), 26; um die Abschätzung und Bewertung der sozialen Folgen von Entwicklungen in Wissenschaft und Technologie bemüht sich das in Amerika entwickelte „Technology Assessment"; vgl. dazu *Thomas W. Wälde*, Rechtliche Aspekte von „Technology Assessment", VerwArch 1976, 1 ff. In eine ähnliche Richtung geht die Diskussion um einen Wissenschaftsgerichtshof, die in H. 4/1978 der Zeitschrift Wirtschaft und Wissenschaft geführt wurde.

6 Das zeigt sich z. B. in der Finalisierungsdebatte der deutschen Wissenschaft. — Für eine Finalisierung vgl. z. B. den Aufsatz *G. Böhme / W. van den Daele / W. Krohn*, Die Finalisierung der Wissenschaft, in: W. Diederich (Hrsg.), Theorien der Wissenschaftsgeschichte, Frankfurt 1974, 276 ff. — Gegen eine Finalisierung vgl. den Sammelband *K. Hübner / N. Lobkowicz / H. Lübbe / G. Radnitzky* (Hrsg.), Die politische Herausforderung der Wissenschaft, Hamburg 1976.

7 *Michael Grupp* (Hrsg.), Wissenschaft auf Abwegen, Fellbach 1980.

das Vertrauen in die Wissenschaft erschüttert. Sachverständige streiten sich in der Öffentlichkeit, wobei die Beteiligten meist auf der absoluten wissenschaftlichen Richtigkeit ihrer Position beharren und sich gegenseitig Unwissenschaftlichkeit vorwerfen. In gesellschaftlichen oder auch in politischen Auseinandersetzungen bietet jede Seite „ihren“ Sachverständigen auf. Wissenschaft erscheint käuflich[8].

— Die Selbstdarstellung der Wissenschaft in bezug auf ihre Forschungsergebnisse ist keineswegs ausreichend[9]. Die deutsche Wissenschaft hat in der Popularisierung ihrer Erkenntnisse weitgehend versagt, ein Phänomen, das durch teilweise denaturierte Fachsprachen noch verstärkt wird. Kewenig spricht in diesem Zusammenhang von der „Sprachlosigkeit der Wissenschaft“[10]. Werden aber — wie in der Bundesrepublik — Wissenschaft und Forschung weitgehend mit öffentlichen Mitteln, d. h. aus Steuergeldern, finanziert, dann muß der interessierte Bürger in die Lage versetzt werden, sich aus allgemein zugänglichen und verständlichen Quellen einen Eindruck über Ziele, Probleme und die wichtigsten Arbeitsgebiete von Wissenschaft und Forschung zu verschaffen. In einer demokratischen Gesellschaft ist es „Pflicht der Wissenschaftler, Fortschritte der Forschung, neue Erkenntnisse und Entdeckungen der Öffentlichkeit in verständlicher Form deutlich zu machen und mit ihr die Tendenzen dieser Fortschritte zu diskutieren“[11].

Neben diesen — den Einstellungswandel zur Wissenschaft insgesamt kennzeichnenden — Faktoren ist der Reputationsverlust der Universitäten vor allem auf zwei universitätsspezifische Gründe zurückzuführen: die Politisierung der Universitäten und das zunehmende Mißtrauen der Öffentlichkeit, ob die Universitäten die ihnen überlassenen immensen Mittel ordnungsgemäß und sinnvoll verwenden.

— Die Universitäten erscheinen als Hort politischer Unruhen. Streiks und Krawalle auf Kosten der Steuerzahler — so lautet die gängige Formel. Die Politisierung der Studentenschaft wird auf das Wirken „linker“ Professoren zurückgeführt, die das politische System der Bundesrepublik in Frage stellen[12].

— Der Mittelaufwand für die Universitäten ist kontinuierlich gesteigert worden. Im Jahre 1978 flossen aus den öffentlichen Haushalten ca. fünfzehn Milliarden DM in die Hochschulen[13]. 3,4 % der Mittel der

---

8 *Meyer-Abich* (o. Fn. 1), 7.

9 Vgl. dazu *Krockow* (o. Fn. 1), passim.

10 *Kewenig* (o. Fn. 1), 6.

11 *Reimar Lüst*, Der Auftrag der Forschung und die Öffentlichkeit in der gegenwärtigen Situation, Universitas 1979, 225 ff., 230.

12 *Lübbe* (o. Fn. 1), 19; *Krockow* (o. Fn. 1), 76.

öffentlichen Haushalte wurden 1978 in den Universitäten verbraucht[14]; 1961 waren es noch 1,8 % gewesen[15]. Die Zahl der Stellen für wissenschaftliches Personal stieg von 12 576 im Jahre 1960 auf 52 724 im Jahre 1978[16]. Je höher aber die Ausgaben für die Universitäten sind, desto weniger selbstverständlich werden sie, desto stärker wird der Ruf nach Kontrolle dieses „Fasses ohne Boden". Vor allem die Verknappung der Mittel der öffentlichen Haushalte und die wachsende Verschuldung der öffentlichen Hand zwingen die Hochschulen in den Verteilungskampf mit anderen öffentlichen Aufgaben.

— Der im Vergleich zu anderen öffentlichen Aufgaben disproportionale Anstieg der Aufwendungen für die Universitäten hat Zweifel aufkommen lassen, ob diese Mittel überhaupt ordnungsgemäß und wirtschaftlich verwendet werden. Diese Zweifel wurden genährt durch eine Reihe aufsehenerregender Fälle von Mißbrauch und Korruption. Aus diesen Vorfällen wird ein Versagen der Universitätsverwaltungen abgeleitet. Vor allem die Presse nimmt aufgrund dieser Vorkommnisse eine wesentlich kritischere Position gegenüber den Hochschulen ein als früher[17].

— Die Aufwendungen für die Wissenschaft wachsen in verschiedenen Bereichen stärker als der daraus resultierende Nutzen. „Tatsache aber ist jedenfalls, daß der Grenznutzen der Wissenschaft (zumindest beim gegenwärtigen Entwicklungstempo) abnimmt, daß also Aufwendungen für Wissenschaft und Technik heute nur noch einen geringeren Nutzen ergeben als z. B. vor zehn Jahren, was natürlich die öffentliche und politische Einschätzung der Wissenschaft beeinflußt[18]."

— Aufgrund der steigenden Kosten für die Universitäten wird immer mehr die Frage gestellt, ob die Universitäten überhaupt das Richtige erforschen. Die Hochschulforschung wird unter den Bedingungen knapper werdender öffentlicher Ressourcen unter den Primat gesellschaftlicher Relevanz gestellt.

— Die Universitäten können trotz außergewöhnlicher Vermehrung des wissenschaftlichen Personals nicht alle Studierwilligen ausbilden.

---

13 Vgl. Bundesminister für Forschung und Technologie (Hrsg.), Bundesbericht Forschung VI, Bonn 1979, 71.

14 Vom Verfasser errechnet aus den Angaben: BMFT (o. Fn. 13), 72.

15 Vom Verfasser errechnet aus den Angaben bei: *Hansgert Peisert / Gerhild Framheim*, Das Hochschulsystem in der Bundesrepublik Deutschland, Stuttgart 1979, 178.

16 Wissenschaftsrat (Hrsg.), Empfehlungen zur Forschung und zum Mitteleinsatz, 1979, 13.

17 Vgl. *Lüst* (o. Fn. 11), 225.

18 *Meyer-Abich* (o. Fn. 1), 6 f.; vgl. auch *Lübbe* (o. Fn. 1), 13 f.

Die Notwendigkeit der Einführung von Numerus clausus-Fächern wird als Zeichen mangelnder Effizienz der Universitäten gedeutet[19].

— Es besteht der Verdacht, daß in den Universitäten die Studenten nicht genügend auf die spätere Berufspraxis vorbereitet werden, daß, vor allem im Bereich der Sozial- und Geisteswissenschaften, am Bedarf vorbei produziert wird. Damit verbunden ist die Angst vor einem akademischen Proletariat[20].

2. Reaktion der Politik auf die Wissenschafts- und Universitätskritik

Der Wandel der Einstellung der Öffentlichkeit zur Universität setzt auch die Politiker unter Druck. Durch die Verknappung der öffentlichen Mittel und die dadurch entstehende Verteilungsproblematik wird dieser Druck noch verstärkt. „Aus der doppelten Verantwortlichkeit dafür, einerseits den wachsenden Bedarf an Studienplätzen nicht durch einen entsprechenden Kapazitätsausbau befriedigen zu können, andererseits die scheinbare Ineffizienz der Hochschule politisch verantworten zu müssen, glauben sich Parlament, Regierung und Verwaltung nur durch eine verstärkte Einflußnahme auf den universitären Arbeitsprozeß retten zu können[21]." Parlament und Regierung reagierten mit einer perfektionistischen Verrechtlichung des Hochschulbereichs. Zahllose Gesetze, Verordnungen, Erlasse und Verfügungen haben die Hochschulen praktisch zu nachgeordneten staatlichen Einrichtungen degradiert[22].

Der Staat reglementiert unter anderem[23]

— die Verteilung der Haushaltsmittel der Universitäten,

— die Zahl der Studienplätze über Kapazitätsverordnungen und Regellehrverpflichtung,

— die Auswahl der Studienbewerber über die zentrale Vergabestelle (ZVS),

— die fachliche Aufgliederung der Studienplätze,

— die Studieninhalte und Prüfungsinhalte bei Staatsprüfungen,

---

19 *Theis / Knorr* (o. Fn. 1), 170 f.

20 Vgl. *Engler*, in: MWK Baden-Württemberg (o. Fn. 3), XXV.

21 *Theis / Knorr* (o. Fn. 1), 170.

22 *Nikolaus Lobkowicz*, Die Bürokratisierung unserer Hochschulen, Süddeutsche Zeitung, 5./6. März 1977; zur Verrechtlichung vgl. auch *Hartmut Riehn*, Die Reglementierung der Hochschulen durch staatliche Gesetze und Hochschulsatzungen, DUZ 1977, 506 ff.; *Franz Letzelter*, Freiheit statt Reglementierung, DUZ 1976, 522 ff.; *Hans von Mangoldt*, Über die neue Universität, JZ 1977, 433 f.

23 Vgl. *Nikolaus Fiebiger*, Ausbildung, Forschung, Dienstleistungen, Kultureller Beitrag, Wirtschaft und Wissenschaft 1978, H. 1, 14.

— die Studienordnungen und Prüfungsordnungen bei Universitätsprüfungen (Magister, Diplom, Promotion),

— die Personalstruktur, die Einstellungs- und Laufbahnvorschriften, die arbeitsrechtlichen Vorschriften,

— die Organisations- und Verwaltungsstruktur,

— die Errichtung und Ausstattung von Gebäuden (unter anderem durch Richtwerte für Flächen).

Vor allem die Forschung wurde Zielscheibe politischer Kritik. Aufgrund der ständig steigenden Zahl der Studienbewerber wird sie als Luxus angesehen, der erst gepflegt werden könne, wenn die Lehre im erforderlichen Umfang gewährleistet sei. Die wachsende Zahl der Studierwilligen soll durch verstärkte Lehre, durch Überlastquoten der Hochschullehrer abgefangen werden[24]. Das alte Spannungsverhältnis von Forschung und Lehre[25] soll durch eine stärkere Betonung der letzteren gelöst werden, da die Leistungsfähigkeit der Hochschulforschung nicht nachgewiesen sei. Die „Zerwaltung der Forschung“[26] ist das Ergebnis.

3. Rechnungshöfe und Universitäten

Eine nicht zu unterschätzende Rolle im Rahmen dieser Verrechtlichung und verstärkten staatlichen Kontrolle des Hochschulbereichs spielen die Rechnungshöfe. Fielen bis Ende der 60er Jahre die Prüfungen der Rechnungshöfe an den Universitäten nicht aus dem Rahmen der üblichen Berichterstattung heraus, so hat sich diese — „fast friedliche“ — Situation[27] inzwischen grundlegend geändert[28]. Die Hochschulen sind zu einem — wenn nicht dem — Brennpunkt der Prüfungs- und Be-

---

[24] Vgl. dazu nur: *Eberhard Boening*, Der Wissenschaftsbeamte, DUZ 1977, 470 ff.; *Wolfgang Seel*, Eine zerstörerische Bildungspolitik, DUZ 1979, 74 ff.; *Klaus Brockhoff*, Hochschulforschung darf kein bloßes Anhängsel der Lehre sein, Hochschulpolitische Informationen (HPI) 7/79, 3 ff.

[25] Vgl. zu dessen historischen Hintergründen *Laetitia Boehm*, Wissenschaft — Wissenschaft — Universitätsreform, Historische und theoretische Aspekte zur Verwissenschaftlichung von Wissen und zur Wissenschaftsorganisation in der frühen Neuzeit, Berichte zur Wissenschaftsgeschichte 1978, 7 ff., 26 ff.

[26] So der Titel eines Aufsatzes von *Ernst-Joachim Meusel*, WissR 1977, 118 ff.

[27] So beschreibt *Reinhold Borzikowsky* das Verhältnis von Rechnungshof und Hochschule bis in die 60er Jahre in seinem Aufsatz: Von der Finanzkontrolle zur Effizienzmessung der Hochschulen, in: Westdeutsche Rektorenkonferenz (Hrsg.), Effizienz der Hochschulen, Bonn 1980, 157 ff., 159.

[28] Vgl. *Hansgert Peisert*, in: Ministerium für Wissenschaft und Kunst Baden-Württemberg (Hrsg.), Hochschule und Staat — Eine empirische Studie von Hansgert Peisert, Villingen-Schwenningen 1980, 15, der die Entwicklung des Verhältnisses von Hochschulen und Rechnungshöfen genau wie Borzikowsky beurteilt.

ratungstätigkeit der Rechnungshöfe geworden. Die Rechnungshöfe liefern mit ihren alljährlichen Beanstandungen und ihren Gutachten die Grundlage für die Forderung von Politikern und Verwaltung nach rationellerem Einsatz der knappen Ressourcen im Hochschulbereich. Das Ansehen der Rechnungshöfe als „neutraler Sachwalter der Interessen der Allgemeinheit" verstärkt die Wirksamkeit ihrer Berichte vor allem auch in der Öffentlichkeit. Die Universitäten erscheinen so als Verschwender öffentlicher Mittel, einzelne Fälle des Mißbrauchs werden für ihre gesamte Tätigkeit genommen. Zunehmende Wissenschaftsfeindlichkeit und politischer Opportunismus finden in den Berichten reichlich Nahrung. Die Rechnungshöfe haben auf diese Weise erheblichen Einfluß auf die Hochschulpolitik gewonnen.

Dabei ist noch völlig unbewiesen, daß der Wissenschaftsbetrieb — von eklatanten Einzelfällen abgesehen — unwirtschaftlicher arbeitet als andere öffentliche Einrichtungen. Der Kontrollbegriff „Wirtschaftlichkeit" ist im Bereich der Universität noch unklarer und problematischer als im Bereich der übrigen Verwaltung, wo er — wie oben gezeigt — ebenfalls einer Operationalisierung harrt. Forschung und Lehre als Hauptaufgaben der Universitäten lassen sich kaum unter Effizienzgesichtspunkten bewerten. Dennoch gehen die Rechnungshöfe im Bereich der Universitäten teilweise mit der Wirtschaftlichkeitskontrolle um, als ob ihr eine gesicherte Methode zugrunde läge. Außerdem wird auf die Grenze der Kontrolle im Bereich der Universitäten, die durch die Wissenschaftsfreiheit des Art. 5 III GG gegeben ist, kaum Rücksicht genommen.

II. Normative und faktische Grenzen der Kontrolle der Universitäten durch die Rechnungshöfe

Vorbemerkung

Die Rechnungshöfe haben grundsätzlich die gesamte Haushalts- und Wirtschaftsführung des Staates zu überprüfen (Lückenlosigkeitsprinzip des Art. 114 II GG). Daher sind auch die Hochschulen Gegenstand ihrer Kontrolle. Diese sind entsprechend der deutschen Rechtstradition Einrichtungen des Staates[29]. Allerdings müssen die Rechnungshöfe bei ihrer Tätigkeit die Besonderheiten des jeweiligen Prüfungsgebietes beachten[30].

[29] Vgl. *Dieter Lorenz*, Wissenschaft zwischen Hochschulautonomie und Staatsintervention, JZ 1981, 113.

[30] Vgl. dazu *Klaus Vogel*, Verfassungsrechtliche Grenzen der öffentlichen Finanzkontrolle, DVBl 1970, 193; *Susanne Tiemann*, Die staatsrechtliche Stellung der Finanzkontrolle des Bundes, Berlin 1974, 110 ff. Speziell zum Verhältnis von Rechnungshöfen und Hochschulen vgl. jetzt *Franz Letzelter* /

Bei der Prüfung der Hochschulen können sich Beschränkungen für die Rechnungshöfe einmal aus der Hochschulautonomie ergeben[31]. Zum anderen können aufgrund der besonderen Struktur von Forschung und Lehre als Leistungen der Universitäten Schwierigkeiten für eine Wirtschaftlichkeitskontrolle entstehen[32]. Diese — möglichen — normativen und faktischen Grenzen der Rechnungshofkontrolle sollen im folgenden getrennt behandelt werden.

1. Rechnungsprüfung und Hochschulautonomie

a) Rechnungskontrolle als staatliche Kontrolle

Die Kontrolle der Haushalts- und Wirtschaftsführung der Universitäten durch den Rechnungshof dient der Staatsaufsicht durch die zuständigen Kultusministerien und Regierungen. Sie soll die politische Kontrolle des Finanzgebarens der Universitäten und der verantwortlichen Kultusministerien und Regierungen durch die Parlamente unterstützen. Außerdem soll durch die Finanzkontrolle — nach der Konzeption dieser Arbeit — der Allgemeinheit darüber Rechnung abgelegt werden, was mit ihren Steuergeldern im Bereich der Hochschulen geschieht.

Allerdings muß der Rechnungshof bei seiner Kontrolltätigkeit die verfassungsrechtlichen Grenzen beachten, die seiner Tätigkeit im Hochschulbereich durch die Hochschulautonomie gesetzt sind. Diese wird von der ganz überwiegenden Meinung unmittelbar aus dem Grundrecht der Wissenschaftsfreiheit (Art. 5 III GG) abgeleitet, ist aber in der Mehrzahl der Bundesländer auch durch die Landesverfassungen verbürgt[33]. Die Hochschulautonomie wirkt auch gegenüber dem Rechnungshof, denn das Grundrecht der Wissenschaftsfreiheit oder die jeweiligen landesverfassungsrechtlichen Garantien richten sich gegen die öffentliche Gewalt insgesamt (vgl. Art. 1 III GG)[34]. Die Wissenschaftsfreiheit verpflichtet jeden staatlichen Zuständigkeitsträger, sie richtet sich gegen jeden staatlichen Hoheitseingriff, gleichgültig wie er geartet ist. Zwar ist der Rechnungshof weder dem Parlament noch der Exekutive voll zuzurechnen.

Heinrich Reinermann (Hrsg.), Wissenschaft, Forschung und Rechnungshöfe, Berlin 1981. Dieser Sammelband konnte leider nur noch teilweise verwertet werden.

[31] Vgl. vor allem *Helmut Becker / Alexander Kluge*, Kulturpolitik und Ausgabenkontrolle, Frankfurt 1961, passim; *Hans Reger*, Bemerkungen zur Finanzkontrolle, VerwArch 1975, 251 f.

[32] Dazu z. B. *Karl M. Hettlage*, Die „Erfolgskontrolle von Forschungsaufwendungen", in: Festschrift für Wacke, Hamburg 1972, 117 ff.

[33] Vgl. Art. 20 II BWVf, Art. 138 II 1 BayVf, Art. 60 I 1 HeLVf, Art. 16 I NWVf, Art. 39 I 2 RPfVf.

[34] Vgl. dazu *Rupert Scholz*, in: Maunz / Dürig / Herzog / Scholz, Grundgesetz, Kommentar, Stand 1981, Art. 5, Rdnr. 127.

Aber er ist — auch wenn er in das traditionelle Dreiteilungs-Schema nicht einzuordnen ist — auf jeden Fall Träger hoheitlicher Gewalt. Aus der Funktion des Rechnungshofs als Interessenwahrer der Allgemeinheit läßt sich nichts anderes ableiten. In dieser Funktion übt der Rechnungshof ebenfalls öffentliche Gewalt aus. Er hat durch das Grundgesetz und die ihn betreffenden Bundes- oder Landesgesetze staatliche Zuständigkeiten und Kompetenzen im Rahmen der Finanzkontrolle übertragen erhalten. Als Träger öffentlicher Gewalt muß sich der Rechnungshof daher auch an die Grenzen halten, die sich möglicherweise aus der Hochschulautonomie ergeben.

Dagegen kann nicht eingewandt werden, von Eingriffen oder gar Verletzungen der Hochschulautonomie durch den Rechnungshof könne keine Rede sein, da seine Prüfungsbemerkungen ja keine Verbindlichkeit besäßen und er auch nicht über eigene Durchsetzungsmöglichkeiten verfüge. In den Bereichen, die der Hochschulautonomie unterliegen, hat die öffentliche Gewalt und damit auch der Rechnungshof nur beschränkte Kompetenzen zum Tätigwerden. Das kann für den Rechnungshof bedeuten, daß er manche Gegenstände gar nicht prüfen darf, oder daß er seine Prüfungsmaßstäbe beschränken muß. Für diese — kompetenzielle — Frage ist es unerheblich, ob der Rechnungshof verbindliche Entscheidungen treffen darf oder nicht. Außerdem haben die Feststellungen und Beanstandungen der Rechnungshöfe für die Hochschulen ausschlaggebende Bedeutung. Die Feststellungen und Beanstandungen der Rechnungsprüfung kommen nämlich im Bereich der Hochschule Anordnungen gleich[35]. Die in der Hochschulselbstverwaltung tätigen Wissenschaftler sind keine Haushaltsexperten, sie sind mit den Techniken der Finanzierung nicht so vertraut, daß sie als gleichstarke „Gegner" der Finanzbürokratie und der Finanzkontrolle auftreten könnten. „So stehen ihre Erfahrungen mit der Rechnungsprüfung unumstößlich im Raum und präformieren dann die zukünftigen Entscheidungen bei den entsprechenden Sachfragen. So sind es im Grunde die Wirkungen der Ausgabenkontrolle, die durch diesen Rückkoppelungseffekt am gravierendsten für die Selbständigkeit der Universitäten beim Haushaltsvollzug sind, und bei der Rechnungsprüfung liegt letzten Endes die Entscheidung darüber, wie liberal die Haushaltspraxis der Hochschulverwaltung sich darstellt[36]." Die Rechnungshöfe haben gerade im Hochschulbereich eine entscheidende Position errungen[37]. Da die frü-

---

[35] So *Becker / Kluge* (o. Fn. 31), 10; *Wolfgang Zeh*, Finanzverfassung und Autonomie der Hochschule, Berlin 1973, 55.

[36] *Zeh* (o. Fn. 35), 55.

[37] Vgl. *Wilhelm A. Kewenig*, Hochschulen und Rechnungshöfe, DUZ 1978, 362 ff.; *Adolf Theis / Heribert Knorr*, Das Spannungsverhältnis zwischen Verwaltung und Wissenschaft, DUZ 1979, 170 ff.; *Eberhard Böning*, Der Wissenschaftsbeamte, DUZ 1977, 470 ff., 473; *Ulrich Lohmar*, Ein Dilemma der Wis-

her kaum angefochtene Stellung der Universitäten in der Öffentlichkeit sowie bei Parlament und Regierung vor allem aufgrund des Vorwurfs unterminiert ist, sie seien nicht in der Lage, wirtschaftlich zu handeln, kommt den Berichten der Rechnungshöfe — als „neutralen" Finanzkontrollorganen — ausschlaggebende Bedeutung zu. Viele Regelungen in den neuen Hochschulgesetzen — man denke nur an die Frage der Kontrolle der Drittmittel — gehen auf Vorschläge der Rechnungshöfe zurück. Sie haben eine Unzahl von Verordnungen und Erlassen zur Reglementierung der Universitäten initiiert. Die Betroffenen — Hochschullehrer, Universitätsverwaltungen — sehen in den Rechnungshöfen daher die größte Gefahr für ihren Handlungsspielraum[38]. Die mangelnde rechtliche Verbindlichkeit ihrer Voten ist daher kein Grund, die Rechnungshöfe nicht auch an die Hochschulautonomie zu binden. Die Rechnungshöfe sind Teil der staatlichen Kontrolle, die sie vorbereiten und unterstützen. Wo die staatliche Kontrolle z. B. aufgrund von Grundrechtsbestimmungen endet, da hat auch die Kontrolle durch den Rechnungshof keine Berechtigung mehr[39].

Dasselbe gilt auch für die Beratungstätigkeit der Rechnungshöfe. Die Rechnungshöfe sind gem. §§ 88 Abs. 2 BHO, 42 Abs. 5 HGrG sowie den entsprechenden landesrechtlichen Bestimmungen zur Beratung nur aufgrund von Prüfungserfahrungen berechtigt. Die Beratungskompetenz ist damit unmittelbar an die Prüfungskompetenz gekoppelt. Das hat zur Folge, daß in Bereichen, wo nicht geprüft werden darf, auch eine Beratung nicht zulässig ist. Ist eine Prüfung vom Gegenstand oder vom Prüfungsmaßstab her begrenzt, so ist es auch die Beratung. Neben diesen rechtlichen Erwägungen spricht auch die Tatsache, daß sich Prüfung und Beratung oft nicht trennen lassen[40], dafür, beide gleich zu behandeln. Auch in den Auswirkungen einer Prüfungsbemerkung oder eines Gutachtens auf Maßnahmen von Regierung oder Parlament lassen sich kaum Unterschiede feststellen.

Eine Analyse der Reichweite der Rechnungshofkontrolle im Universitätsbereich hat daher sowohl für die Prüfungs- als auch für die Beratungstätigkeit auszugehen vom materiellen Verhältnis von Staat und Universität.

---

senschaft: Statt sachgerechter Kontrolle administrative Gängelung, Wirtschaft und Wissenschaft 1976, H. 1, 4 ff.

[38] Vgl. die Interviews von Hochschulprofessoren bei *Peisert*, in: Ministerium für Wissenschaft und Kunst Baden-Württemberg (Hrsg.), Hochschule und Staat, Eine empirische Studie von Hansgert Peisert, Villingen-Schwenningen 1980, 20 ff.

[39] Ähnlich *Vogel* (o. Fn. 30), 198; *Tiemann* (o. Fn. 30), 115 ff.; *Thomas Oppermann*, Zur Finanzkontrolle der Stiftung Volkswagenwerk, Frankfurt 1972, 95 ff.

[40] Vgl. *Hans Herbert von Arnim*, Gemeinwohl und Gruppeninteressen, Frankfurt 1977, 378.

b) Universität und staatliche Bestimmung

aa) Die Bedeutung der Wissenschaft für die Gesellschaft — Wissenschaft als Staatsaufgabe

„Die Subjekte der künftigen Geschichte ... werden sich weitgehend durch ihre Wissenschaftspolitik konstituieren[41].“ Diese These Radnitzkys und Anderssons kennzeichnet die fundamentale Bedeutung der Wissenschaft für die gegenwärtige Gesellschaft. „Die Wissenschaft ist im Vollzug ihres Fortschritts fortschreitend in das Ensemble der materiellen Bedingungen unserer Existenz in der modernen Gesellschaft eingerückt[42].“ Die Wissenschaft wurde zu einer Produktivkraft ersten Ranges[43]. Die Wissenschaften sind entscheidende Machtmittel, Steuerungs- und Regelungskräfte des wirtschaftlichen und politischen Lebens geworden. Gesellschaft, Staat und Wirtschaft sind „verwissenschaftlicht“[44]. „Die Triade Wissenschaft, Staat und Wirtschaft bildet den Zirkel eines Leistungszusammenhangs — sie stellt ... den entscheidenden Produktionszirkel der modernen Welt dar[45].“ Konsequenterweise werden die Wissenschaften für Staat und Wirtschaft heute im wesentlichen zur Technologie. Denn die Rangfolge der Wissenschaft bestimmt sich nach ihrer technischen Bedeutung, nach ihrer Anwendbarkeit unter ökonomischen und politisch-militärischen Aspekten. Diese Entwicklung „rückt die Naturwissenschaften an die erste, die einer technischen Anwendung am fernsten stehenden reinen Geisteswissenschaften an die letzte Stelle des gesellschaftlichen Ranggefüges der Wissenschaften“[46].

Der Verwissenschaftlichung der Gesellschaft entspricht nach der Analyse Schelskys die Vergesellschaftung der Wissenschaft. Die wissenschaftliche Organisation der Forschung wird — vor allem im naturwissenschaftlichen Bereich — immer weniger bestimmt von den Humboldtschen Prinzipien der „Einsamkeit und Freiheit“, sondern sie wird abhängig von kostspieligen apparativen Ausstattungen, von einer ständigen Vermehrung des Personals und somit von hohen finanziellen Zu-

---

41 So *Gerard Radnitzky / Gunnar Andersson* in ihrer Einführung: Wissenschaftspolitik und Organisationsformen der Forschung, in: Alvin M. Weinberg, Probleme der Großforschung, Frankfurt 1970, 9.

42 *Hermann Lübbe*, Rationalisierung der Politik, in: ders., Theorie und Entscheidung, Freiburg 1971, 59.

43 Vgl. dazu *Erhard Stölting*, Wissenschaft als Produktivkraft, München 1974; *Derek J. de Solla Price*, Little Science, Big Science, Frankfurt 1974.

44 Vgl. *Helmut Schelsky*, Die politische Aufgabe der Wissenschaft, in: ders., Abschied von der Hochschulpolitik oder Die Universität im Fadenkreuz des Versagens, Bielefeld 1969, 180.

45 *Schelsky* (o. Fn. 44), 181 unter Verweis auf Eckart Heimendahl, Fortschritt ohne Vernunft? Wissenschaft und Gesellschaft im technischen Zeitalter, Freiburg 1964, 37 f.

46 *Schelsky* (o. Fn. 44), 180.

wendungen, über die nach politischen und ökonomischen, aber nicht nach wissenschaftlichen Gesichtspunkten entschieden wird. Der „technische Staat" (Schelsky), d. h. der Staat, „dessen politische und verwaltende Handlungsformen mehr und mehr durch die Anwendung wissenschaftlicher Produktions- und Waffentechniken, Organisations- und Humantechniken bestimmt werden"[47], hat die existenzielle Bedeutung der Wissenschaft für sein Fortbestehen erkannt. Er versucht daher, über finanzielle Prioritätsentscheidungen sowie durch organisatorische Festlegungen sowohl seine Interessen als auch die der gesellschaftlichen Kräfte, die er repräsentiert, im Wissenschaftsbetrieb wirksam zu verankern.

Die Pflege der Wissenschaft ist eine zentrale Staatsaufgabe geworden[48]. Nur mit ihrer Hilfe kann der Staat den Forderungen nachkommen, die ihm in der Gegenwart zusätzlich zu seinem traditionellen Aufgabenbestand gestellt werden: Er soll nämlich durch präventive Steuerung das komplizierte Gefüge der Gesellschaft im Gleichgewicht halten, für Geldwertstabilität, Wirtschaftswachstum, Vollbeschäftigung, eine bessere, allen zugute kommende Lebensqualität usw. sorgen und unter sich ständig verändernden Bedingungen langfristig planend und aktiv gestaltend auf die Zukunftsentwicklung einwirken[49]. Entsprechend formuliert auch der Bundesbericht Forschung VI die Ziele der Forschungs- und Technologiepolitik der Bundesregierung. Diese soll dazu beitragen,

„1. den wissenschaftlichen Erkenntnisstand zu erweitern und zu vertiefen,

2. die Leistungs- und Wettbewerbsfähigkeit unserer Wirtschaft zu erhalten und auszubauen,

3. die Ressourcen zu schonen und die natürlichen Lebensvoraussetzungen zu erhalten,

4. die Lebens- und Arbeitsbedingungen der Menschen zu verbessern,

5. technologische Entwicklungen in ihren Auswirkungen und Zusammenhängen zu erkennen, ihre Chancen und Risiken abzuwägen und zu diskutieren und Entscheidungen über die Nutzung von Technologien zu begründen"[50].

[47] *Schelsky* (o. Fn. 44), 186.

[48] Vgl. BVerfGE 37, 314 (322); *Lorenz* (o. Fn. 29), 113; *Hans Peter Bull*, Die Staatsaufgaben nach dem Grundgesetz, Frankfurt/M. 1973, 295; *Kay Hailbronner*, Die Freiheit von Forschung und Lehre als Funktionsgrundrecht, Hamburg 1979, 74.

[49] Vgl. *Wolfgang Fischer*, Über Staat, Schule und pädagogische Wissenschaft, Vierteljahreshefte für wissenschaftliche Pädagogik 1973, 303.

[50] Bundesministerium für Forschung und Technologie (Hrsg.), Bundesbericht Forschung VI, Bonn 1979, 8.

Die Wissenschaft erhält so den Charakter einer Art „Rationalitätsreserve" des Staates[51].

Die wichtigsten Institutionen, die an der Erfüllung der öffentlichen Aufgabe Wissenschaftspflege mitwirken, sind immer noch die Universitäten, in denen sich wissenschaftliche Forschung und wissenschaftliche Lehre verbinden. Allerdings haben die Universitäten im Bereich der Forschung ihre dominierende Rolle im Wissenschaftsbetrieb verloren. Konnten sie früher praktisch mit Wissenschaft institutionell gleichgesetzt werden, so ist das heute nicht mehr der Fall[52].

Diese Entwicklung wird durch folgende Zahlen belegt: Von den gesamten Wissenschaftsausgaben (d. h. Ausgaben für Forschung und Entwicklung sowie wissenschaftliche Lehre und Ausbildung), die Staat und Wirtschaft 1978 tätigten, gingen 18,8 Mrd. in die Wirtschaft (46 %), 15 Mrd. in die Hochschulen (ca. 37 %) und 7,1 Mrd. in außeruniversitäre Forschungseinrichtungen (ca. 17 %). Die Ausgaben lediglich für Forschung und Technologie in Höhe von 30,4 Mrd. DM wurden folgendermaßen verbraucht: 19,3 Mrd. in der Wirtschaft (ca. 63,4 %), 5,3 Mrd. DM in den Hochschulen (ca. 17,4 %) und 5,9 Mrd. DM in den außeruniversitären Forschungseinrichtungen (ca. 19,2 %). Von den 14,2 Mrd. DM, die der Staat allein für Forschung und Technologie ausgab, gingen 3,7 Mrd. DM in die Wirtschaft, 5,2 Mrd. DM an die Hochschulen und 5,4 Mrd. DM an außeruniversitäre Forschungseinrichtungen[53]. Die Hochschulen sind also bei der Verteilung der Forschungsgelder nicht nur hinter die Wirtschaft, sondern auch hinter die außeruniversitären Forschungseinrichtungen zurückgefallen. Noch 1975 hatten die Universitäten bei der Verteilung der gesamten Forschungs- und Technologieausgaben um 3 % besser abgeschnitten als die außeruniversitären Forschungseinrichtungen[54]. Man muß daher feststellen, daß sich die Forschung aus den Universitäten teilweise hinausverlagert[55]. Nur im Bereich der Grundlagenforschung haben die Universitäten sich bis heute ihre Vorrangstellung bewahren können[56].

Im Gegensatz zum Entwicklungs- und Forschungsbereich haben die Hochschulen im Bereich der wissenschaftlichen Lehre auch heute noch praktisch eine Monopolstellung. Im Zeichen des Massenzulaufs, der

---

[51] *Fischer* (o. Fn. 49), 303.

[52] Vgl. *Walter L. Bühl,* Einführung in die Wissenschaftssoziologie, München 1974, 211; *Alexander Blankenagel,* Wissenschaftsfreiheit aus der Sicht der Wissenschaftssoziologie, AöR 1980, 35 ff., 53.

[53] Die genannten Zahlen stammen alle aus BMFT (o. Fn. 50), 72 ff.

[54] Vgl. *Blankenagel* (o. Fn. 52), 54.

[55] Diese Entwicklung stellen auch *Radnitzky / Andersson* (o. Fn. 41), 57 und *Schelsky* (o. Fn. 44), 188 fest.

[56] Vgl. *Blankenagel* (o. Fn. 52), 53; *Radnitzky / Andersson* (o. Fn. 41), 58.

Überlastquoten besteht allerdings die Gefahr, daß die Ausbildungsfunktion die Forschungsfunktion überlagert und verdrängt[57].

Insgesamt muß also festgehalten werden, daß die Universitäten auch in der Gegenwart das wissenschaftliche Personal praktisch allein ausbilden, daß sie im Bereich der Forschung aber an Boden verlieren.

bb) Wissenschaftsfreiheit — Rechtliche Ausformung und politische Funktion

Die Inpflichtnahme der Wissenschaft für staatliche Zwecke findet ihre Grenze an der Wissenschaftsfreiheit des Art. 5 III GG. „Grundrechtlicher Kern und historischer Ansatzpunkt der verfassungsrechtlichen Freiheit von Wissenschaft, Forschung und Lehre ist die Freiheit des einzelnen Wissenschaftlers und des Wissenschaftsprozesses vor staatlichen Einwirkungen[58]."

Die Bedeutung von Art. 5 III GG erschöpft sich jedoch nicht in dieser Abwehrfunktion. Die heutige Wissenschaftspflege ist außerordentlich kostenintensiv[59]. Die materiellen Bedingungen von Forschung und Lehre haben eine wesentlich größere Bedeutung als früher. Der Staat muß daher aufgrund der Wertentscheidung des Art. 5 III GG zuallererst die Voraussetzungen für die Realisierung der Wissenschaftsfreiheit schaffen. So fordert das Bundesverfassungsgericht zu Recht: „Der Staat hat die Pflege der freien Wissenschaft und ihre Vermittlung an die nachfolgende Generation durch Bereitstellung von personellen, finanziellen und organisatorischen Mitteln zu ermöglichen und zu fördern." Denn: „Ohne eine geeignete Organisation und ohne entsprechende finanzielle Mittel, über die im wesentlichen nur noch der Staat verfügt, (kann) heute in weiten Bereichen der Wissenschaften, insbesondere der Naturwissenschaften, keine unabhängige Forschung und wissenschaftliche Lehre mehr betrieben werden ... Der Staat besitzt hinsichtlich dieses Wissenschaftsbetriebs heute weithin ein faktisches Monopol; eine Ausübung der Grundfreiheiten aus Art. 5 III GG ist hier notwendig mit einer Teilhabe an staatlichen Leistungen verbunden[60]." Das Bundesverfassungsgericht bestätigt damit die Auffassung der Wissenschaft als einer Staatsaufgabe. Der Staat trägt Verantwortung für die Wissenschaft[61]. Wenn man auch aufgrund der Mittel, die vor allem die Wirtschaft für die Wissenschaft einsetzt, bezweifeln kann, ob die Einschätzung der staatlichen Position in der Wissenschaftsförderung als Mono-

---

[57] *Radnitzky / Andersson* (o. Fn. 41), 57; *Helmut Schelsky*, Einsamkeit und Freiheit, 2. Aufl., Düsseldorf 1971, 258.

[58] *Lorenz* (o. Fn. 29), 114; vgl. auch BVerfGE 35, 79 ff., 112 ff

[59] Vgl. *Schelsky* (o. Fn. 44), 181.

[60] BVerfGE 35, 79 ff., 114 f.

[61] *Lorenz* (o. Fn. 29), 114.

polstellung richtig ist[62], so muß man doch die Zielrichtung der Feststellungen des Bundesverfassungsgerichts voll unterstützen. Wissenschaftsfreiheit kann sich in vielen Bereichen (vor allem den Naturwissenschaften) nur realisieren, wenn die materiellen Bedingungen vorhanden sind. Daß Wissenschaft dadurch aber abhängig wird von staatlicher Prioritätensetzung bei der Finanzierung, muß auch als Gefahr gesehen werden. Zwar ist eine Prioritätensetzung durch den Staat durchaus legitim. Der Staat darf und muß sogar bei der Ressourcenverteilung die gesamtgesellschaftlichen Interessen berücksichtigen[63]. Es muß aber die Gefahr einer politischen Forschungssteuerung zur Ausblutung bestimmter Wissenschaftsrichtungen durch gezielte Mittelvergabe im Auge behalten werden[64].

Die Legitimation der Wissenschaftsfreiheit läßt sich aus der Funktion der Wissenschaft für die Gesamtgesellschaft ableiten. Das „Privileg" der Wissenschaftsfreiheit „läßt sich nicht um der Eigeninteressen der Wissenschaftler selbst willen rechtfertigen, sondern nur mittelbar dadurch, daß die derart abgesicherte wissenschaftliche Freiheit im Interesse des Gemeinwohls erforderlich ist"[65]. Vogel drückt diesen Gedanken prägnant aus, wenn er sagt: „... wenn ich recht sehe, geht es doch der Wissenschaft in allen ihren Bereichen darum, die Möglichkeiten und Maßstäbe menschlichen Handelns in der Gesellschaft immer wieder von neuem zu überdenken und sie gegebenenfalls zu erweitern. Es wird einleuchten, daß eine solche prinzipiell kritische Funktion der Wissenschaft in der Gesellschaft Widerstand wecken muß, wenn sie etwa liebgewordene Auffassungen, eingefahrene Verhaltensmuster oder gar vested rights (auch erst umkämpfte Rechte gesellschaftlicher Gruppen) in Frage stellt. Um dieses möglichen Widerstands aus der Gesellschaft willen grenzt unsere Verfassung die Wissenschaft aus: sie schirmt sie ab gegen Einflüsse aus der Gesellschaft, die anderenfalls versuchen könnten, die Wissenschaft in ihrer Methode und in ihren Ergebnissen zu beeinflussen. Das scheint mir der politische Sinn und zugleich die Rechtfertigung der Wissenschaftsfreiheit zu sein. Die Ausgrenzung geschieht dabei nicht etwa im Interesse des Wissenschaftlers, sondern sie geschieht im Gegenteil gerade im Interesse der Gesellschaft, die ja ein wohlverstandenes eigenes Interesse an dieser Kritik als einer notwendigen Bedingung ihrer Wandlungs- und Entwicklungsfähigkeit hat"[66].

---

[62] Diese Zweifel äußert vor allem *Blankenagel* (o. Fn. 52), 54.

[63] Vgl. *Hailbronner* (o. Fn. 48), 87; *Lorenz* (o. Fn. 29), 115; *Scholz* (o. Fn. 34), Rdnr. 194 ff.

[64] Auf diese Gefahr weist besonders *Ralf Dreier* hin, vgl. *ders.*: Forschungsbegrenzung als verfassungsrechtliches Problem, DVBl 1980, 474.

[65] *von Arnim* (o. Fn. 40), 317. Er nennt diese Funktion die „Repräsentationsfunktion" der Wissenschaft; vgl. auch *Zeh* (o. Fn. 35), 82 ff.

[66] *Klaus Vogel*, Diskussionsbeitrag, VVDStRL 27 (1969), 201.

Gegenüber dieser politischen Legitimation der Wissenschaftsfreiheit sind Begründungsversuche sekundär, die die Notwendigkeit der Wissenschaftsfreiheit etwa aus dem „Wesen" der Wissenschaft, aus ihrer „Eigengesetzlichkeit" ableiten wollen[67]. Diese Begründungsversuche sind schon deshalb nicht ganz überzeugend, weil erfolgreiche Wissenschaft auch in Systemen existiert, die ihr keinen Autonomiebereich einräumen (man denke z. B. an die Produkte deutscher Forschung und Technologie im Zweiten Weltkrieg).

Durch die Wissenschaftsfreiheit erhält die Wissenschaft also gegenüber Staat und Gesellschaft die Funktion einer „kritischen Instanz"[68], sie wird ihnen zur „kritischen Rationalitätsreserve". Wissenschaftsfreiheit steht in engem Zusammenhang mit Demokratie. Beide haben denselben Ursprung: die Ungewißheit. „Dieselbe Tatsache, daß wir nicht alle Antworten wissen, jedenfalls aber nicht wissen können, ob unsere Antworten richtig sind, führt zur Notwendigkeit kritischer Wissenschaft und politischer Demokratie; das Verhältnis zwischen beiden ist mehr als eine Analogie[69]." Die Wissenschaftsfreiheit wird zum Gradmesser für die Freiheit der Gesellschaft insgesamt. Ihre Gewährleistung zeigt an, „ob und in welchem Ausmaß die Gesellschaft sich selbst zum Thema und zum Gegenstand der wissenschaftlichen Kritik machen läßt"[70].

cc) Die Garantie der Hochschulautonomie

Gem. § 58 Abs. 1 Satz 1 Hochschulrahmengesetz (HRG) und den vergleichbaren Bestimmungen der Universitätsgesetze der Länder sind die Hochschulen Körperschaften des öffentlichen Rechts und zugleich staatliche Einrichtungen. Diese Regelung verweist auf die traditionelle Doppelstellung der deutschen Universität. Einerseits ist sie Teil des staatlichen Organisationsgefüges, andererseits steht sie als selbständige juristische Person in Distanz zum Staat[71]. Diese Position, die Anlaß zu Auseinandersetzungen um die Rechtsnatur der Hochschulen in der juristischen Literatur gab[72], war bereits durch II 12 §§ 1, 2, 67 Preußisches Allgemeines Landrecht von 1794 vorgezeichnet[73]. Dort hieß es: „Schulen

---

[67] Eine kritische Übersicht über diese Begründungsversuche gibt *Blankenagel* (o. Fn. 52), 32 f.

[68] Vgl. *Gottfried T. W. Dietzel*, Wissenschaft und staatliche Entscheidungsplanung, Berlin 1978, 195.

[69] *Ralf Dahrendorf*, Autonomie der Universität?, in: Andreas Flitner / Ulrich Herrmann (Hrsg.), Universität heute, München 1977, 13 ff., 16.

[70] *Bruno Reimann*, Hochschulreform — Illusion oder Pleite, Bonn 1978, 80.

[71] Vgl. *Kay Hailbronner*, § 58 HRG, Rdn 1 ff. in: Großkreutz / Hailbronner / Ipsen / Walter, Kommentar zum Hochschulrahmengesetz, Hamburg, 2. Lieferung 1979; *Hans von Mangoldt*, Universität und Staat, Tübingen 1979, 5 ff.

[72] Vgl. *von Mangoldt* (o. Fn. 71), 6 f. m. w. N.

[73] Zur Geschichte der Universität vgl. insbesondere *Alexander Kluge*, Die Universitätsselbstverwaltung, Frankfurt 1958, passim; *Holger Asche*, Hoch-

und Universitäten sind Veranstaltungen des Staates, welche den Unterricht der Jugend in nützlichen Kenntnissen und Wissenschaft zur Absicht haben. Dergleichen Anstalten sollen nur mit Vorwissen und Genehmigung des Staates errichtet werden. Universitäten haben alle Rechte privilegierter Korporationen."

Nach § 58 I 2 HRG haben die Universitäten das Recht der Selbstverwaltung im Rahmen der Gesetze. Ähnliche Regelungen treffen die Universitätsgesetze der Länder. Die Hochschulautonomie ist auch verfassungsrechtlich abgesichert. Einmal wird sie von den Verfassungen der einzelnen Bundesländer garantiert, zum anderen wird sie aus Art. 5 III GG abgeleitet. Diese Bestimmung garantiert nicht nur ein jedermann zustehendes Abwehrrecht zum Schutz wissenschaftlicher Betätigung gegen staatliche Eingriffe, sondern enthält nach h. M. zugleich eine institutionelle Garantie der Universität und ihrer Selbstverwaltung[74]. Art. 5 III GG wird daher auch als Grundrecht der deutschen Universität bezeichnet[75]. Das Recht der Universität auf akademische Selbstverwaltung ist die organisatorische Komplementärgarantie individueller wissenschaftlicher Tätigkeit[76]. Das Bundesverfassungsgericht hat bisher noch nicht endgültig Stellung zu der Frage genommen, ob in der rechtlichen Gewährleistung der Wissenschaftsfreiheit tatsächlich ein Grundrecht der deutschen Universität zu erblicken sei. Es erklärte jedoch: „Der wesentliche Inhalt eines solchen Grundrechts, nämlich die Selbstverwaltung im akademischen, d. h. dem auf Forschung und Lehre unmittelbar bezogenen Bereich, besteht praktisch unangefochten, ist in den Hochschulgesetzen anerkannt und in den meisten Landesverfassungen ausdrücklich garantiert[77]."

Das Selbstverwaltungsrecht ist den Universitäten nur im Hinblick auf die Freiheit des Forschungs- und Lehrbetriebs gewährt und inhaltlich hierdurch beschränkt[78]. Die Hochschulautonomie ist — anders als bei den für örtliche Aufgaben universal zuständigen Gemeinden[79] — gegenständlich begrenzt. „Ist der für diese (die wissenschaftliche Tätig-

schulautonomie — Wissenschaftsfreiheit im Abseits, Darmstadt und Neuwied 1975, 59 ff.; *Andreas Gallas*, Die Staatsaufsicht über die wissenschaftlichen Hochschulen, Berlin 1976, 39 ff.; *Helmut Schelsky* (o. Fn. 57), passim.

74 Vgl. *Scholz* (o. Fn. 34), Rdnr. 131 ff. m. w. N.; *Dieter Lorenz*, Die Rechtsstellung der Universität gegenüber staatlicher Bestimmung, WissR 1978, 2 f.; *Gallas* (o. Fn. 73), 67 ff.; *Ulrich von Lübtow / Manfred Harder*, Autonomie oder Heteronomie der Universitäten, Frankfurt 1966, 15 f.

75 Vgl. dazu vor allem *Arnold Köttgen*, Das Grundrecht der deutschen Universität, Göttingen 1959, passim.

76 Vgl. *Hailbronner* (o. Fn. 71), Rdnr. 16; *Lorenz* (o. Fn. 74), 3.

77 BVerfGE 35, 116.

78 Vgl. *Hailbronner* (o. Fn. 71), Rdnr. 17; *von Mangoldt* (o. Fn. 71), 11; *Lorenz* (o. Fn. 74), 3.

79 Vgl. *von Mangoldt* (o. Fn. 71), 11.

keit) garantierte Freiraum vorbehaltlos geschützt und jeder „Ingerenz öffentlicher Gewalt“[80] unzugänglich, so gilt das für die Universität insgesamt nur insoweit, als sie Aufgaben erfüllt, die mit der geschützten wissenschaftlichen Tätigkeit untrennbar verknüpft sind[81].“ Der Umfang des Selbstverwaltungsrechts und damit verbunden die Abgrenzung der inhaltlichen Bestimmungskompetenz zwischen Staat und Universität ergibt sich daher aus den Funktionen und Aufgabenbereichen der letzteren.

Hier hat die herkömmliche Trennung zwischen „akademischen“ und „staatlichen“ Aufgaben ihren Ursprung[82]. Was zur ersteren Gruppe gehört, soll Selbstverwaltungsangelegenheit sein, der Rest — insbesondere die Wirtschafts- und Personalverwaltung (alles, was Geld kostet) — wird der Staatsverwaltung zugeordnet. Reinhardt weist aber zu Recht darauf hin, daß die Selbstverwaltung nicht dort aufhören könne, wo sie Geld koste: „Je weiter die Wissenschaft fortschreitet, je mehr sie sich differenziert, um so weniger kann die These überzeugen, daß die in der Selbstverwaltung verankerte Mitwirkung der Hochschule bei der Entscheidung der Fragen aufhören muß, die, um es auf eine kurze Formel zu bringen, Geld kosten.“ „... dann läßt sich innerhalb aller derjenigen Verwaltungsangelegenheiten, die der Forschung und Lehre dienen, keine grundsätzliche Trennungslinie mehr danach aufrichten, ob sie Geld kosten oder nicht; sie gehören, was den akademischen Sachverstand und die Notwendigkeit seiner Einschaltung angeht, alle zum akademischen Bereich[83].“

Maßgeblich für die Zuordnung einer Materie zum Selbstverwaltungsbereich kann daher allein die Nähe zur wissenschaftlichen Forschung und Lehre sein. Inhalt und Umfang akademischer Selbstverwaltung sind im Kern durch die Verfassung prinzipiell vorgegeben und dürfen durch Gesetze nur konkretisiert werden[84]. „Der wissenschaftliche Beurteilungsaspekt einer Angelegenheit hat in jedem Fall von staatlichem Einfluß frei zu bleiben. Je stärker eine Entscheidung darauf beruht, desto mehr ist sie von der Hochschule eigenverantwortlich wahrzunehmen. Daraus folgt, daß im Hochschulbereich eine scharfe Trennung nach Sachmaterien zwischen Selbstverwaltungsangelegenheiten und staatlichen Angelegenheiten nicht möglich ist. Vielmehr handelt es sich um eine Gemengelage von ‚akademischen‘ und ‚staatlichen‘ Angelegenhei-

---

[80] BVerfGE 35, 112; 43, 267.

[81] *Lorenz* (o. Fn. 74), 3.

[82] Dazu nur *Thomas Oppermann*, Kulturverwaltungsrecht, Tübingen 1969, 340 ff.; *von Mangoldt* (o. Fn. 71), 11.

[83] *Rudolf Reinhardt*, Autonomie, Selbstverwaltung, Staatsverwaltung in der Universität, WissR 1968, 6 ff., 14 f.

[84] *Lorenz* (o. Fn. 29), 117.

ten. Staatliche Angelegenheiten und akademische Selbstverwaltung sind deshalb keine gegensätzlichen Blöcke, sondern ein einheitlicher Organismus, der auf die Durchführung eines freien Forschungs- und Lehrbetriebs gerichtet ist[85]." Die Einrichtung der Einheitsverwaltung an den deutschen Universitäten, die nach dem Zweiten Weltkrieg vollzogen wurde, ist eine sichtbare Anerkennung dieser Tatsache[86]. § 58 Abs. 3 HRG schreibt die Einheitsverwaltung fest. Es wird innerhalb der Universität folglich keine staatliche Verwaltung mehr tätig, wie dies dem preußischen Kuratorialsystem mit seinem Dualismus von staatlicher und akademischer Verwaltung entsprach[87].

Aufgrund der Differenzierung nach dem Wissenschaftsbezug können in der Universität drei Bereiche unterschieden werden, die ausschließlich, teilweise oder gar nicht zur Selbstverwaltung der Hochschule gehören[88].

(a) Zum Kernbereich der Selbstverwaltung gehören „vor allem die auf wissenschaftlicher Eigengesetzlichkeit beruhenden Prozesse, Verhaltensweisen und Entscheidungen bei dem Auffinden von Erkenntnissen, ihrer Deutung und Weitergabe"[89]. Unter diese „wissenschaftsrelevanten"[90] Angelegenheiten fallen die universitäre Planung, Organisation und Durchführung des Forschungs- und Lehrbetriebs. Außerdem gehören z. B. dazu die akademischen Prüfungen, die Verleihung der Lehrbefugnis sowie akademischer Grade, Würden und Ehrungen, die Heranbildung des wissenschaftlichen Nachwuchses[91].

(b) Zum Kooperationsbereich gehören Angelegenheiten, für die ein Zusammenwirken von Staat und Universität notwendig ist. Er umfaßt eine große Zahl wissenschaftsbezogener Aufgaben, „die eben wegen dieses Bezugs grundsätzlich ebenfalls der universitären Selbstverwaltung unterfallen, deren Erfüllung aber andererseits die Interessen von Allgemeinheit und Staat in so hohem Maße tangiert, daß dieser nicht von jeder Einflußnahme ausgeschlossen bleiben kann"[92]. In diesen Bereich gehören z. B. die Ordnung des Studiums und der

[85] Vgl. *Hailbronner* (o. Fn. 71), Rdnr. 17.

[86] Dazu *Heribert Röken*, Über die Problematik der sogenannten Einheitsverwaltung, DÖV 1974, 577 ff.

[87] *Lorenz* (o. Fn. 29), 117.

[88] Diese Unterteilung wurde entwickelt von *Hermann-Josef Schuster* und *Friedrich Graf Stenbock-Fermor* in ihrem Aufsatz: Überlegungen zur Eigenart der Hochschulverwaltung, WissR 1968, 28 ff., 33 ff.; vgl. auch *Lorenz* (o. Fn. 74), 4; *Hailbronner* (o. Fn. 71), Rdnr. 18 f.; *ders.* (o. Fn. 48), 110.

[89] BVerfGE 35, 112.

[90] BVerfGE 35, 123.

[91] *von Mangoldt* (o. Fn. 71), 12; *Hailbronner* (o. Fn. 71), Rdnr. 18.

[92] *Lorenz* (o. Fn. 74), 4.

Prüfung, die Universitätsorganisation (vgl. § 60 HRG), aber z. B. auch die mit der Durchführung von Forschungs- und Lehrfunktionen verbundenen Personalentscheidungen und Mittelverwendungen[93].

(c) Angelegenheiten, die für die wissenschaftliche Betätigung in Forschung und Lehre indifferent sind, gehören grundsätzlich nicht zu den Selbstverwaltungsaufgaben[94]. Hierzu wird man den Dienstleistungsapparat der Hochschule rechnen müssen, z. B. das Kassen- und Rechnungswesen, die Haus- und Grundstücksverwaltung, die allgemeinen Personalangelegenheiten (Beihilfe etc.), die Einstellung des nichtwissenschaftlichen Personals, die Studentenfürsorge, das Einschreibe- und Belegwesen[95]. Diese Angelegenheiten fallen jedoch nicht von vornherein aus dem Selbstverwaltungsbereich der Hochschule heraus. Es kann im Einzelfall durchaus sein, daß auch sie Wissenschaftsbezug haben und daher dem Selbstverwaltungsbereich zuzurechnen sind[96].

Auch bei den Angelegenheiten, die nicht in den Bereich ihrer Selbstverwaltung gehören, wird die Universität nicht als Staatsorgan, als Verwaltungsbehörde tätig. Die Universität übt vielmehr insgesamt eine eigene, von der allgemeinen Staatsgewalt zu unterscheidende Hoheitsgewalt aus[97]. Aufgrund der Entscheidung für die Einheitsverwaltung[98] ist die Hochschulverwaltung für alle von der Hochschule wahrzunehmenden Aufgaben zuständig, gleichgültig, ob es sich um Selbstverwaltungsangelegenheiten oder um sogenannte „staatliche" Aufgaben handelt. Motiv für die Einführung der Einheitsverwaltung war die Stärkung der Eigenverantwortung der Hochschulen. Wegen der engen Verzahnung von Forschung und Lehre mit der Mittelverwaltung sollte die Hochschule auch an der Wirtschafts- und Personalverwaltung teilnehmen, was eine Effektivitätssteigerung bringen sollte[99].

dd) Die staatliche Aufsicht

Aus dem oben skizzierten Verhältnis von Universität und Staat ergeben sich die Rahmenbedingungen für die Ausgestaltung der Einflußmöglichkeiten und Eingriffsbefugnisse des Staates auf die Universität. Das wichtigste Instrument staatlicher Interventionen ist die Staatsauf-

93 *Hailbronner* (o. Fn. 48), 110.

94 *Lorenz* (o. Fn. 74), 4.

95 Zu dieser Zusammenstellung vgl. *Hailbronner* (o. Fn. 71), Rdnr. 19.

96 Vgl. *Hailbronner* (o. Fn. 71), Rdnr. 19.

97 *Lorenz* (o. Fn. 29), 117.

98 Vgl. *Röken* (o. Fn. 86), passim; *Werner Thieme*, Der Universitätspräsident, DVBl 1969, 1 ff.

99 Vgl. BRats-Drs. 553/73, 20, 73.

sicht[100]. Sie kann als Rechtsaufsicht oder als Fachaufsicht ausgestaltet sein. Daneben üben eine Reihe von staatlichen Mitwirkungsrechten erheblichen Einfluß auf die universitären Entscheidungen aus[101]. Diese Genehmigungsvorbehalte, Verfahrensbeteiligungen etc. sollen hier aber außer Betracht bleiben, da die staatliche Aufsicht das materielle Verhältnis von Universität und Staat am besten kennzeichnet.

Rechtsaufsicht

Wie jeder andere Träger öffentlicher Gewalt unterliegt auch die Universität der staatlichen Rechtsaufsicht[102]. Diese dient der Einhaltung der durch die Verfassung gebotenen Rechtmäßigkeit allen staatlichen Handelns. Die Rechtsaufsicht kann die Maßnahmen der Hochschule nicht auf ihre sachliche Berechtigung und Zweckmäßigkeit überprüfen, sondern nur darauf, ob sie mit dem geltenden Recht übereinstimmen. Bei der Rechtsaufsicht wird den Hochschulen der notwendige Entscheidungsspielraum zur Erfüllung ihrer Selbstverwaltungsaufgaben gelassen[103]. Sie ist daher im Bereich der gesamten Hochschultätigkeit zulässig.

Maßstab der Rechtmäßigkeitskontrolle sind Gesetze und Rechtsverordnungen, aber auch das von den Hochschulen selbst in Form von Satzungen oder Beschlüssen erlassene Recht[104]. Die staatlichen Normen dürfen der Rechtsaufsichtsbehörde allerdings keine faktische Kontrolle über die sachliche Berechtigung und die Zweckmäßigkeit universitären Handelns im Selbstverwaltungsbereich einräumen, indem sie z. B. Begriffe wie Wirtschaftlichkeit, Leistungsfähigkeit etc. verwenden und ihre Einhaltung durch die Rechtsaufsicht überprüfen lassen[105]. Das inhaltliche Bestimmungsrecht in den sogenannten akademischen Angelegenheiten muß den Universitäten überlassen bleiben.

Fachaufsicht

Die Fachaufsicht beschränkt sich nicht auf die Rechtskontrolle, sondern sie nimmt inhaltliche Kriterien zum Maßstab[106]. Sie prüft die Maßnahmen der Hochschulen vor allem auch unter Zweckmäßigkeitsgesichtspunkten. Im Rahmen der Fachaufsicht ist die Universität an die fachlichen Weisungen der Aufsichtsbehörde gebunden. Durch die Fachaufsicht wird die materielle Entscheidungsbefugnis im Konfliktsfall auf

[100] Dazu *Lorenz* (o. Fn. 29), 116; *Gallas* (o. Fn. 73), 99 ff.

[101] Vgl. *Lorenz* (o. Fn. 29), 117 m. w. N.

[102] Vgl. zum folgenden *Hailbronner* (o. Fn. 71), § 59 HRG, Rdnr. 1 ff.; *Lorenz* (o. Fn. 29), 116 f.; *ders.* (o. Fn. 74), 6 ff.

[103] Vgl. *Hailbronner* (o. Fn. 102), Rdnr. 1.

[104] Vgl. *Gallas* (o. Fn. 73), 106 f.; *Hailbronner* (o. Fn. 102), Rdnr. 3.

[105] Vgl. *Hailbronner* (o. Fn. 102), Rdnr. 3.

[106] *Lorenz* (o. Fn. 74), 8.

die Aufsichtsbehörde der Hochschulen verlagert[107]. Im Selbstverwaltungsbereich der Hochschulen kann eine Fachaufsicht daher nicht zulässig sein[108]. Sie ist nur im Bereich der traditionell sogenannten „staatlichen Angelegenheiten" möglich. Für die Zulässigkeit der Fachaufsicht ist daher die Unterscheidung zwischen den Selbstverwaltungsangelegenheiten und den sogenannten „staatlichen" Angelegenheiten von entscheidender Bedeutung.

Das Hochschulrahmengesetz und die Universitätsgesetze knüpfen bei der Bestimmung des Umfangs der Fachaufsicht an die herkömmliche Unterscheidung von akademischen und staatlichen Angelegenheiten an. Nach dem Hochschulrahmengesetz und einer Übersicht über die Hochschulgesetze der Länder erfaßt der Bereich staatlicher Angelegenheiten vor allem folgende Aufgaben der Hochschulen[109]:

1. die Personalverwaltung,
2. die Haushalts-, Wirtschafts- und Finanzverwaltung (Mittel- und Stellenbewirtschaftung, Rechnungs- und Gebührenwesen, Vollzug des Haushaltsplans),
3. die Verwaltung des den Hochschulen dienenden Landesvermögens einschließlich der Grundstücks- und der Gebäudeverwaltung,
4. Krankenversorgung und besonders übertragene Aufgaben im öffentlichen Gesundheitswesen,
5. Ermittlung der Ausbildungskapazität und Festsetzung von Zulassungszahlen,
6. Bauangelegenheiten, soweit sie nicht vom Staat unmittelbar wahrgenommen werden,
7. der Hochschule besonders übertragene Aufgaben (zusätzliche Ausbildungsaufgaben, Durchführung von Staatsprüfungen, Materialprüfungen).

Bei der Erfüllung dieser staatlichen Aufgaben durch die Hochschulen ist den zuständigen Kultusministerien die Fachaufsicht eingeräumt. Was nicht ausdrücklich in den Hochschulgesetzen als staatliche Angelegenheit bezeichnet ist, unterliegt der Selbstverwaltung der Hochschulen und damit lediglich der Rechtsaufsicht[110]. Dazu gehören[111]:

---

[107] *Lorenz* (o. Fn. 74), 8.

[108] *Gallas* (o. Fn. 73), 99 f.

[109] Vgl. zum folgenden *Hailbronner* (o. Fn. 102), Rdnr. 23.

[110] So *Peter Dallinger / Christian Bode / Fritz Dellian*, Hochschulrahmengesetz-Kommentar, Tübingen 1978, § 59 Rdnr. 14.

[111] Vgl. zum folgenden *Hailbronner* (o. Fn. 102), Rdnr. 22; ähnlich auch *von Mangoldt* (o. Fn. 71), 12.

1. Planung, Organisation und Durchführung von Forschung und Lehre,
2. die Ausbildung, die Hochschulprüfungen einschließlich Promotion und Habilitation sowie die Verleihung von akademischen Graden und Auszeichnungen,
3. die Heranbildung des wissenschaftlichen Nachwuchses,
4. die Mitwirkung bei Berufungen,
5. die Regelung der sich aus der Mitgliedschaft zur Hochschule ergebenden Rechte und Pflichten,
6. die Aufstellung und Fortschreibung des Hochschulentwicklungsplanes und der Ausstattungspläne,
7. die Verwaltung des eigenen Vermögens,
8. Vorschläge in Angelegenheiten des Hochschulbaus,
9. Unterrichtung der Öffentlichkeit,
10. fachliche und didaktische Weiterbildung des wissenschaftlichen Personals.

„Staatliche" Angelegenheiten und „akademische" Angelegenheiten lassen sich zwar formal trennen. Tatsächlich sind sie aber vielfach verknüpft[112]. „Daß — um nur einige Gegenstände herauszugreifen — Personalangelegenheiten (man denke an den für ein bestimmtes Projekt eingearbeiteten wissenschaftlichen Mitarbeiter), Zulassung zum Studium, Immatrikulation und Exmatrikulation von Studenten oder Ermittlung der Ausbildungskapazität und Festsetzung von Zulassungszahlen eine ganz erhebliche Bedeutung für Forschung und Lehre einer konkreten Universität haben, fachaufsichtliche Entscheidungen demgemäß diesbezügliche Rechtsbeeinträchtigungen im Gefolge haben können, wird man ernstlich nicht bestreiten können. Demgemäß muß der Universität auch insoweit eine auf ihr Selbstverwaltungsrecht gegründete Rechtsstellung zuerkannt werden[113]." Auch Haushalts-, Wirtschafts- und Finanzverwaltung haben maßgebliche Bezüge zum Selbstverwaltungsrecht. Der Einsatz der Finanzmittel der Universität erfolgt hauptsächlich für wissenschaftliche Zwecke. Die meisten Universitätsgesetze tragen dem Wissenschaftsbezug der Haushaltsverwaltung ansatzweise dadurch Rechnung, daß sie die Mitwirkung der Universität bei der Erstellung des Haushaltsplans dem Selbstverwaltungsbereich der Hochschulen zuweisen. Das Bundesverfassungsgericht hat die haushaltsmäßige Betreuung einschließlich der Mittelvergabe von Forschungsvorhaben und Lehrveranstaltungen zu den „wissenschaftsrelevanten" Angelegenheiten gerechnet[114].

---

[112] *Hailbronner* spricht von einer Verschränkung der Aufgabenbereiche (o. Fn. 102), Rdnr. 26.

[113] *Lorenz* (o. Fn. 29), 117.

[114] BVerfGE 35, 121.

c) Folgerungen aus Wissenschaftsfreiheit und Hochschulautonomie für die Finanzkontrolle der Hochschulen durch die Rechnungshöfe

Die Ergebnisse, die bei der Bestimmung des Verhältnisses von Selbstverwaltungsrecht der Universität und staatlicher Aufsicht gewonnen wurden, haben unmittelbare Bedeutung für die Finanzkontrolle der Universitäten durch die Rechnungshöfe. Die Rechnungshöfe sind Teil der externen staatlichen Kontrolle der Hochschulen. Sie müssen daher genau wie die Staatsaufsicht die Grenzen beachten, die sich aus der verfassungsrechtlich geschützten Hochschulautonomie ergeben. Das hat Auswirkungen vor allem auf die Maßstäbe, die die Rechnungshöfe ihren Prüfungen im Hochschulbereich zugrundelegen dürfen. Die Rechnungshöfe haben grundsätzlich die Rechtmäßigkeit, Ordnungsmäßigkeit, Wirtschaftlichkeit und Sparsamkeit der Haushalts- und Wirtschaftsführung der öffentlichen Hand zu prüfen.

Der Rechts- und Ordnungsmäßigkeitskontrolle durch die Rechnungshöfe stehen im Hochschulbereich keine Hindernisse entgegen. Die Universitäten müssen sich — genau wie jeder andere Hoheitsträger — an Recht und Gesetz halten. Hier liegt eine zur Rechtsaufsicht analoge Konstellation vor. Die Rechnungshöfe dürfen also prüfen, ob die Haushaltsvorschriften eingehalten wurden, ob Forschungsmittel ihrer Bestimmung gemäß verwendet wurden etc. Zur Kontrolle der Rechts- und Ordnungsmäßigkeit gehört auch noch die sogenannte „Systemkontrolle“[115]. Hier wird geprüft, ob z. B. für die Verteilung der Forschungsmittel an der Universität bestimmte Verfahren vorgesehen sind und ob diese auch eingehalten wurden.

Im Gegensatz zur Kontrolle der Rechts- und Ordnungsmäßigkeit kann eine Kontrolle der Wirtschaftlichkeit und Sparsamkeit im Hochschulbereich aber nur eingeschränkt vorgenommen werden. Bei der Kontrolle der Wirtschaftlichkeit prüfen die Rechnungshöfe, ob eine Maßnahme unter ökonomischen Gesichtspunkten sachlich richtig war, oder ob sie zweckmäßigerweise hätte anders ausfallen müssen. Der Rechnungshof geht bei der Anwendung des Maßstabs Wirtschaftlichkeit also genauso vor wie die Fachaufsicht bei der Zweckmäßigkeitskontrolle[116]. Man wird Wirtschaftlichkeitskontrolle als Teilbereich der Zweckmäßigkeitskontrolle ansehen müssen. Der Umfang der Wirtschaftlichkeitskontrolle des

---

[115] Vgl. zu diesem Begriff *Heinz Dorn*, Möglichkeiten und Grenzen der Prüfung von Ausgaben für Forschung durch Rechnungshöfe, WissR 1978, 63 ff., 66; *Reinhold Borzikowsky*, Von der Finanzkontrolle zur Effizienzmessung der Hochschulen, in: Westdeutsche Rektorenkonferenz (Hrsg.), Effizienz der Hochschulen, Bonn-Bad Godesberg 1980, 157 ff., 167.

[116] Ähnlich *Wolfgang Zeh*, Finanzverfassung und Autonomie der Hochschule, Berlin 1973, 87.

Rechnungshofs deckt sich daher mit der Reichweite der Fachaufsicht. Wo die Fachaufsicht — z. B. aus verfassungsrechtlichen Gründen — aufhört, da endet auch die Kompetenz des Rechnungshofs zur Wirtschaftlichkeitsprüfung. Im Kernbereich der Hochschulselbstverwaltung, den sogenannten akademischen Angelegenheiten, darf der Rechnungshof daher den Maßstab Wirtschaftlichkeit seiner Prüfung nicht zugrundelegen. Über die Wirtschaftlichkeit einer Maßnahme in diesem Bereich hat nur die Hochschule zu bestimmen. In den Kooperationsbereichen von Hochschule und Staat darf die Rechnungsprüfung nur die Gesichtspunkte auf ihre Wirtschaftlichkeit prüfen, die der staatlichen Mitwirkung zugrundeliegen. Die Erwägungen, auf die die Hochschule ihre Mitwirkung stützt, darf der Rechnungshof nicht unter Wirtschaftlichkeitsgesichtspunkten prüfen. Die Rechnungshöfe sind also bei der Anwendung der Maßstäbe Sparsamkeit und Wirtschaftlichkeit auf die sogenannten staatlichen Angelegenheiten und die staatlichen Mitwirkungsrechte beschränkt.

2. Die Problematik der Erfolgskontrolle von Forschung und Lehre — Faktische Schranken der Finanzkontrolle der Rechnungshöfe im Hochschulbereich

Vorbemerkung

Neben den rechtlichen Grenzen der Finanzkontrolle der Rechnungshöfe im Hochschulbereich gibt es möglicherweise auch faktische Schranken ihrer Prüfungstätigkeit. So erscheint vor allem die Anwendung des Prüfungsmaßstabs „Wirtschaftlichkeit" im Hochschulbereich außerordentlich problematisch.

Das Thema „Wirtschaftlichkeit des Hochschulbetriebs" wurde in den letzten Jahren in zunehmendem Maße in der Wissenschaft diskutiert. Die Universität ist selbst zum Gegenstand wirtschaftswissenschaftlicher Analysen geworden. Es entstand als neues wissenschaftliches Arbeitsfeld eine „Ökonomie oder Betriebswirtschaftslehre der Hochschule"[117]. Die Gründe für diese Entwicklung wurden oben schon genannt, die

---

[117] Die Literatur zu diesem Thema ist außerordentlich angewachsen. Vgl. daher nur WIBERA-Projektgruppe, Ökonomie der Hochschule, 3 Bände, Baden-Baden 1976; *Marcell Schweitzer / Hans Plötzeneder* (Hrsg.), Führungssysteme für Universitäten, Stuttgart 1977; Heft 5/1977 der Zeitschrift für Organisation; Bd. 58 (Jahrgang XVI, H. 1, 1978) der Konstanzer Blätter für Hochschulfragen; Wissenschaftsrat (Hrsg.), Empfehlungen des Wissenschaftsrats zur Organisation, Planung und Förderung der Forschung, Bonn 1975; Bundesminister für Bildung und Wissenschaft (Hrsg.), Beiträge zur Messung von Forschungsleistungen, Bonn 1975; Westdeutsche Rektorenkonferenz, Effizienz der Hochschulen, Bonn-Bad Godesberg 1980; Wissenschaftsrat (Hrsg.), Empfehlungen zur Forschung und zum Mitteleinsatz in den Hochschulen, Köln 1979.

wichtigsten sollen nochmals knapp skizziert werden: Der ständig steigende Einsatz finanzieller und personeller Mittel im Hochschulbereich hat zu der Frage geführt, ob die Hochschulen diese Mittel auch wirtschaftlich einsetzen. Der Übergang von der Eliteausbildung zur Massenausbildung im tertiären Bereich und die damit verbundene Forderung nach mehr Lehre wurde von den Hochschulen nur schwer verkraftet, ein weiterer Grund, ihre Effizienz anzuzweifeln[118]. Die Folge dieser Entwicklungen war der Ruf nach verstärkter Effizienzkontrolle der Hochschultätigkeit in Politik und Öffentlichkeit. Aufgrund der Ergebnisse dieser Effizienzkontrollen soll die Verteilung der knapper werdenden Mittel im Hochschulbereich besser gesteuert werden[119]. Dieses Ziel der Effizienzkontrolle hat die Bundesregierung im Bundesbericht Forschung III wie folgt umschrieben: „Die Auswirkungen einer wirksamen Erfolgskontrolle werden zunächst korrektiver, später in steigendem Umfang präventiver Natur sein[120].“

Die Rechnungshöfe haben die Forderung nach einer Kontrolle des Wirtschaftsgebarens der Universitäten und des Wissenschaftsbetriebs insgesamt aufgegriffen. So bemerkt z. B. der Bundesrechnungshof in seiner Denkschrift zum Haushaltsjahr 1974 im Kapitel über Forschungs- und Technologieförderung: „Besonderer Bedeutung kommt der Erfolgskontrolle zu[121].“ Grundlage einer Erfolgskontrolle der Hochschulen kann für die Rechnungshöfe nur der Maßstab „Wirtschaftlichkeit“ sein. Ist die Kontrolle der „Wirtschaftlichkeit“ aber bereits bei der „normalen“ Verwaltungstätigkeit äußerst problematisch, so wird sie bei den Leistungen im Hochschulbereich vollends fragwürdig. Das gilt sowohl für eine Wirtschaftlichkeitsmessung der Forschung als auch der Lehre, als den für die Universitäten typischen Leistungen.

Forschung und Lehre müssen wegen der unterschiedlichen Art der erbrachten Leistungen getrennt auf die Möglichkeit einer Effizienzkontrolle untersucht werden. Dabei muß man sich jedoch bewußt sein, daß eines der größten Probleme bei der Wirtschaftlichkeitskontrolle der Hochschule bereits die Trennung von Forschung und Lehre nach input- und output-Seite ist. Ohne genauere Aussagen darüber, welche Mittel in die Lehre und welche in die Forschung fließen, läßt sich kaum etwas über die Wirtschaftlichkeit in beiden Bereichen sagen. Es ist gegenwärtig aber praktisch noch unmöglich, die einer Hochschule zur Verfügung

---

[118] Vgl. auch die Zusammenstellung von Kritikpunkten bei *Borzikowsky* (o. Fn. 115), 160 f.

[119] Vgl. *Christian Flämig*, Effizienzkontrolle der Hochschulforschung, in: Hochschulverband (Hrsg.), Bilanz einer Reform, Bonn-Bad Godesberg 1977, 311 ff., 317.

[120] BT-Drs. V/4335, 34.

[121] BT-Drs. 7/5849, 55.

stehenden sachlichen und personellen Ressourcen durchgehend danach zu trennen, ob sie für Zwecke der Forschung oder der Lehre zur Verfügung stehen und eingesetzt werden[122]. Wie soll z. B. das Gehalt eines Professors zwischen seiner Forschungstätigkeit und seiner Lehraufgabe aufgeteilt werden?

In den weiteren Erörterungen werden die Bereiche „Hochschulverwaltung" (z. B. Kassen- und Personalwesen) und „Dienstleistung" (z. B. Krankenversorgung) ausgeklammert. Sie sind einer Wirtschaftlichkeitsprüfung genauso zugänglich oder unzugänglich wie die „normale" Verwaltungstätigkeit außerhalb der Universität. Spezifische Probleme der Wirtschaftlichkeitskontrolle der Hochschulen ergeben sich in den Bereichen Forschung und Lehre.

a) Erfolgskontrolle der Forschung

Um die Wirksamkeit von Forschungsinvestitionen kontrollieren zu können, bemüht man sich verstärkt um eine „Evaluierung", eine „Effizienzkontrolle" von Forschungsleistungen[123]. Wissenschaftsrat, Wissenschaftsministerium und andere Institutionen der Forschungsförderung versuchen Kriterien zu entwickeln, die eine Bewertung von Forschungsergebnissen ermöglichen[124]. Dadurch soll unter anderem die Mittelvergabe besser gesteuert werden können. Zu diesem Zweck wurden ganze Kennziffernsysteme[125] entwickelt, die den gesellschaftlichen Wert wissenschaftlicher Leistungen angeben sollen; „Nutzen-Kosten-Analysen" oder „Kosten-Wirksamkeits-Analysen" sollen die Wirtschaftlichkeit von Forschungsprogrammen sicherstellen. Diese Bemühungen haben bisher noch nicht zu allgemein anerkannten Resultaten geführt[126]. Aufgrund der mit einer Effizienzkontrolle von Forschung verbundenen Schwierigkeiten sind solche Resultate auch kaum zu erwarten.

Das zentrale Problem einer Erfolgskontrolle im Forschungsbereich stellt die Bewertung des Nutzens von Forschungsleistungen dar[127]. Um

---

[122] Vgl. *Kewenig* (o. Fn. 37), 363.

[123] Aus der umfangreichen Literatur seien genannt: WIBERA-Projektgruppe (o. Fn. 117), Bd. I, 336 ff. und Bd. III, 32 ff.; *Helmut Karehnke*, Zur Prüfung des Ergebnisses von Forschungsaufwendungen, DÖV 1976, 84 ff.; *Carl Heinz Schiel*, Evaluierbarkeit von Forschungsprojekten — Möglichkeiten und Grenzen aus der Sicht der Forschungsförderungsorganisation, in: Die Rolle der Forschung in wissenschaftlichen Hochschulen, WissR 1979, Beiheft 7, 102 ff.; *Carl Friedrich Curtius*, Evaluation im Hochschulwesen, DUZ 1981, 17 ff.; *Hettlage* (o. Fn. 42), passim.

[124] Vgl. Wissenschaftsrat (o. Fn. 117), 159 ff.; Bundesministerium für Bildung und Wissenschaft (o. Fn. 117), passim.

[125] Vgl. *Heinz Gerhard Kahle*, Leistungskennzahlen als Grundlage der Hochschuleffizienz, in: WRK (o. Fn. 117), 187 ff.

[126] So auch *Kahle* (o. Fn. 125), 153.

[127] Vgl. z. B. *Hettlage* (o. Fn. 32), 118; WIBERA-Projektgruppe (o. Fn. 117), 336.

den Nutzen von Gütern vergleichen zu können — eine unabdingbare Voraussetzung für Wirtschaftlichkeitsanalysen — muß eine einheitliche Bewertungsskala vorhanden sein; im Regelfall muß eine monetäre Bewertung möglich sein[128]. Dafür fehlen aber im Forschungsbereich die Voraussetzungen. Hier sind die Produkte nicht einheitlich, sowohl innerhalb eines Forschungsgebiets als auch erst recht im Vergleich zwischen verschiedenen Gebieten beeinträchtigen unterschiedliche Inhalte den Ergebnisvergleich. Die wissenschaftlichen Produkte haben zudem oft die Eigenschaft, je nach Verwendung ein Gut oder ein Übel sein zu können[129]. Damit entfällt ebenfalls die Möglichkeit, sie unter Wirtschaftlichkeitsgesichtspunkten zu bewerten. Wie sind außerdem z. B. Nebenprodukte wissenschaftlicher Leistungen einzuordnen? Es kann sein, daß in einem bestimmten wissenschaftlichen Projekt das Forschungsziel nicht erreicht wird, daß aber als Nebenergebnis wesentliche Erkenntnisse für andere Gebiete gewonnen wurden. Schließlich entzieht der stets nur hypothetische Charakter wissenschaftlicher Erkenntnisse[130] der Wirtschaftlichkeitskontrolle der Forschung den Boden. Wer kann beurteilen, ob ein Forschungsresultat tatsächlich Bestand haben wird? Jede Erkenntnis kann nicht vorhersehbare Folgen haben, die sich vielleicht erst nach Jahren auswirken. Daß diese nicht in das Wirtschaftlichkeitskalkül einbezogen werden können, liegt auf der Hand. Der unmittelbaren Bewertung von Forschungsleistungen stehen somit kaum überwindbare Hindernisse entgegen.

Um dennoch Bewertungskriterien für wissenschaftliche Qualität zu erhalten, versucht man, zu wertenden Aussagen über die Forschungsarbeit eines Wissenschaftlers oder auch eines Instituts bzw. einer Forschergruppe zu gelangen. Man setzt also nicht am Forschungsprodukt, sondern am Forscher selbst an. In diese Richtung geht vor allem der „Science Citation Index"[131]. Diese jährlich herausgegebene und vierteljährlich fortgeschriebene Publikation stellt zusammen, welche Arbeiten eines Forschers in anderen Publikationen (über 3000 Fachzeitschriften) zitiert wurden. Die wissenschaftliche Bedeutung eines einzelnen Wissenschaftlers oder einer Institution wird nach der Zitierhäufigkeit der von ihnen publizierten Arbeiten ermittelt. Auch diese Methodik begegnet

---

128 *Schiel* (o. Fn. 123), 107.

129 Vgl. *Christian Watrin*, Studenten, Professoren und Steuerzahler, in: Heinz Sauermann / Ernst-Joachim Mestmäcker, Wirtschaftsordnung und Staatsverfassung, Tübingen 1975, 637 ff., 645.

130 Vgl. dazu vor allem die Arbeiten *Karl Raimund Poppers*. Als neuere zusammenfassende Veröffentlichung: *ders.*, Objektive Erkenntnis, Hamburg 1973.

131 Science Citation Index, hrsg. vom Institute for Scientific Information, Philadelphia, Pennsylvania; guter Überblick bei *Ina S. Spiegel-Rösing*, Messung der Forschungsleistung, Kontext der Fragestellung und Stand der Forschung, in: Bundesminister für Bildung und Wissenschaft (o. Fn. 117), 1 ff.

aber schwerwiegenden Bedenken. Flämig[132] weist zu Recht darauf hin, daß das Wachstum des Wissens nicht zureichend durch Zitationshäufigkeit wiedergegeben werden könne. Die meisten Publikationen wiesen kaum Novitätscharakter auf, sondern böten Altbekanntes in neuer Verpackung. Die Auszählung nach dem Science Citation Index kann daher bestenfalls eine Vermutung für den Fleiß eines Wissenschaftlers, niemals aber mit hinreichender Sicherheit für seine Kreativität begründen[133]. Der durch seine leichte Erhebbarkeit verlockende Science Citation Index hat daher keine ausreichende Aussagekraft für die Messung von Forschungsleistungen. Kreativität, fachliches Können und Intuition — die wichtigsten Faktoren für die Beurteilung eines Forschers — sind nicht quantifizierbar.

Als Konsequenz für die Rechnungshöfe ergibt sich, daß eine Kontrolle der Forschungstätigkeit der Universitäten mit dem Maßstab der Wirtschaftlichkeit beim gegenwärtigen Erkenntnisstand nicht möglich ist. Wo nicht einmal Wissenschaftler den Nutzen von Forschung ihres Sachgebiets intersubjektiv vermittelbar bewerten können, muß erst recht der Rechnungshof versagen, der in keiner Weise über den notwendigen spezifischen Sachverstand verfügt[134]. Das spricht auch gegen den Vorschlag Lohmars[135], der zur Verbesserung der Erfolgskontrolle der Verwendung von Forschungsmitteln vorschlägt, daß die Rechnungshöfe Projektgruppen aus ihren eigenen Prüfern bilden und den erforderlichen Sachverstand durch besonders herangezogene Fachleute gewinnen. Neben den großen personellen Problemen, die diese Aufgabe für die Rechnungshöfe mit sich brächte, würde bereits die Auswahl der geeigneten Sachverständigen die Rechnungshöfe vor kaum überwindbare Schwierigkeiten stellen. Eine „solche Aufgabe (würde) die Rechnungshöfe völlig überfordern ...“[136].

Nur in seltenen Fällen offensichtlicher Unwirtschaftlichkeit wird der Rechnungshof daher berechtigterweise Einwendungen erheben können. Die Schlagwörter „Forschungsleerlauf, Forschungssnobismus, Forschungstourismus, Forschungsliturgie“, die Hettlage[137] als Fälle offensichtlicher Unwirtschaftlichkeit anbietet, gehen schon wieder zu weit. Der Rechnungshof muß daher „auf diesem schwierigen Gebiet“ nicht

132 *Flämig* (o. Fn. 119), 331 f.

133 *Schiel* (o. Fn. 123), 109.

134 So im Ergebnis auch *Dorn* (o. Fn. 115), 65; *Borzikowsky* (o. Fn. 115), 175.

135 Vgl. *Ulrich Lohmar*, Ein Dilemma der Wissenschaft: Statt sachgerechter Kontrolle administrative Gängelung, Wirtschaft und Wissenschaft 1976, H. 1, 4 ff.

136 So *Borzikowsky*, ehemaliger Präsident des Landesrechnungshofs Schleswig-Holstein (o. Fn. 115), 169; ähnlich *Dorn*, Mitglied des Bundesrechnungshofs (o. Fn. 115), 65.

137 *Hettlage* (o. Fn. 32), 123.

nur „ein wenig überdurchschnittliche Zurückhaltung bei etwaigen (prima facie) negativen Prüfungsfeststellungen (zu) üben“[138], sondern er hat sich aus der Erfolgsbewertung wissenschaftlicher Leistungen gänzlich herauszuhalten.

b) Erfolgskontrolle der Lehre

Sehen manche Rechnungshöfe die Schwierigkeiten einer Erfolgskontrolle der Forschung aus rechtlichen und sachlichen Gründen und enthalten sich deshalb — wenn auch weinenden Auges — weitgehend auf diesem Gebiet[139], so soll ihrer Ansicht nach aber Anderes für den Bereich der Lehre gelten: „Völlig anders hingegen liegen die Dinge auf dem Gebiet der Lehre, wobei nicht Inhalt oder Darbietung gemeint sind, die beide grundgesetzlich abgesicherten Freiheitsschutz genießen, sondern ihr Umfang als meßbare Kostengröße[140].“ Das „Studentenproduktionsvermögen“ soll meßbar sein. Aber auch hier drängen sich sofort Zweifel auf. Zunächst fehlt wieder eine einheitliche Vorstellung vom Nutzen der Lehre, d. h. von dem, was die „Produkte“ der Hochschulen insbesondere auszeichnen sollte. „Wann steht die Zeit eines Studiums und der Aufwand, der während dieses Studiums getrieben wird, in einem vernünftigen, in einem wirtschaftlichen Verhältnis zu dem angestrebten Studienerfolg? Wenn der Student möglichst lange studiert hat, um möglichst vielseitig ausgebildet zu sein? Oder ist es vernünftiger, ihm in einer überschaubaren Zeit in einem fest abgegrenzten Bereich Spezialkenntnisse zu vermitteln? Oder ist möglicherweise, volkswirtschaftlich gesehen, die wirtschaftlichste Art des Studiums das noch kürzere, nur Grundkenntnisse vermittelnde Studium, das den Studenten vor allem methodologisch schult? Oder muß das Studienangebot, um wirtschaftlich zu sein, alle drei Varianten nebeneinander anbieten[141]?“ Wie kann die unterschiedliche pädagogische Fähigkeit der Lehrenden, die Qualität der Lehre, erfaßt werden? Wie sind die unterschiedlichen Lehrveranstaltungsformen — Vorlesung, Seminar, Kolleg, Kurs — zu bewerten?

Auch hier gibt es wieder Versuche der Quantifizierung. Den bisher umfangreichsten und am meisten ausgearbeiteten Vorschlag hat WIBERA[142] vorgelegt. Er soll daher kurz dargestellt werden: WIBERA entwickelt

---

[138] *Karehnke* (o. Fn. 123), 87.

[139] *Eberhard Wöllner*, Möglichkeiten und Grenzen der Tätigkeit des Rechnungshofs bei der Feststellung universitärer Kapazitätsauslastung, Staatsanzeiger für Baden-Württemberg vom 9. 2. 1977, 3 f., 3: „Gleichwohl läßt sich ein Unbehagen nicht unterdrücken.“

[140] *Wöllner* (o. Fn. 139), 3.

[141] *Kewenig* (o. Fn. 37), 362.

[142] WIBERA-Projektgruppe (o. Fn. 117), Bd. I, 275 ff.; vgl. auch die zusammenfassende Darstellung bei *Heinz Bolsenkötter*, Leistungserfassung in Hochschulen, Betriebswirtschaftliche Forschung und Praxis 1978, 1 ff.

ein umfangreiches Kennzahlensystem zur mengenmäßigen Leistungsmessung und monetären Leistungsbewertung der Lehre. Als unmittelbare Indikatoren für die Leistungsmenge werden die erbrachten Veranstaltungsstunden, daneben die Platzstunden (= Veranstaltungsstunden mal mögliche Gruppengröße) und die Belegstunden (= Veranstaltungsstunden mal Teilnehmer) herangezogen. Mittelbare Meßgrößen bilden die Zahl der Abschlußprüfungen sowie die Zahl der Studierenden und Gasthörer. Bei der Leistungsbewertung stellt die Untersuchung die Veranstaltungsstunden, Platzstunden etc. den Kosten, und zwar den Gesamt- und den variablen Kosten gegenüber. Mit diesen betriebswirtschaftlichen Kennzahlen gibt sie sich indessen nicht zufrieden. Auch die volkswirtschaftlichen Wirkungen der Lehrleistungen werden für die Leistungsbewertung herangezogen, indem man auf das Verhältnis zwischen den Durchschnittseinkommen von Hochschulabsolventen und Nicht-Hochschülern zurückgreift (sogenannter Ertragsraten-Ansatz der Bildungsökonomie). So überzeugend dieses ausgefeilte Indikatorensystem zunächst zu sein scheint, auf die eingangs gestellten Fragen gibt es keine Antwort. Vielmehr kann es lediglich Hinweise für mögliche Bewertungskriterien abgeben. Ein Leistungsvergleich z. B. verschiedener Hochschulen ist damit wahrscheinlich nicht möglich. Es bringt zwar einen großen Fortschritt gegenüber nichtssagenden, ja sogar direkt falschen Kennziffern, wie der „Kosten pro Student", eine objektive, intersubjektiv vermittelbare Leistungsbewertung stellt es aber nicht dar.

Allerdings muß gesehen werden, daß der Bereich der Lehre für eine Quantifizierung besser geeignet scheint als der Bereich der Forschung[143]. Dies ist einer der Gründe dafür, daß die Lehre einen immer höheren Stellenwert gegenüber der Forschung erhalten hat. Die Leistung in der Lehre scheint in Kennziffern wie „Student pro Professor", „Kosten pro Student" etc. besser zu berechnen als die „dubiose" Forschung. Zusammen mit dem Andrang auf die Universitäten, dem Problem des Numerus clausus, der Frage der „Auslastung" der Universitäten hat das zu einer unvertretbaren Priorität der Lehre vor der Forschung in der politischen Planung geführt. „Überlastquoten" berücksichtigen die Verluste, die in der Forschung entstehen, nicht, weil Erfolge in der Forschung tagespolitisch kaum verwertbar sind.

Zusammenfassend kann auch für die Lehre festgestellt werden, daß eine überzeugende Wirtschaftlichkeitskontrolle gegenwärtig nicht möglich ist. Es gibt zwar Versuche — in manchen Einzelheiten durchaus diskutable —, die Leistungen im Bereich der Lehre zu quantifizieren, als Grundlage einer Wirtschaftlichkeitskontrolle durch die Rechnungshöfe sind sie aber noch viel zu unsicher.

---

143 Vgl. *Borzikowsky* (o. Fn. 115), 173.

III. Analyse und Kritik der Prüfungs- und Beratungstätigkeit des Rechnungshofs Baden-Württemberg im Hochschulbereich

1. Zweck der Untersuchung

Anhand der unter II. entwickelten Kriterien zu Zulässigkeit und Grenzen von Prüfungen und Beratungen der Rechnungshöfe im Hochschulbereich sollen exemplarisch die Denkschriften und beratenden Mitteilungen des Rechnungshofs Baden-Württemberg zu Hochschulfragen untersucht werden. Dabei geht es darum, die rechtlichen, politischen und sachlichen Implikationen der Tätigkeit des Rechnungshofs im Bereich der Hochschulen herauszuarbeiten.

Der baden-württembergische Rechnungshof wurde ausgewählt, weil er sich besonders intensiv mit den Hochschulen befaßt. So hat er ein eigenes Prüfungsgebiet „Wirtschaftlichkeit und Organisation der Hochschulen“ geschaffen. Sämtliche vier bisher erschienenen beratenden Mitteilungen gem. § 88 Abs. 2 LHO (die Vorschrift entspricht § 88 Abs. 2 BHO) befassen sich mit den Hochschulen. Obwohl das Land für den gesamten Hochschulbereich (einschließlich Pädagogischer Hochschulen und Fachhochschulen) und die Wissenschaftsförderung seit 1970 durchschnittlich ca. 13 % seines Haushalts ausgegeben hat, nehmen die Prüfungsbemerkungen zum Hochschulbereich in den Denkschriften des Rechnungshofs oft mehr als ein Viertel des Gesamtumfangs ein. Im Durchschnitt der letzten Jahre liegen die Prüfungsbemerkungen zum Hochschulbereich weit über dem Anteil am Gesamtinhalt der Denkschriften, der den Hochschulen, gemessen am Gesamthaushalt, eigentlich zukäme.

Im folgenden sollen zunächst die Bemerkungen des Rechnungshofs zu den Hochschulen in den Denkschriften seit 1967 analysiert und kritisiert werden, anschließend soll dasselbe mit den vier beratenden Mitteilungen des Rechnungshofs zu Hochschulfragen geschehen. Im Anschluß daran wird versucht, die Ergebnisse der Analyse und Kritik zu vergleichen und gewisse Tendenzen und Hauptlinien bei der Rechnungsprüfung im Hochschulbereich herauszuarbeiten.

2. Analyse und Kritik der Prüfungsfeststellungen des Rechnungshofs zu den Hochschulen in seinen Denkschriften zur Landeshaushaltsrechnung

a) Darstellung der wichtigsten Prüfungsfeststellungen des Rechnungshofs zum Hochschulbereich in seinen Denkschriften

Die Prüfungsfeststellungen des Rechnungshofs zum Hochschulbereich halten sich bis zur Denkschrift für das Haushaltsjahr 1966 (im folgenden abgekürzt Denkschrift 66 genannt) im Rahmen der üblichen Berichterstattung.

Mit der Denkschrift 67 (herausgegeben 1969) beginnt sich das zu ändern, diese Denkschrift stellt einen gewissen Einschnitt dar. Hier finden sich schärfere Töne, die eine grundsätzliche Verschlechterung des Verhältnisses zwischen Rechnungshof und Hochschulen andeuten. In dieser Denkschrift nimmt der Rechnungshof eine Prüfung der Universität Heidelberg zum Anlaß, Erscheinungen im Hochschulbereich insgesamt zu kritisieren. Der Rechnungshof hat bei der Universität Heidelberg Verstöße festgestellt, deren Ausmaß frühere negative Prüfungsergebnisse seiner Auffassung nach bei weitem übertraf (S. 62). Der Rechnungshof macht dafür zwar zum großen Teil die Universitätsverwaltung verantwortlich, verweist aber zusätzlich auf einen „sehr bedeutsamen Umstand“: „Die mangelnde Einsicht einer nicht ganz geringen Anzahl von Hochschullehrern in gewisse Grundprinzipien der Verwaltung“, eine „Erscheinung, die nicht nur auf die Universität Heidelberg beschränkt ist“ (S. 65). Der Rechnungshof kritisiert in diesem Zusammenhang besonders die Auffassung, die bürokratische Ordnung hemme die Wissenschaften. „Es ist nach Auffassung des Rechnungshofs einfach nicht zutreffend, daß sich die Wissenschaft angeblich nicht entfalten könne, weil engherzige bürokratische Vorschriften sie daran hinderten. Die Vorschriften sind nicht engherzig, man muß sich ihrer nur zu bedienen wissen“ (S. 67). Es gehe ja schließlich um viele Millionen aus den Taschen des Steuerzahlers. Regierung und Landtag hätten jeden vertretbaren Wunsch erfüllt und den Hochschulbereich in einer Weise dotiert, daß dies schon oft den Neid anderer Bereiche erregt habe. Der Steuerzahler habe daher ein Anrecht darauf, daß jeder Hochschullehrer die Mittel im Hochschulbereich mit der gleichen Sorgfalt bewirtschafte, wie alle anderen öffentlichen Bediensteten. „Der Rechnungshof wird es daher auch in Zukunft als eine wichtige Aufgabe ansehen, darüber zu wachen, daß der Wissenschaftsbereich davon keine Ausnahme macht.“ Auch die Kultusverwaltung wird vom Rechnungshof in derselben Denkschrift — allerdings in einem anderen Zusammenhang — kritisiert. „Trotzdem hat der Rechnungshof auf die Aufnahme in die Denkschrift nicht verzichten können, weil es sich hier um einen der seit geraumer Zeit beobachteten Fälle handelt, in denen Anträge nachgeordneter Dienststellen und Verwaltungen im Kultusministerium nicht innerhalb einer der Sache angemessenen Frist erledigt wurden.“

Die nächsten generellen Ausführungen macht der Rechnungshof in der Denkschrift 70 (herausgegeben 1972) zur Frage der Drittmittel. Der Rechnungshof geht hier von der Feststellung aus, daß die private Nebentätigkeit der Professoren — besonders an den früheren technischen Hochschulen — zum Teil ungewöhnliche Ausmaße angenommen habe (S. 53). Von den Hochschullehrern sei für die Inanspruchnahme des staatlichen Apparates (Personal, Einrichtung, Material) häufig nicht das bestimmungsgemäße Entgelt an die Universitätskassen bezahlt worden. Die betreffenden Hochschullehrer hätten vielmehr große Teile ihrer Honorare in Globalsummen als Beiträge Dritter einbezahlt. Durch diese kaum zu trennende Verquickung von dienstlicher und privater Tätigkeit hätten die Professoren die Hochschulkassen praktisch als ihr Lohnbüro für die Auszahlung der Gehälter an ihre privaten Angestellten benutzt und hätten obendrein noch behaupten können, daß sie mit ihren „Beiträgen" dem Staat bei der Entlohnung seiner eigenen Bediensteten hilfreich unter die Arme gegriffen hätten. Dieser „überaus bedenkliche" Zustand muß nach Auffassung des Rechnungshofs durch weitere Maßnahmen, insbesondere durch den Erlaß von Richtlinien über die haushalts-, kassen- und rechnungsmäßige Behandlung der sogenannten „Beiträge Dritter" beseitigt werden. Der Rechnungshof macht ausführliche Vorschläge über die Gestaltung derartiger Richtlinien, „denn er erblickt in der seit langem fälligen Neuregelung der haushalts-, kassen- und rechnungsmäßigen Behandlung von Zuwendungen und von anderen Zahlungen Dritter an wissenschaftliche Hochschulen und an Hochschullehrer eine wichtige Maßnahme, die zur inneren Reform der wissenschaftlichen Hochschule gehört" (S. 56).

In der Denkschrift 71 (herausgegeben 1973) macht der Rechnungshof Bemerkungen zu Regelung und Umfang der Lehrtätigkeit des Lehrkörpers an Universitäten. Die Notwendigkeit einer Untersuchung dieser Frage leitet er ab aus dem am 18. 7. 72 ergangenen Numerus clausus-Urteil des Bundesverfassungsgericht. „Weitreichende Folgen entstehen jedoch durch die verfassungsgerichtliche Feststellung, daß Zulassungsbeschränkungen erst dann angeordnet werden dürfen, wenn die vorhandene Lehrkapazität ausgeschöpft ist." „Damit ist es notwendig geworden, an den Universitäten nach einheitlichen Kriterien Kapazitätserhebungen und Kapazitätsberechnungen durchzuführen, die die Erfordernisse der Forschung und der Lehre in ihrer Gesamtheit und Vielschichtigkeit erfassen" (S. 53). Um einen Überblick über die Erfüllung der Lehrverpflichtung zu bekommen, hat der Rechnungshof im geisteswissenschaftlichen Bereich einer Universität geprüft, in welchem Umfang Lehrtätigkeit ausgeübt wurde. Aus dieser Untersuchung leitet der Rechnungshof die Folgerung ab, daß eine allgemeine dienstrechtliche Regelung über den Umfang der Lehrverpflichtung der Lehrkörper notwendig sei. Hier liege eine „Lücke" vor, „die nach Auffassung des Rechnungshofs nicht der allgemeinen Meinung entspricht, daß die Lehre eine vornehmliche Pflicht eines jeden Hochschullehrers sein sollte" (S. 58).

In der Denkschrift 72 (herausgegeben 1974) setzt sich der Rechnungshof mit den Umständen der sogenannten „Filthuth-Affäre" auseinander und mit den Folgerungen, die daraus zu ziehen seien. Ein Institutsdirektor war wegen Untreue, Betrugs und Urkundenfälschung verurteilt worden. Die Tatsache, daß sich diese Vergehen über mehrere Jahre hinziehen konnten, ließen die Prüfungstätigkeit des Rechnungshofs selbst in schlechtem Licht erscheinen. Der Rechnungshof kritisiert einmal die mangelnde Wahrnehmung der Aufsichtspflicht durch das Kultusministerium: „Nie zuvor hat der Rechnungshof seinen Prüfungsmitteilungen derart eindringliche Hinweise mitgegeben. Trotzdem hat das Kultusministerium ... keine Veranlassung zu einer Überprüfung des Instituts gesehen ...“ (S. 41). Zum anderen kritisiert der Rechnungshof die Universität: „Die diesbezüglichen (das ‚Filthuth-Institut‘ betreffenden), zum Teil sehr umfangreichen Prüfungsmitteilungen an die Universität ... sind überaus schleppend behandelt worden“ (S. 40 f.). Allerdings warnt der Rechnungshof davor, die Umstände der Filthuth-Affäre zu generalisieren und auf die Universitäten insgesamt zu übertragen. Er „glaubt ... aufgrund seiner langjährigen allgemeinen Prüfungserfahrungen sagen zu können ..., daß bislang die begründete Hoffnung besteht, die Vorkommnisse bei dem Heidelberger Institut als eine Ausnahme anzusehen“ (S. 42). Aus den Erfahrungen mit der Filthuth-Affäre zieht der Rechnungshof vor allem folgende Schlüsse: Stärkung der internen Kontrollinstanzen der Universitäten, Abwicklung sämtlicher Mittel über die Universitätshaushalte, Einführung eines Direktorialsystems für die Institute, das immer mindestens zwei Hochschullehrer als Institutsleiter vorsieht. Insgesamt sieht der Rechnungshof die Filthuth-Affäre als „eine Art indirekte Mahnung an die Adresse des Kultusministeriums und der Universitäten in dem Sinne ..., energischer als bisher durchzugreifen“. Denn: „Gar zu oft und zu rasch sind manche Hochschullehrer — und damit bringen sie die weit überwiegende Zahl der loyalen unter ihnen ebenfalls in Mißkredit — bereit, sich über Verwaltungsvorschriften mit der Begründung hinwegzusetzen, daß ihre wissenschaftliche Arbeit darunter leide“ (S. 45).

In derselben Denkschrift 72 berichtet der Rechnungshof über das Schlußergebnis seiner Prüfung beim Südasien-Institut der Universität Heidelberg. Über diese Prüfung hatte er 1973 dem Landtag gesondert Bericht erstattet (LT-Drs. 6/1284). In diesem Sonderbericht machte der Rechnungshof interessante Bemerkungen zu den Grenzen seiner Prüfungsbefugnis aus Art. 5 III GG. Es sei „nachdrücklich zu betonen, daß es der Rechnungshof weder bei der Prüfung der Rechnung des SAI noch jemals in der Vergangenheit bei der Prüfung von Rechnungen anderer Universitäts- oder Forschungseinrichtungen als seine Sache angesehen hat, Entscheidungen der zuständigen Selbstverwaltungsgremien ... kritisch zu begutachten, sofern es sich dabei um Angelegenheiten der Forschung und der Lehre handelt oder gehandelt hat. Im besonderen heißt das hier, daß die Frage, ob vielleicht lieber dieses oder jenes Forschungsprojekt in Südasien anstelle eines anderen ... hätte gefördert werden sollen oder nicht hätte gefördert werden dürfen, nicht der Beurteilung durch den Rechnungshof unterliegt (Art. 5 III GG, Art. 20 I Landesverfassung)" (LT-Drs. 6/1284, S. 8). Die Grenzen seiner Prüfungstätigkeit macht der Rechnungshof am Beispiel von Forschungsreisen deutlich: „Wer welche Reisen wann und wohin ausführen soll oder darf", „gerade dies aber sind Fragen, die typisch in den Forschungs- und Wissenschaftsbereich gehören und zu denen sich der Rechnungshof selbst dann nicht äußern würde, wenn er den Verdacht haben müßte, daß gelegentlich auch einmal sachfremde Überlegungen bei den Beschlußfassungen über die Durchführung von Forschungsreisen oder die Nützlichkeit bestimmter wissenschaftlicher Publikationen mitbestimmend gewesen sein sollten". Eine ganz andere Frage sei es allerdings, „ob bei den zahlreichen Reisen nach Südasien die Mittel der DFG auch immer wirtschaftlich und sparsam eingesetzt wurden. Dem nachzugehen stand dem Rechnungshof nicht nur frei, er war dazu auch verpflichtet (vgl. insbesondere § 90 LHO)". Im selben Sonderbericht bemerkt der Rechnungshof aber: „Von Bedeutung ist weiter die Verbindung der Forschung und der Lehre. Das SAI ist vornehmlich ein Forschungsinstitut. Gleichwohl kann sich nach Auffassung des Rechnungshofs das Lehrangebot nicht nur nach den speziellen Forschungsergebnissen richten. Vielmehr bedarf es auch der Vermittlung eines allgemeinen Fachwissens und einer Übersicht über den Gesamtzusammenhang des Fachgebiets." „Der Rechnungshof läßt ... die Frage offen, ob das Zahlenverhältnis von Lehrkräften zu Lehrangebot und zu interessierten Studenten als ausgewogen angesehen werden kann" (LT-Drs. 6/1284, S. 12). Auch im Abschluß-Bericht in der Denkschrift 72 „möchte (der Rechnungshof) vorweg erneut betonen, daß er es auch jetzt nicht als seine Sache angesehen hat, sich zu Maßnahmen ... zu äußern, die als Entscheidungen im Wissenschaftsbereich zu qualifizieren sind (Art. 5 III GG, Art. 20 I Landesverfassung)" (S. 49).

In der Denkschrift 72 behandelt der Rechnungshof auch die haushaltsmäßige Behandlung von Sachbeihilfen der Deutschen Forschungsgemeinschaft. Diese sollten zur Sicherung der Transparenz über die Universitätshaushalte und damit über den Staatshaushalt abgewickelt werden. Der Rechnungshof hat in diesem Zusammenhang „Skepsis in die Bereitschaft des Kultusministeriums, initiativ zu werden" (S. 55), zumal „spätestens nach dem Bekanntwerden der Vorfälle in Heidelberg ... der Zeitpunkt gekommen war, dementsprechend initiativ zu werden" (S. 56).

Auch in der Denkschrift 73 (herausgegeben 1975) bezieht sich der Rechnungshof auf die Filthuth-Affäre. Er hält es für untragbar, daß an der Universität Stuttgart private Parallel-Institute zu den Universitätsinstituten existierten, wodurch eine klare Trennung der dem Allgemeinwohl verpflichteten Universitäts-Institute von den Privatinteressen der betreffenden Hochschullehrer nicht mehr möglich sei. Der Rechnungshof ist der Ansicht, „daß das Kultusministerium spätestens nach den in der Filthuth-Affäre gemachten Erfahrungen von sich aus und mit eigenen Vorstellungen und Ideen hätte initiativ werden müssen . . ." (S. 61).

In der Denkschrift 1974 (herausgegeben 1976) befaßt sich der Rechnungshof im Hochschulbereich vor allem mit dem Lehrkörper und den Studenten der Universität Ulm (S. 62 f.). Dabei untersucht er die Personalentwicklung dieser Universität — schließlich seien die Ausgaben hierfür 1975 auf 46 Millionen Mark gestiegen — und die Relation Personalaufwand — Studenten. Dabei stellt der Rechnungshof fest, daß die Relation Lehrkräfte pro Student wesentlich besser sei als an anderen Universitäten. Während sich an den anderen Universitäten des Landes der Personalaufwand auf rund 12 300 DM pro Student belaufe, habe sich an der Universität Ulm ein Personalaufwand von 39 000 DM pro Student ergeben. Der Rechnungshof sieht zwar, daß Ulm als Forschungsuniversität konzipiert war, daß die von der Universität Ulm angebotenen Studienplätze von Studierenden teilweise nicht angenommen wurden und daß sich während der Aufbauphase ein gewisser Personalüberhang nicht vermeiden läßt. Er kommt aber dennoch zu der Auffassung, „daß der Zeitpunkt erreicht ist, in welchem unverzüglich alle erforderlichen Anstrengungen zu machen sind, um auch an der Universität Ulm eine Ausbildungskapazität zu erreichen, die einen Vergleich mit den anderen Universitäten des Landes Baden-Württemberg zuläßt und gleichzeitig zu einer Entlastung dieser Universitäten beiträgt" (S. 65).

Im Vorwort zu seiner Denkschrift 75 (herausgegeben 1977) berichtet der Rechnungshof, daß er bei der Finanzkontrolle zumeist auf Verständnis gestoßen sei — „abgesehen von noch manchmal fehlender Einsicht im Bereich der Universitäten". Konsequenterweise widmet der Rechnungshof der Frage „Hochschullehrer und Verwaltung" eine eigene Untersuchung in dieser Denkschrift (S. 42 ff.). Er geht dabei aus von der Feststellung, daß er neuerdings wieder über eine Reihe von Feststellungen verfüge, „die beweisen . . ., daß es immer noch diese leider oft ‚mangelnde Einsicht' einer gewissen Anzahl von Hochschullehrer ist, die das reibungslose Funktionieren der Verwaltungsabläufe an den Universitäten manchmal erheblich stört" (S. 42). An vier Beispielen verdeutlicht der Rechnungshof dieses Urteil. Demgegenüber war das Kultusministerium der Auffassung, daß alle diese Beispiele Einzelfälle seien, denen vom Rechnungshof ein übertriebenes Gewicht beigemessen werde. Der Rechnungshof teilt diese Wertung seiner Stellungnahme durch das Kultusministerium nicht. Gewiß seien die von ihm zitierten Beispiele „einzelne Fälle"; „aber es sind nicht die einzigen"; „sie könnten durch andere Beispiele ergänzt werden". Dann fährt der Rechnungshof fort: „Die sich so vermittelnde Gesamtschau wird abgerundet durch das, was in gleicher Weise die anderen Rechnungshöfe an ‚ihren' Universitäten laufend feststellen."

Während die Denkschrift 1976 außer einer positiven Stellungnahme zur Bedeutung der Innenrevision keine verallgemeinerungsfähigen Bemerkungen zu den Universitäten enthält, hat die Denkschrift 77 wieder ihren Schwerpunkt im Hochschulbereich. Unter anderem hat der Rechnungshof der „Vertretung von Professuren" eine Untersuchung gewidmet. Dabei geht der Rechnungshof von folgenden Feststellungen aus: Freie Professuren der Bes. Gr. C 4 werden an den Universitäten des Landes oft mit Vertretern besetzt. Bei diesen Vertretern handelt es sich in der Regel um beamtete Lehrkräfte einer auswärtigen Hochschule, denen für einen befristeten Zeitraum durch Dienstvertrag hauptamtlich die Wahrnehmung der mit der freien Professoren-Stelle verbundenen Aufgaben übertragen wird. Sie werden zu diesem Zweck von ihren Dienstherren ohne Bezüge beurlaubt und erhalten für die Dauer der Vertretung eine Vergütung in Anlehnung an die Bes. Gr. C4. Die Aufwendungen für derartige Vertretungen beliefen sich im Haushaltsjahr 1977 auf rund 2,5 Mio DM (S. 45). Die hauptamtlichen Vertreter von Professuren werden jeweils für die Dauer eines vollen Semesters, d. h. vom 1. 4. bis 30. 9. bzw. vom 1. 10. bis 31. 3. eingestellt. Die mit ihnen abgeschlossenen Dienstverträge enthalten insbesondere die Verpflichtung, das Fachgebiet in Vorlesungen und Übungen ordnungsgemäß, d. h. im Umfang von acht Semesterwochenstunden, zu vertreten. Weitere mit der Vertretung verbundene Aufgaben wie Forschung, Teilnahme an Prüfungen, Betreuung wissenschaftlicher Arbeiten, Studienberatung usw. werden in den Dienstverträgen nicht ausdrücklich erwähnt. Der Rechnungshof leitet aber aus der Formulierung in den Dienstverträgen „nimmt die Dienstgeschäfte der Professur wahr" ab, daß auch solche Aufgaben Inhalt des Dienstvertrags sind. Nach den Feststellungen des Rechnungshofs beschränkt sich der Aufgabenbereich der Vertreter jedoch im wesentlichen auf die Durchführung der Lehrveranstaltungen während der Vorlesungsmonate (im Sommersemester etwa 3, im Wintersemester etwa 4 Monate). Der Rechnungshof will das anhand von sechs Beispielen verdeutlichen. Hier sollen lediglich zwei herausgegriffen werden, da die Konstellation bei allen sechs Beispielen ähnlich ist: So habe ein Lehrstuhlvertreter am 20. 10. 75 (Vorlesungsbeginn) seinen Dienst angetreten und sei bis zu seiner endgültigen Rückreise am 11. 2. 76 (Vorlesungsende) mit Ausnahme der Weihnachtsferien alle zwei Wochen jeweils drei Tage in Heidelberg tätig gewesen. Dies ergebe für das gesamte Semester insgesamt 24 Arbeitstage in Heidelberg. Bezahlt worden sei er aber für sechs Monate. Ein anderer Lehrstuhlvertreter habe seine Tätigkeit am 15. 10. 75 (Vorlesungsbeginn) aufgenommen und sei zur Abhaltung seiner Lehrveranstaltungen mit Ausnahme der Weihnachtsferien jeweils mittwochs und donnerstags, letztmals am 29. 1. 76, in Heidelberg anwesend gewesen. Auch er habe für sechs Monate die vollen Bezüge erhalten. Das Ministerium für Wissenschaft und Kunst verteidigte die bestehende Regelung der Lehrstuhlvertretung mit einer ganzen Reihe von Argumenten. Ohne auf diese Argumente des Ministeriums für Wissenschaft und Kunst einzugehen, fordert der Rechnungshof, daß aufgrund der von ihm getroffenen Feststellungen künftig in der Regel davon abgesehen werden sollte, Vertreter von Professuren auch für die vorlesungsfreie Zeit zu verpflichten. Weiterhin hält es der Rechnungshof für notwendig, „zunächst unter Anlegung eines strengen Maßstabs zu prüfen, welche der mit freien Professuren verbundenen Aufgaben den Einsatz eines Vertreters zwingend erfordern".

b) Analyse und Kritik der wichtigsten Feststellungen des Rechnungshofs zum Hochschulbereich in seinen Denkschriften

Aus der Analyse der Prüfungsfeststellungen ergibt sich, daß die Einstellung des Rechnungshofs zu den Universitäten bestimmt ist von einer durchgängig kritischen Haltung, ja von Mißtrauen. Dies zeigt sich erstmals deutlich in der Denkschrift 1967, wo der Rechnungshof „die mangelnde Einsicht einer nicht ganz geringen Anzahl von Hochschullehrern in gewisse Grundprinzipien der Verwaltung" beklagt. Auch seine Behandlung der Drittmittel-Frage in der Denkschrift 70 läßt durch die Formulierungen: „überaus bedenklicher" Zustand, „ungewöhnliche Ausmaße" privater Nebentätigkeit, erkennen, daß der Rechnungshof nicht viel Vertrauen in die ordnungsgemäße Wirtschaftsführung der Universitäten setzt. Die Filthuth-Affäre führt zu einer weiteren Verschlechterung des Verhältnisses von Rechnungshof und Hochschulen. Auch hier weist der Rechnungshof wieder auf „manche Hochschullehrer" hin, die sich über Verwaltungsvorschriften hinwegsetzten und dadurch die weit überwiegende Zahl der loyalen unter ihnen ebenfalls in Mißkredit brächten.

Zum zentralen Thema wird die Kritik am Verhalten von Hochschullehrern in der Untersuchung „Hochschullehrer und Verwaltung" in der Denkschrift 75. Hatte der Rechnungshof bis dahin immer wieder betont, daß es sich bei den Hochschullehrern, die sich über Verwaltungsvorschriften hinwegsetzten, um eine „nicht ganz geringe Anzahl", um „manche" Hochschullehrer handele, denen eine weit überwiegende Zahl gesetzestreuer Hochschullehrer gegenüberstehe, so spricht er jetzt davon, daß sich aus einer Reihe von Beispielen mangelnder Einsicht von Hochschullehrern in gewisse Grundprinzipien der Verwaltung eine „Gesamtschau" ergebe. Zwar spezifiziert er die Art dieser „Gesamtschau" nicht näher, aber man kann wohl davon ausgehen, daß er damit meint, die „Einzelfälle" bestimmten das Bild der Universitäten wesentlich mit.

Besonders empfindlich reagiert der Rechnungshof auch immer wieder auf die Behauptung, die wissenschaftliche Arbeit leide unter den Verwaltungsvorschriften. Der Grund dafür dürfte sein, daß damit auch seine Prüfungstätigkeit in Frage gestellt wird.

Auffällig ist auch, daß die verstärkte Kritik am Hochschulbereich zeitlich genau zusammenfällt mit der besseren finanziellen Ausstattung dieses Bereiches. Immer wieder hat man den Eindruck, der Rechnungshof sei grundsätzlich der Ansicht, es flösse sowieso zuviel Geld in die Hochschulen. So z. B., wenn er in der Denkschrift 67 davon spricht, daß Regierung und Landtag den Universitäten jeden vertretbaren Wunsch erfüllt hätten und das Hochschulwesen in einer Weise dotiert worden sei, die schon oft den Neid anderer Bereiche erregt habe.

Diese grundsätzlich kritische Einstellung des Rechnungshofs zu den Hochschulen krankt vor allem daran, daß der Rechnungshof zu schnell verallgemeinert. Einzelne berechtigte Kritikpunkte werden auf die Hochschulen insgesamt übertragen, obwohl der Rechnungshof immer wieder selbst betont, daß die große Mehrheit der Hochschullehrer ordnungsgemäß handelt. Der Rechnungshof zeigt auch wenig Verständnis für die besondere Struktur des Hochschulbereichs. Hauptaufgabe der Hochschullehrer ist nicht die Verwaltung, sondern Forschung und Lehre. Die Hochschullehrer sind keine Verwaltungsfachleute — obwohl sie der Rechnungshof gerne zu solchen erziehen würde. Die Verwaltung stellt für sie eher ein notwendiges Übel dar, das sie auf das geringstmögliche Ausmaß reduzieren wollen.

Inhaltlich ist die Kritik des Rechnungshofs zwar in vielen Fällen berechtigt, so z. B. wenn er Hochschule und Kultusministerium in Zusammenhang mit der Filthuth-Affäre wegen ihrer schleppenden Verfahrensweise kritisiert. Auch die Praxis paralleler Privatinstitute zu staatlichen Hochschulinstituten kritisiert er zu Recht. Wenn der Rechnungshof aber die Prüfung der Rechts- und Ordnungsmäßigkeit verläßt und sich auf das Feld begibt, das wohl mit Wirtschaftlichkeitsprüfung umschrieben werden muß, dann kann ihm meist nicht gefolgt werden.

So steht z. B. die Untersuchung zum Lehrkörper an der Universität Ulm (Denkschrift 74) auf unsicherem Fundament. Der Rechnungshof sieht selbst die Besonderheiten der Universität Ulm, die vor allem in ihrer Aufbausituation, ihrer besonderen Fächerstruktur und ihrer Konzeption als „Forschungsuniversität" begründet sind. Um so unverständlicher muß seine apodiktische Forderung erscheinen, unverzüglich alle Anstrengungen zu machen, um auch an der Universität Ulm eine Ausbildungskapazität zu erreichen, die einen Vergleich mit den anderen Universitäten des Landes zuläßt. In die gleiche Richtung ging bereits in der Denkschrift 71 die Untersuchung des Rechnungshofs zu Regelung und Umfang der Lehrverpflichtung des Lehrkörpers der Universitäten. Dort hatte er festgestellt, daß die Lehre eine vornehmliche Pflicht eines jeden Hochschullehrers sein sollte, und daraus die Notwendigkeit einer Reglementierung des Lehrdeputats abgeleitet. Insgesamt zeichnet sich eine Tendenz ab, die bei der Analyse der beratenden Mitteilungen des Rechnungshofs bestätigt werden wird, nämlich der Lehre Vorrang vor der Forschung zu geben.

Außerordentlich problematisch erscheint auch die Untersuchung des Rechnungshofs zu den Vertretungen von Professuren (Denkschrift 77). Hier zeigt sich besonders eklatant das geringe Verständnis des Rechnungshofs für die Besonderheiten des Hochschulwesens. Den Rechnungshof stört, daß im Falle von Lehrstuhlvertretungen der Vertreter für das ganze Semester, d. h. sechs Monate, entsprechend C 4 bezahlt wird. Er rechnet in dieser Untersuchung für sechs Beispiele akribisch vor, wieviele Tage der jeweilige Lehrstuhlvertreter während des Semesters an der Hochschule verbracht hat, an der er die Vertretung wahrzunehmen hatte. So kommt er in einem Fall auf „24 Arbeitstage" an der betreffenden Universität. Obwohl der Rechnungshof die gewichtigen Argumente des Ministeriums für Wissenschaft und Kunst zur Verteidigung der bestehenden Regelung säuberlich aufzählt, kommt er ohne irgendeine inhaltliche Auseinandersetzung mit ihnen zu seiner Feststellung, daß künftig in der Regel davon abgesehen werden sollte, Vertreter von Professuren auch für die vorlesungsfreie Zeit zu verpflichten. Dieser Forderung sind folgende Einwände entgegenzuhalten (ähnlich argumentiert auch das MWK): Die Vorbereitung von Vorlesungen braucht natürlich auch ihre Zeit. Wenn ein gerade habilitierter Wissenschaftler acht Stunden lehren soll, dann kann er das nicht „aus dem Ärmel schütteln". Die Tatsache, daß auch die vorlesungsfreie Zeit entsprechend der Hochschullehrerbesoldung bezahlt wird, ist meist der einzige Anreiz, eine derartige Vertretung überhaupt wahrzunehmen. Um lediglich für drei oder vier Monate entsprechend C 4 bezahlt zu werden, nimmt kaum jemand die Strapazen auf sich, die mit derartigen Vertretungen z. B. durch lange Reisewege verbunden sind. Während der Vorlesungstätigkeit bleibt dem Wissenschaftler kaum Zeit zur eigenen Forschung und Weiterbildung. Dafür soll die Besoldung auch in der vorlesungsfreien Zeit einen Ausgleich schaffen. Außerdem haben sich die Bundesländer in der Frage der Vertretung von Professuren auf eine einheitliche Vorgehensweise festgelegt. Scheidet Baden-Württemberg hier aus, wird es außerordentlich schwierig, wenn nicht unmöglich, überhaupt noch einen Lehrstuhlvertreter zu finden. Dieser Prüfungsbericht ist ein gutes Beispiel für die Auslegung des Kriteriums „Wirtschaftlichkeit" durch den Rechnungshof Baden-Württemberg im Hochschulbereich. Wirtschaftlichkeit wird verstanden als reine Sparsamkeit im Sinne von möglichst wenig ausgeben. Was damit im konkreten Fall für Folgen — wie etwa für die Qualität der Lehre — verbunden sein können, wird nicht berücksichtigt. Mit dieser Prüfung verstößt der Rechnungshof auch gegen die Hochschulautonomie. Diese umfaßt das Recht der Planung, Organisation und Durchführung von Forschung und Lehre. Die Bestellung von Lehrstuhlvertretern gehört aber zur Organisation und Durchführung der Lehre.

Das zwiespältige Verhältnis des Rechnungshofs zur Hochschulautonomie läßt sich auch anhand der einzigen Prüfung aufzeigen, bei der der Rechnungshof näher auf die Frage der Grenzen seiner Prüfungstätigkeit aus Art. 5 III GG, Art. 20 I Landesverfassung eingeht. Bei der Prüfung des SAI der Universität Heidelberg in der Denkschrift 72 weist der Rechnungshof richtig darauf hin, daß z. B. die Auswahl von Forschungsprojekten unter die Wissenschaftsfreiheit falle. Am Schluß seiner Prüfungsfeststellungen bemerkt er aber, daß sich das Lehrangebot des Institut nicht nur nach den spezifischen Forschungsinteressen richten dürfe. Es bedürfe vielmehr der Vermittlung eines allgemeinen Fachwissens und einer Übersicht über den Gesamtzusammenhang des Fachs. Daß diese Bemerkung offensichtlich in die Lehrfreiheit eingreift, weil sie direkten Einfluß auf den Lehrstoff nehmen will, fällt dem Rechnungshof nicht auf.

Bemerkenswert ist auch das Vertrauen des Rechnungshofs in Reglementierungen. So soll die Verwendung der Drittmittel geregelt werden, das Lehrdeputat soll allgemein festgelegt werden, für Sachbeihilfen der DFG soll eine allgemeine Regelung getroffen werden. Die Frage, ob die damit verbundenen, teilweise komplizierten Verwaltungsverfahren nicht auch Kosten verursachen, da sie viel Zeit des hochqualifizierten Personals der Universitäten in Anspruch nehmen, stellt sich der Rechnungshof nicht[144].

---

[144] Vgl. zu diesem Problem auch die Äußerung des Präsidenten des Rechnungshofs Nordrhein-Westfalen *Heidecke* in Letzelter / Reinermann (o. Fn. 30), 23: „Ferner sollten auch die Rechnungshöfe noch klarer zu machen versuchen, daß ihre Prüfungstätigkeit nicht zu einem vermehrten Bürokratismus an den Hochschulen führen muß und darf, sondern zu deren Abbau beitragen kann."

3. Analyse und Kritik der vier beratenden Mitteilungen des Rechnungshofs Baden-Württemberg zu Hochschulfragen

a) Untersuchung des Rechnungshofs über die Lehrtätigkeit an den Universitäten vom 21. 4. 77 (Landtags-Drucksache 7/1467)

aa) Aufgabe der Untersuchung

Die Untersuchung des Landesrechnungshofs stellt sich zur Aufgabe, den Ist-Zustand bezüglich der Erfüllung des den Universitäten obliegenden Lehrauftrags zu beschreiben, die Frage der Ausschöpfung von Ausbildungskapazitäten zu erörtern und damit auch den Ausgangspunkt zu markieren, von dem aus sich erforderlichenfalls eine Überlastquote als „Notschlag auf Zeit" (gemeint ist wohl Notzuschlag) festlegen ließe. Als ihre Grundlage sieht die Studie die Hochschulurteile des Bundesverfassungsgerichts an, nach denen absolute Zulassungsbeschränkungen und die damit verbundene Auswahl unter den Bewerbern nur in den Grenzen des unbedingt Erforderlichen unter Erschöpfung der Ausnutzung der Kapazitäten statthaft sind. Entscheidender Faktor für die Aufnahmekapazität der Universitäten sei das personengebundene Lehrangebot. Die Stellen für das wissenschaftliche Personal an den Universitäten seien überproportional stärker vermehrt worden, als die Studentenzahlen gestiegen sind. Vor weiteren Stellenvermehrungen stelle sich daher die Frage, ob die vorhandene Personalkapazität der Hochschulen optimal eingesetzt und organisiert sei.

bb) Methode der Untersuchung

Der Rechnungshof geht bei seiner Untersuchung von der 1976 wirksam gewordenen Verwaltungsvorschrift zur Hochschullehrer-Besoldung aus, nach der für ordentliche und außerordentliche Professoren sowie für wissenschaftliche Räte und Professoren eine Lehrtätigkeit von acht, für Universitätsdozenten und Oberassistenten eine solche von vier Semesterwochenstunden vorgeschrieben ist. Anhand der Vorlesungsverzeichnisse der Universitäten Freiburg, Heidelberg, Tübingen, Karlsruhe, Stuttgart und Mannheim untersucht der Rechnungshof, ob in den Fächern Rechtswissenschaft, Mathematik und Physik die Lehrpflicht erfüllt worden sei. Ferner hat der Rechnungshof für das Jahr 1976 das zahlenmäßige Verhältnis zwischen dem wissenschaftlichen Personal und den Studierenden erhoben, das sogenannte Betreuungsverhältnis. Schließlich hat der Rechnungshof den prozentualen Anteil der verschiedenen Arten von Lehrveranstaltungen am Gesamtlehrangebot des Wintersemesters 75/76 und des Sommersemesters 76 sowie des Wintersemesters 60/61 und des Sommersemesters 61 ermittelt.

cc) Ergebnis der Untersuchung

Der Rechnungshof stellt fest, daß sich durch die Einführung des Achtstunden-Deputats das Lehrangebot erhöht hat. Die Achtstunden-Verpflichtung sei im Durchschnitt beinahe eingehalten worden. Allerdings sei im Vergleich mit 1961 auch jetzt noch festzustellen, daß das Lehrangebot teilweise erheblich zurückgegangen sei. Der Rechnungshof führt das neben der veränderten Hochschulstruktur, der stärkeren Beanspruchung durch die akademische Selbstverwaltung sowie dem durch die höheren Studentenzahlen gestiegenen Betreuungsaufwand auf die Tatsache zurück, daß ab 1964 das Unterrichtsgeld pauschaliert wurde und damit der finanzielle Anreiz für ein höheres Engagement in der Lehre wegfiel.

Für das Betreuungsverhältnis kommt der Rechnungshof zu beträchtlichen Unterschieden zwischen den einzelnen Fächern und Universitäten. So entfielen im Fach Rechtswissenschaft an den Universitäten Freiburg und Tübingen über fünfmal so viel Studierende auf eine Stelle wissenschaftliches Personal wie an der Universität Konstanz. Hinsichtlich der Struktur der Lehrveranstaltungen stellt der Rechnungshof einen Rückgang der Vorlesungen gegenüber 1961 und eine Zunahme der Gruppenveranstaltungen fest. Die Veranstaltungsart, die am wenigsten Kapazität verzehre, nämlich die Vorlesung, habe prozentual stark abgenommen.

dd) Folgerungen des Rechnungshofs

Die Tatsache, daß die Einführung des Achtstunden-Deputats zu einem höheren Lehrangebot geführt hat, bezeichnet der Rechnungshof als Auslösung positiver Impulse. Allerdings bestehe die Vermutung, daß immer noch Ausbildungskapazitäten ungenutzt seien. Die bestehenden Lehrverpflichtungen müßten mehr als bisher beachtet werden. Erst nach der Ausschöpfung der Lehrkapazität könne überhaupt von einer Überlastquote gesprochen werden. Die Einhaltung des Lehr-Deputats müsse an den Universitäten überwacht werden. Blieben Hochschullehrer hinter dem Soll zurück, so stelle sich die Frage der Umschichtung der nicht ausgelasteten Personal-Kapazität. Der akademische Mittelbau sei in der Lehre schwach vertreten. Gerade in Zeiten äußerster Anspannung der Ausbildungssituation dürften die Hochschulen auf eine Delegation von Lehraufgaben nicht verzichten. Die Entwicklung des Verhältnisses der Vorlesung zu den anderen personalintensiveren Lehrveranstaltungen wird vom Rechnungshof skeptisch betrachtet. Vor fünfzehn Jahren, als die Vorlesung die dominierende Lehrveranstaltungsart gewesen sei, hätten die Studenten nach allgemeiner Auffassung auch keine schlechtere Ausbildung genossen. Es sei möglicherweise bald der Punkt erreicht, wo die Reduzierung des Ausbildungsniveaus zugunsten der Zulassung neuer Studienanfänger unumgänglich sein werde. Außerdem empfiehlt der Rechnungshof, freie Stellen des wissenschaftlichen Bereichs zur Disposition der Universitäten zu stellen und unter Gesichtspunkten, die sich an den Erfordernissen der Lehre orientierten, zur Wiederbesetzung dort frei zu geben, wo sie am meisten benötigt würden.

ee) Kritik der Untersuchung

Zunächst einmal ist die Legitimation des Rechnungshofs für eine derartige Untersuchung fraglich. Gem. § 88 II LHO kann der Landesrechnungshof „aufgrund von Prüfungserfahrungen" den Landtag und die Landesregierung beraten. Eine Beratung unabhängig von Prüfungsverfahren ist unzulässig. Durch die Einschränkung „aufgrund von Prüfungserfahrungen" sollte die Verbindung der Beratung mit der eigentlichen Aufgabe des Rechnungshofs, nämlich der Rechnungsprüfung, gewahrt bleiben. Der Untersuchungsbericht macht aber nicht den Eindruck, als sei er aufgrund von Prüfungserfahrungen zustandegekommen. Vielmehr stellt er ein Gutachten dar, das von jedem Sachverständigen ohne die Prüfungskenntnisse des Rechnungshofs auch hätte erstellt werden können. Auf Prüfungserfahrungen geht der Rechnungshof jedenfalls im Text an keiner Stelle ausdrücklich ein. Die Stellungnahme ist augenscheinlich als Ergebnis einer eigens dafür angestellten Untersuchung anzusehen. Das macht sie rechtlich äußerst fragwürdig.

Bedenken gegen die Untersuchung ergeben sich aber auch noch aus anderen Gesichtspunkten. Wenn der Rechnungshof z. B. meint, erst nach Ausschöpfung der Lehrkapazität könne von einer Überlastquote gesprochen werden, dann stellt sich die Frage, was unter Lehrkapazität eigentlich zu verstehen ist. Sind das die von der Landesregierung festgesetzten acht Stunden, oder muß von einer anders errechneten Zahl ausgegangen werden? Dazu macht der Rechnungshof keinerlei Ausführungen. Erst eine operationale Bestimmung dessen, was unter Lehrkapazität zu verstehen ist, kann aber ein Urteil über ihre Ausschöpfung rechtfertigen. Sonst bleibt nur die dem Rechnungshof grundsätzlich verbotene politische Wertung. Der Vergleich des Lehrangebots von 1976 mit dem von 1961 hinkt, wie der Rechnungshof selbst bemerkt. Die Inanspruchnahme durch stärkere Betreuungsaufgaben und vor allem auch durch die Selbstverwaltung macht mehr aus, als die ein bis zwei Vorlesungsstunden, die 1961 im Durchschnitt mehr gehalten wurden. Wer will außerdem beurteilen, ob nicht das Lehrangebot 1961 bereits zu groß war? Allein aus der Tatsache, daß 1961 mehr angeboten wurde, kann nicht gefolgert werden, daß das früher auch das vernünftige Maß war. Auf die Stellung des Rechnungshofs zu den Lehraufgaben des Mittelbaus wird im Zusammenhang mit der beratenden Untersuchung zur Lehrbeteiligung des akademischen Mittelbaus noch einmal gründlicher einzugehen sein. Auffällig ist hier aber bereits eine Tendenz, die auch bei der vom Rechnungshof vorgeschlagenen Verteilung von freien Stellen zum Ausdruck kommt. Einziges Kriterium der Beurteilung der Tätigkeit der Universitätsangehörigen und der Stellenverteilung ist die Lehre. Das Wort Forschung kommt in dem ganzen Bericht kein einziges Mal vor! Die Hochschulen werden so zu reinen Ausbildungsstätten degradiert. Was zählt, ist nur die Lehraufgabe. Das Spannungsverhältnis von Forschung und Lehre kommt dem Rechnungshof überhaupt nicht in den Blick.

Die undifferenzierte Vorgehensweise des Rechnungshofs zeigt sich auch beim pauschalen Vergleich der Betreuungsziffern der Hochschulen. Bestimmte Hochschulen, wie z. B. Konstanz, waren von Anfang an als Reformuniversitäten geplant, an denen neue Studiengänge und Unterrichtsformen erprobt werden sollten. Dabei wurde für diese Aufgabe entsprechend mehr Personal eingeplant. Diesem Versuchscharakter wird man nicht gerecht, wenn man diesen Hochschulen ihr „luxuriöses" wissenschaftliches Personal/Studenten-Verhältnis vorwirft. Das beweist auch das vom Rechnungshof angeführte Verhältnis von Tübingen und Freiburg auf der einen, Konstanz auf der anderen Seite hinsichtlich der Betreuungszahlen im Fach Rechtswissenschaft. In Konstanz war 1976 das „Einphasenmodell" der Juristen-Ausbildung erst seit fünf Semestern in Gang. Es gab also noch gar keine älteren Studiensemester, wie an den anderen Universitäten. Hier wird der Vergleich eindeutig falsch. Der Rechnungshof geht sogar so weit, eine Reduzierung des Ausbildungsservice zu empfehlen. Ob das noch mit der Freiheit der Lehre (Art. 5 III GG), die auch die Darstellungsform des wissenschaftlichen Gegenstands erfaßt, in Einklang zu bringen ist, erscheint fraglich.

b) Beratende Äußerung über die Kosten eines Studienplatzes in Baden-Württemberg vom 26. 5. 77 (LT-Drs. 7/1700)

aa) Aufgabe der Untersuchung

Mit dieser Untersuchung versucht der Rechnungshof, die Kosten eines Studienplatzes an den verschiedenen Hochschulen zu ermitteln. Die errechnete Zahl soll bei künftigen strukturellen Maßnahmen der Universitäten verwendbar sein, die auf eine optimale Kapazitätsauslastung abzielen.

bb) Methode der Untersuchung

Bei der Untersuchung war es nach den Angaben des Rechnungshofs nicht möglich, den fachspezifischen Aufwand der Studienplätze zu ermitteln, d. h. die Kosten etwa eines Jura-Studiums im Vergleich zum Medizin-Studium. Vielmehr konnte nur errechnet werden, welcher durchschnittliche Aufwand an den verschiedenen Universitäten pro Jahr generell auf einen Studenten entfällt. Beim Vergleich der Universitäten müsse zudem berücksichtigt werden, daß die in manchen Fächern gravierenden Unterschiede teilweise durch unterschiedlich hohe Investitionskosten (vor allem im Baubereich) verursacht würden. Außerdem böten die Universitäten verschiedene Fächerkombinationen an. Manche Universitäten verfügten z. B. nicht über das Fach Medizin, das besonders hohe Kosten verursache. Der Rechnungshof hält daher die Schlußfolgerung, daß eine Universität im Vergleich zu anderen „billig" sei, weil sie ein niedrigeres Kosten-Pro-Student-Verhältnis habe, für nicht zulässig. Eine weitere Schwierigkeit des Zahlenmaterials liegt nach Auffassung des Rechnungshofs darin, daß der Staatshaushaltsplan keinen Unterschied zwischen Forschung und Lehre macht. Der Rechnungshof erwägt einen prozentualen Abschlag für die Forschung. Aufgrund der Schwierigkeiten der Festlegung der Höhe des Forschungsanteils für die verschiedenen Universitäten, Fachbereiche, ja sogar Lehrstühle, verzichtet er aber darauf, Mittel für die Forschung bei der Kostenermittlung für einen Studienplatz von den Gesamtaufwendungen abzusetzen.

cc) Ergebnis der Untersuchung und Folgerungen des Rechnungshofs daraus

Aufgrund der Gleichung

$$\frac{\text{Aufwendungen minus Einnahmen}}{\text{Studentenzahl}} = \text{Kosten eines Studienplatzes}$$

stellt der Rechnungshof unter Berücksichtigung der methodischen Bedenken mehrere Tabellen auf, die die Kosten pro Studienplatz spezifiziert vor allem nach Universität und Kostenart aufzeigen. Dabei treten große Unterschiede zwischen den neuen kleineren und den alten größeren Universitäten zutage.

Unter der Prämisse, daß das keine politische Angelegenheit sei, stellt der Rechnungshof als Folgerung aus den — auch nach seiner Auffassung nur mit Vorbehalt aussagekräftigen — Kosten eines Studienplatzes die Frage, welche Kosten-Relation denn eigentlich angemessen sei. Schon aus den Summen, die man durch undifferenzierte Addition aller Aufwendungen erhalte, ergebe sich die Notwendigkeit, die Fragen über Studieninhalte, Regelstudienzeiten, ferner die Struktur-, Organisations- und Personal-Probleme möglichst bald dauerhaften Lösungen zuzuführen. Der aussagekräftigste Vergleich der Kosten eines Studienplatzes ergebe sich, wenn nur die von den Investitionsausgaben entkleideten Aufwendungen, also die Ausgaben, die allein dem Universitätsbereich dienen, berücksichtigt würden. Hier, wo sich Unterschiede von DM

6 268,00 (Mannheim) bis zu DM 41 277,00 (Ulm) ergäben, erkenne man deutlich, an welchen Universitäten entweder bisher noch nicht entdeckte Strukturprobleme, personelle Überbesetzungen, übermäßige Ausstattung oder aber größere freie Kapazitäten zur Aufnahme weiterer Studenten vorhanden sein könnten. Zwar brächten die dargestellten Zahlen nicht die unterschiedliche Fächerstruktur der einzelnen Universitäten zum Ausdruck und erst recht könnten sie nicht die Abweichungen in der Struktur der gleichen Fächer an verschiedenen Universitäten verdeutlichen. Aber man werde bei künftigen Strukturplanungen an dem Zahlenmaterial nicht vorbeigehen können, weil der Kostenmaßstab sicher nicht der unbedeutendste sei.

dd) Kritik der Untersuchung

Auch bei dieser Untersuchung ist wieder problematisch, ob sie tatsächlich „aufgrund von Prüfungserfahrungen" ergangen ist, wie das § 88 II LHO fordert. Meiner Ansicht nach liegt auch hier ein abstraktes Gutachten vor, das keine Prüfungserfahrungen zur Voraussetzung hat. Folge wäre die Rechtswidrigkeit der Untersuchung.

Inhaltlich muß der Studie eine Aussagekraft weitgehend abgesprochen werden. Die methodischen Schwierigkeiten, die vom Rechnungshof selbst zum großen Teil gesehen werden, sind so gravierend, daß relevante Folgerungen aus den verschiedenen Tabellen kaum ableitbar sind:

— Kann man z. B. Forschung und Lehre tatsächlich in einen Topf werfen, nur weil sie kostenmäßig kaum zu trennen sind?

— Soll nicht das Verhältnis Kosten pro Student gerade die Aufwendungen für die Lehre erkennbar werden lassen? Sonst schneiden nämlich die sogenannten Reformuniversitäten schlecht ab, da bei ihnen ein überproportionaler Anteil der Kosten auf die Forschung entfällt.

— Kann man einen so entscheidenden Faktor, wie die angebotenen Fächer, einfach vernachlässigen? Ulm etwa, das in der Relation am schlechtesten abschneidet, war anfangs praktisch nur eine Mediziner-Hochschule, hat also im wesentlichen ein Fach angeboten, das bekanntermaßen zu den „teuersten" gehört.

— Was sagt die Relation Kosten-Pro-Student etwa über die Art und Qualität der Ausbildung aus?

Diese Schwierigkeiten führen sogar zu einem eklatanten Widerspruch in der Stellungnahme des Rechnungshofs. Schreibt der Rechnungshof auf S. 3, es sei aufgrund der beschränkten Aussagefähigkeit der ermittelten Zahlen keine zulässige Schlußfolgerung, bestimmte Universitäten als vergleichsweise billig anzusehen und andere für besonders kostspielig zu halten, so will er auf S. 8 aus eben diesen Zahlen Strukturprobleme, personelle Überbesetzungen, freie Kapazitäten der teureren Universitäten ableiten. Die Möglichkeit, daß die „teureren" Universitäten aufgrund ihrer besseren Ausstattung dadurch effizienter arbeiten als die „billigeren", daß sie z. B. eine höherwertige Ausbildung leisten, zieht der Rechnungshof gar nicht in Betracht. Die Hilflosigkeit des Rechnungshofs, die von ihm selbst verursachten und teilweise erkannten methodischen Schwierigkeiten zu überwinden, wird vor allem da deutlich, wo er aus der undifferenzierten Summe aller Aufwendungen für die Hochschulen die Notwendigkeit einer grundlegenden Reform ableitet (vgl. S. 8 f.). Zur Begründung dieser Notwendigkeit hätte es der mühseligen, aber im Ergebnis fruchtlosen Detailarbeit nicht bedurft.

Diese Untersuchung des Rechnungshofs ist daher auch auf heftige Kritik — nicht nur aus dem Universitätsbereich — gestoßen. So bezeichnet es z. B. der ehemalige Präsident des Landesrechnungshofs Schleswig-Holstein Borzikowsky als „nicht sinnvoll, als ausschließlichen Maßstab für die Wirtschaftlichkeit der Lehre alle Hochschulausgaben auf die Studentenzahl umzulegen"[145]. Kahle[146] stellt fest: „Die vom Rechnungshof Baden-Württemberg berechnete Kennzahl ‚Kosten eines Studienplatzes' ist — abgesehen davon, daß bei der Ermittlung nicht die Kosten, sondern die Ausgaben verwendet wurden und nicht die Zahl der Studienplätze, sondern die der Studenten eingesetzt wurde — viel zu global, weil jeweils über die gesamte Universität genommen und daher sehr wenig aufschlußreich." Kewenig[147] zieht den Sinn der Untersuchung ebenfalls in Zweifel, wenn er sagt: „Die auf diese Weise errechneten Zahlen sagen nichts aus, und zwar weder im Hinblick auf eine einzelne noch im Hinblick auf mehrere miteinander vergleichbare Hochschulen. Denn einmal gibt eine solche Zahl keinerlei Anhaltspunkte dafür, welche Leistungen die Hochschule außerhalb der Ausbildung erbringt; zum anderen sind die Breite des Ausbildungsangebotes und des Fächerspektrums, der Ausbaustand der einzelnen Einrichtungen, der Umfang und die Qualität der dort betriebenen Forschung und die Kostenintensität der einzelnen Fächer in Lehre und Forschung so unterschiedlich, daß ein aussagekräftiges Ergebnis in 99 von 100 Fällen nicht zu erarbeiten ist."

---

145 *Borzikowsky* (o. Fn. 115), 172.

146 *Heinz Gerhard Kahle*, Leistungskennzahlen als Grundlage der Hochschuleffizienz, in: WRK (Hrsg.), Effizienz der Hochschulen Bonn-Bad Godesberg 1980, 149.

147 *Wilhelm A. Kewenig*, Hochschulen und Rechnungshöfe, DUZ 1978, 363.

c) Untersuchung zum Studium generale an den baden-württembergischen Universitäten vom 2. 6. 77 (LT-Drs. 7/1717)

aa) Aufgabe der Untersuchung

Der Rechnungshof hatte bei der Prüfung der Universitätsrechnungen die Erfahrung gemacht, „daß die Aufwendungen für das Studium generale von Universität zu Universität sehr unterschiedliche Höhe haben und daß dies offenbar auf das verschiedenartige Verständnis zurückzuführen ist, welches mit diesem Begriff verbunden wird“ (S. 2). Die Untersuchung des Studium generale hatte daher die Aufgabe, festzustellen, mit welchen Zielvorstellungen es eingeführt wurde und welches Lehrangebot unter diesem Begriff heute abgedeckt wird, wie viele Studenten am Studium generale teilnehmen und in welchem Verhältnis der finanzielle Aufwand dazu steht, wie die Universitäten mit den für das Studium generale zur Verfügung stehenden Mitteln arbeiten.

bb) Methode der Untersuchung

Grundlage der Untersuchung war der Staatshaushaltsplan, in dem für 1975 rund 1,3 Millionen DM und für 1976 rund 1,4 Millionen DM für das Studium generale veranschlagt wurden. An den fünf Universitäten Freiburg, Heidelberg, Tübingen, Karlsruhe und Stuttgart wurde vom Rechnungshof geprüft, was mit dem Geld für das Studium generale geschah. Dabei versuchte er, die Intention, die hinter dem Studium generale steht, herauszuarbeiten. Mit dieser Aufgabenstellung wurden dann die tatsächlichen Aktivitäten verglichen.

cc) Ergebnis der Prüfung

Aufgrund einer Analyse der Entstehungsgeschichte des Studium generale, sowie der Definitionen, die diesem von den Hochschulen gegeben werden, wird vom Rechnungshof zwar als ursprüngliche Intention die Bewahrung der Studenten vor einseitigem Spezialistentum herausgearbeitet; der Student sollte den interdisziplinären Zusammenhang im Sinne einer „universitas literarum“ erkennen, in dem sein Fach steht. Der Rechnungshof stellt aber fest, daß es einen zeitgemäßen und allgemeingültigen Inhalt des Studium generale gegenwärtig nicht gebe. Man sei wohl auf einmal gelegten Schienen weitergefahren, jede Universität mache das nach ihrer Auffassung Beste aus der Sache. Die Prüfung durch den Rechnungshof ergab, daß von den fünf geprüften Universitäten lediglich zwei das Studium generale im überlieferten Sinne als Angebot von fächerübergreifenden Lehrveranstaltungen durchführen, eine dritte in etwas abgewandelter Form. Für die Frage der Nützlichkeit und Notwendigkeit des Studium generale spielt nach Auffassung des Rechnungshofs die Frage der Beteiligung durch die Studenten eine entscheidende Rolle. Das Studium generale fände angesichts der „hehren und eindringlichen Worte", mit denen es ursprünglich begründet wurde, nur ein mäßiges Echo bei den Studenten. Beteiligungen von in der Regel 100 bis 300, ja an manchen Universitäten nur 20 bis 60 Studenten, seien nicht sehr überzeugend.

dd) Folgerungen des Rechnungshofs

Nach Auffassung des Rechnungshofs sollten Motiv und Inhalt des Studium generale mit dem Ziel einer Befreiung von überholten Vorstellungen neu überdacht werden. Der „historische Ballast" soll abgeworfen werden, der Inhalt soll sich auf Wissenschaftsbereiche erstrekken, die „ankommen". Diese „Durchforstung" soll zur Mitteleinsparung bei der Heranziehung universitätsfremder Referenten und bei der Beschäftigung von hauptamtlichen Mitarbeitern führen.

ee) Kritik der Untersuchung

Ob § 88 LHO eingehalten wurde, erscheint auch hier fraglich. Der entscheidende Gesichtspunkt bei der Kritik dieser Untersuchung ist aber die Freiheit der Lehre, die durch Art. 5 III GG und Art. 20 I LV — Baden-Württemberg geschützt ist. Diese Freiheit erstreckt sich auf Inhalt und Darstellungsform des zu Lehrenden. Die Beurteilung der „Nützlichkeit" des Lehrstoffs ist allein der Universität vorbehalten. Das wird vom Rechnungshof verkannt, wenn er kritisiert, daß Motive und Inhalt des Studium generale auf überholten Vorstellungen beruhten und neu überdacht werden müßten. Hier greift der Rechnungshof eindeutig in die inhaltliche Bestimmungskompetenz der Universitäten ein. Bemerkungen des Rechnungshofs wie „auf einmal gelegten Schienen weitergefahren", „mäßiges Echo", „historischer Ballast" u.ä.m. zeugen von einer inhaltlichen Kritik des Rechnungshofs am Studium generale. Dazu ist der Rechnungshof aber nicht befugt[148]. Vielmehr verletzt er durch seine — teilweise recht abfälligen — Bemerkungen die Lehrfreiheit der Universitäten. Die Untersuchung ist daher meiner Ansicht nach wegen Verletzung von Art. 5 III GG und Art. 20 I LV — BW rechtswidrig.

An dieser Untersuchung wird auch deutlich, wie weit der Maßstab der Wirtschaftlichkeit und Sparsamkeit von den Rechnungshöfen interpretiert werden kann. Dieser Maßstab wird hier dazu verwendet, inhaltliche Kritik an Lehrveranstaltungen zu üben. Der Rechnungshof treibt so Hochschulpolitik. Aus der teilweise geringen Beteiligung der Studenten wird sofort auf die Nutzlosigkeit der Veranstaltung im Sinne des

[148] Vgl. *Kewenig* (o. Fn. 147), 364; siehe auch oben Teil B II, 1 d und f.

Sparsamkeitsgrundsatzes geschlossen. Andere Gesichtspunkte — wie z. B. der Multiplikatoreffekt eines solchen Programmes — geraten nicht ins Blickfeld des Rechnungshofs. Die Gefahren einer solchen lediglich an einem dubiosen Sparsamkeitspostulat orientierten Vorgehensweise liegen auf der Hand. Man darf gespannt sein, wann der Rechnungshof daran geht, sogenannte „Orchideenfächer“ wie Kunstgeschichte, Archäologie oder Arabistik auf ihre Effizienz zu untersuchen.

d) Untersuchung des Rechnungshofs über die Lehrbeteiligung und personelle Ausbildungskapazität des akademischen Mittelbaus an den Universitäten vom 11. 12. 78 (LT-Drs. 7/4962)

aa) Aufgabe der Untersuchung

Die Untersuchung bezweckt, die Aufgaben festzustellen, die die Angehörigen des akademischen Mittelbaus als zahlenmäßig stärkste Gruppe des hauptberuflichen wissenschaftlichen Personals der Universitäten wahrzunehmen haben. Insbesondere soll untersucht werden, inwieweit dieser Personenkreis an der Lehre beteiligt ist und ob die Ausbildungskapazität dieser Personengruppe erschöpfend genutzt wird.

bb) Methode der Untersuchung

Angesichts der großen Zahl der Stellen des akademischen Mittelbaus bei den Universitäten beschränkte der Rechnungshof seine Untersuchungen auf die Fächer Wirtschaftswissenschaften, Psychologie, Chemie und Pharmazie. Dennoch geht er davon aus, daß die Ergebnisse repräsentativen Charakter haben. Als Grundlage der Untersuchung dienten vor allem namentliche Übersichten aller Stelleninhaber in den einzelnen Fächern, Erhebungsbögen von jedem Angehörigen des Mittelbaus über die Struktur seiner Dienstaufgaben und Stellenübersichten mit verschiedenen Angaben zur Stellenbesetzung.

cc) Ergebnisse der Untersuchung und Folgerungen des Rechnungshofs

Aufgrund einer detaillierten Aufstellung der Lehrtätigkeit kommt der Rechnungshof zum Ergebnis, daß in den vergangenen Jahren das Gewicht der Tätigkeit des Mittelbaus sich mehr zur Lehre hin verlagert habe. Je nach Fach seien zwischen 96 % und 100 % der Bediensteten an der Lehre beteiligt. Allerdings könne aus dieser Feststellung nicht gefolgert werden, daß damit die volle Ausnutzung der Lehrkapazität erreicht sei. Denn bei einem Teil der Bediensteten sei die Inanspruchnahme mit Lehraufgaben immer noch gering. 21 % der Bediensteten seien nach eigenen Angaben mit weniger als einem Drittel ihrer Arbeitszeit in der Lehre eingesetzt. Nach Auffassung des Rechnungshofs müßte es daher möglich sein, den Mittelbau insgesamt noch stärker in die Lehre einzubeziehen. Zur Erreichung dieses Ziels schlägt der Rechnungshof vor allem folgende Maßnahmen vor:

— Einführung einer allgemeinen dienstrechtlichen Regelung über eine Mindestlehrverpflichtung,
— Berücksichtigung aller Stellen des wissenschaftlichen Personals bei der Berechnung des Lehrangebotes,
— Umwandlung der mit wissenschaftlichen Angestellten besetzten wissenschaftliche Assistentenstellen,
— stärkere Heranziehung der wissenschaftlichen Angestellten zur Lehre. Die wissenschaftlichen Angestellten seien im Gegensatz zu den wissenschaftlichen Assistenten im Rahmen ihrer Arbeitszeit weder zu eigener wissenschaftlicher Arbeit berechtigt noch verpflichtet. Für die wissenschaftlichen Angestellten sei daher in Zukunft ein höheres Lehrdeputat vorzusehen.
— Abbau der vollen Beschäftigung von Doktoranden. Diese sollten lediglich als wissenschaftliche Hilfskräfte oder in einem Teilzeitarbeitsverhältnis beschäftigt werden.

Nach Auffassung des Rechnungshofs sind diese Vorschläge geeignet, die Effizienz staatlichen Mitteleinsatzes im Hochschulbereich zu erhöhen.

dd) Kritik der Untersuchung

Zunächst soll wieder auf § 88 II LHO hingewiesen werden. Der Schwerpunkt der Kritik muß bei der Analyse der Effizienzvorstellungen des Rechnungshofs im Hochschulbereich ansetzen. Aus der Untersuchung ergibt sich, daß der Rechnungshof unter effizientem Einsatz staatlicher Mittel im Hochschulbereich in erster Linie eine Verstärkung des Lehrangebots versteht. Alle Bemühungen sind auf dieses Ziel auszurichten. Dabei gerät dem Rechnungshof die Forschung weitgehend aus dem Blick, sie wird in der ganzen Studie überhaupt nur zweimal erwähnt. Der Rechnungshof verkennt, daß der Mittelbau in der Praxis vielfach andere als reine Unterrichtsaufgaben hat. Er muß Hochschullehrer bei ihren Lehr- und Forschungsarbeiten unterstützen, wissenschaftliche Sammlungen und Großgeräte betreuen usw. Diese Tätigkeiten, die sich nicht nach Stunden genau aufschlüsseln lassen, werden vom Rechnungshof zugunsten der scheinbar quantifizierbaren Lehre vernachlässigt. Die Verluste, die der Volkswirtschaft insgesamt dadurch entstehen können, daß weniger geforscht wird, werden vom Rechnungshof, da nicht berechenbar, nicht ins Kalkül einbezogen. Eine sinnvolle Effizienzbeurteilung muß aber auch diese Gesichtspunkte berücksichtigen. Da der Untersuchung ein einseitig an der Lehre orientiertes Effizienzverständnis zugrundeliegt, erscheint sie mangelhaft. Sie negiert die Bedeutung der Forschung vollkommen.

4. Zusammenfassung der Ergebnisse von Analyse und Kritik der Prüfungs- und Beratungstätigkeit des Rechnungshofs Baden-Württemberg im Hochschulbereich — Konsequenzen für diese Tätigkeit

Faßt man die Ergebnisse von Analyse und Kritik der beratenden Mitteilungen des Rechnungshofs Baden-Württemberg zum Hochschulbereich sowie seiner Bemerkungen zu Hochschulfragen in den Denkschriften zur Landeshaushaltsrechnung zusammen, so lassen sich folgende Bestimmungsfaktoren für die Prüfungstätigkeit des Rechnungshofs herauskristallisieren:

— Das Verhältnis des Rechnungshofs zu den Hochschulen ist gespannt, es ist gekennzeichnet durch Mißtrauen. Zu keiner anderen geprüften Stelle hat der Rechnungshof eine derart grundsätzlich kritische Haltung wie zu den Hochschulen. Zum einen ist diese Haltung verursacht durch Fälle finanziellen Fehlverhaltens von Universitätslehrern und Universitätsverwaltungen in der Vergangenheit. Zum andern ist die Störung des Verhältnisses von Rechnungshof und Hochschule auch dadurch bedingt, daß der Rechnungshof wenig Einfühlungsvermögen in den besonderen Sachbereich Universität zeigt, obwohl deren Sonderstellung durch GG und LV garantiert ist. Der Rechnungshof behandelt die Universitäten wie jede andere nachgeordnete staatliche Stelle.

  Ein weiteres Motiv für diese Haltung des Rechnungshofs zu den Hochschulen dürfte auch darin zu finden sein, daß sich der Rechnungshof dem Umschwung der öffentlichen Meinung zu den Hochschulen angepaßt hat. Gerade auf dem Höhepunkt der Studentenunruhen — nämlich 1969 — erschien die Denkschrift zum Haushaltsjahr 1967, die erstmals über das normale Maß hinausgehend kritische Bemerkungen zur Praxis der Finanzwirtschaft der Hochschulen enthielt.

  Auch die verstärkte finanzielle Förderung des Universitätsbereichs war mitursächlich für die kritische Position des Rechnungshofs. Die Denkschrift 1967 und die nachfolgenden Denkschriften sowie die beratenden Mitteilungen fallen in die Zeit starker Expansion der Universitätshaushalte. Trotz des enormen Mittelzuwachses wurden die Universitäten mit dem Andrang der Studierwilligen nicht fertig. Daraus scheint der Rechnungshof die Folgerung abgeleitet zu haben, daß mit der Mittelverwendung etwas nicht stimmen könne. Aus den

Denkschriften und beratenden Mitteilungen drängt sich der Eindruck auf, daß der Rechnungshof der Ansicht ist, im Hochschulbereich würde zuviel Geld ausgegeben.

— Die Prüfungs- und Beratungstätigkeit des Rechnungshofs, die die Wirtschaftlichkeit im Hochschulbereich zum Gegenstand hat, ist lediglich von der Maxime der Ausgabenminimierung geleitet. Daß die Durchführung oder Nichtdurchführung einer Maßnahme auch zu Kosten oder Nutzen führen kann, die sich nicht unmittelbar in Ausgaben oder Einnahmen niederschlagen, dennoch aber entscheidendes Gewicht haben, wird vom Rechnungshof zu wenig berücksichtigt. Nur vor dem Hintergrund dieses reduzierten Verständnisses von Wirtschaftlichkeit läßt sich z. B. seine Untersuchung zur Lehrstuhlvertretung in der Denkschrift 1977 verstehen. Auch die beratende Mitteilung zum Studium generale basiert auf dieser Sparsamkeitsposition.

— Die Effizienz der Hochschulen wird vom Rechnungshof lediglich an der Lehrfunktion gemessen. Man kann dem Rechnungshof den Vorwurf nicht ersparen, die Bedeutung der Forschung durch eine einseitige Prioritätensetzung für die Lehre sträflich vernachlässigt zu haben. Der Rechnungshof hat die Hochschulen fast nur als Ausbildungsstätten im Blick. Ein wichtiger Grund dafür dürfte die Tatsache sein, daß sich die Leistung in der Lehre scheinbar in einfachen Relationen und Kennziffern wie z. B. Studenten pro Lehrkraft, Personalkosten pro Student etc. messen läßt, während die Forschung einer Quantifizierung schwerer zugänglich ist. Daß aber auch die Quantifizierungsversuche des Rechnungshofs im Bereich der Lehre wenig aussagekräftig sind, wurde bei der Kritik der Untersuchung über die Lehrtätigkeit an den Universitäten dargelegt. Der Rechnungshof hat bisher keine überzeugende Methode zur Effizienzkontrolle der Hochschulen entwickelt. So war z. B. die Untersuchung über die Kosten eines Studienplatzes weitgehend ein Fehlschlag. Die Ergebnisse der wissenschaftlichen Literatur zur Erfolgskontrolle von Forschung und Lehre sind vom Rechnungshof bisher offensichtlich nicht rezipiert und verwertet worden.

— Der Rechnungshof verkennt die Bedeutung der Freiheit von Forschung und Lehre als Schranke sowohl seiner Prüfungs- als auch seiner Beratungstätigkeit. So verträgt sich seine einseitige Betonung der Lehre nicht mit dem verfassungsrechtlichen Schutz der Forschung. Er geht mehrfach auf Form und Inhalt des Lehrangebots der Universitäten ein, ohne dazu legitimiert zu sein. Besonders seine beratende Mitteilung zum Studium generale verletzt eindeutig die Hochschulautonomie.

— Als Steuerungsmittel kommen für den Rechnungshof im Universitätsbereich offensichtlich nur Reglementierungen in Betracht. Drittmittelerlasse, Lehrdeputate, Personalrichtwerte usw. sind die Instrumentarien, die von ihm vorgeschlagen werden. Alternative Steuerungsmechanismen — z. B. Anreizsysteme marktwirtschaftlicher Art[149] — werden von ihm überhaupt nicht diskutiert, obwohl er etwa in seiner Untersuchung über die Lehrtätigkeit an den Universitäten selbst sieht, daß die Unterrichtsgeldpauschalierung und damit die Abschaffung des Anreizes zu stärkerer Lehrtätigkeit möglicherweise zu einer Reduzierung des Lehrangebotes geführt hat. Daß die Effizienz einer Institution durch Reglementierungen und Einflußnahmen von außen nicht gerade gefördert wird, diese Tatsache scheint dem Rechnungshof unbekannt zu sein. Wenn der Rechnungshof versucht, die wenigen noch vorhandenen Spielräume im Universitätsbereich durch Erlasse, Verordnungen und Gesetze noch weiter einengen zu lassen, dann produziert er sich seine Beanstandungsfälle selbst. Je komplizierter und dichter das Geflecht von Regelungen nämlich wird, desto größer ist die Wahrscheinlichkeit, daß es von den Universitätsangehörigen als Nicht-Haushaltsspezialisten übertreten wird. Die von fast allen politisch und gesellschaftlich repräsentativen Kräften unterstützte Forderung nach „Entbürokratisierung" und damit auch nach „Entreglementierung", der sich Landesregierung und Landtag von Baden-Württemberg durch verschiedene Absichtserklärungen und konkrete Maßnahmen angeschlossen haben, ist bisher am Rechnungshof offensichtlich vorbeigelaufen.

— Zweifelhaft erscheint auch die fachliche Kompetenz der Prüfer im Hochschulbereich. Die Prüfer kommen — wie der Verfasser durch Gespräche mit Betroffenen feststellen konnte — in den meisten Fällen aus dem gehobenen Dienst, haben also keine Universitätsausbildung. Wie soll ein solcher Prüfer z. B. bei der Festlegung von Lehrdeputaten Vorbereitungszeiten, Korrekturzeiten, Zeiten für die Erstellung von Aufgabenentwürfen etc. beurteilen? Welche Grundlagen hat er für die Berechnung der Lehrtätigkeit von Lehrstuhlvertretern? Rechnungshöfe anderer Bundesländer setzen für Hochschulprüfungen deshalb wissenschaftliches Personal ein[150].

Wie die Analyse sowohl seiner Prüfungs- als auch seiner Beratungstätigkeit ergeben hat, leidet die Tätigkeit des Rechnungshofs Baden-

---

[149] Vgl. dazu nur *Armin Hegelheimer,* Auch in Bildung und Wissenschaft mehr Wirtschaftlichkeit durch Marktmodelle?, in: Letzelter / Reinermann (o. Fn. 30), 351 ff. mit umfangreichen Nachweisen.

[150] Vgl. *Heidecke,* Diskussionsbeitrag, in: Letzelter / Reinermann (o. Fn. 30), 45.

Württemberg also an entscheidenden Mängeln. Es ist daher außerordentlich problematisch, daß er wesentlichen Einfluß auf die Hochschulpolitik des Landes ausübt. Die kritische Haltung der Öffentlichkeit zu den Universitäten verstärkt die Wirkung seiner Prüfungsbemerkungen und seiner beratenden Mitteilungen bei Landtag und Landesregierung. Regelungen über Drittmittel, Lehrdeputate etc. gehen zumindest mit auf seine Initiative zurück.

Der Rechnungshof sollte seine beschränkte Kapazität besser auf die Recht- und Ordnungsmäßigkeitskontrolle im Hochschulbereich konzentrieren[151] und sie nicht für personal- und kostenintensive Beratungstätigkeiten verwenden, die von anderen Institutionen kompetenter wahrgenommen werden können. Es stellt sich auch die Frage, ob nicht die überproportionale Beschäftigung des Rechnungshofs mit dem Hochschulbereich dazu geführt hat, daß andere wichtige kostenintensive staatliche Einrichtungen nicht in notwendigem Umfang geprüft wurden.

IV. Verbesserung der Selbststeuerung und Selbstkontrolle der Universitäten

Die Forderung nach einer Verbesserung der Wirtschaftlichkeit im Hochschulbereich ist berechtigt, wie auch im Bereich der übrigen staatlichen Verwaltung. Wirtschaftlichkeit ist eine regulative Idee, ein ständiger, nie endgültig zu erfüllender Anspruch. Wenn — wie im Falle der Universitäten — Milliardenbeträge zu verwalten sind, besteht immer die Gefahr der unnötigen Ausgabe, ja der Verschwendung. Öffentlichkeit, Parlamente und Regierungen verlangen daher zu Recht Garantien dafür, daß die Mittel, die den Universitäten zur Verfügung gestellt werden, sinnvoll eingesetzt werden[152].

Allerdings kann Wirtschaftlichkeit nicht schlechthin zum Beurteilungskriterium der Universitäten gemacht werden. Die Wirtschaftlichkeit kann für die Universitäten kein Zielwert an sich sein, sondern sie stellt eine — allerdings wichtige — Nebenbedingung ihres Handelns dar[153].

---

[151] Ähnlich *Heinz Dorn*, Möglichkeiten und Grenzen der Prüfung von Ausgaben für Forschung durch Rechnungshöfe, WissR 1978, 63 ff.; *Borzikowsky* (o. Fn. 115), 171 ff.

[152] So auch *Wilhelm A. Kewenig*, Hochschulen und Rechnungshöfe, DUZ 1978, 362; Wissenschaftsrat (Hrsg.), Empfehlungen zur Forschung und zum Mitteleinsatz in den Hochschulen, Köln 1979, 50.

[153] Vgl. *George Turner*, Grußwort, in: WRK (Hrsg.), Effizienz der Hochschulen, Bonn-Bad Godesberg 1980, 11.

Die Hauptziele der Hochschulen sind[154]:

— Die Gewinnung und Mehrung wissenschaftlicher Erkenntnis durch die Forschung,

— Heranbildung des wissenschaftlichen Nachwuchses durch Lehre und Studium,

— die Erbringung von Dienstleistungen (z. B. in den Hochschulkliniken)

— und die Erbringung von Leistungen im kulturellen Bereich.

Diese untrennbar miteinander verwobenen Ziele machen eine Beurteilung der Leistungen der Universität außerordentlich schwierig, da ein allgemeiner Konsens über Rang und relatives Gewicht der einzelnen Ziele kaum erreichbar ist. Nicht korrekte Urteile entstehen vor allem dann, wenn die Hochschulen am Erfüllungsgrad einzelner Elemente des oben genannten Zielsystems gemessen werden[155], wenn z. B. lediglich die Erfüllung der Ausbildungsfunktion zum Gradmesser ihrer Bewertung gemacht wird. Eine Kontrolle der Wirtschaftlichkeit der Mittelverwendung in den Universitäten muß diese Rahmenbedingungen beachten.

Der Staat versucht, die Wirtschaftlichkeit der Universitäten durch zunehmende Reglementierung sicherzustellen. Wie weit diese Reglementierung bereits gegangen ist, wurde oben[156] dargestellt. Es ist jedoch nicht zu übersehen, daß diese Einschränkungen des Handlungsspielraums der Universitäten tendenziell nicht zu einer höheren Effizienz führen, sondern im Gegenteil Effizienzdefizite entstehen lassen[157]. So verursachen z. B. die aufwendigen Verwaltungsverfahren Kosten in immenser Höhe, die — weil sie keine Ausgaben im Sinne kameralistischer Haushaltsrechnung darstellen — in keiner Wirtschaftlichkeitsrechnung auftauchen.

Auch die Rechnungshöfe können nichts Entscheidendes zur Erhöhung der Wirtschaftlichkeit im Universitätsbereich beitragen. Die Rechnungshöfe sind aufgrund der normativen und der in der Sache begründeten Rahmenbedingungen ihres Handelns nicht in der Lage, sinnvolle Wirtschaftlichkeitskontrollen der Hochschulen zu leisten. Wie insbesondere die exemplarische Untersuchung der Prüfungs- und Beratungstätigkeit des Rechnungshofs Baden-Württemberg im Hochschulbereich ergeben hat, besteht vielmehr die Gefahr, daß die Rechnungshöfe willkürlich

---

[154] Vgl. *Turner* (o. Fn. 153), 11; *Nikolaus Fiebiger*, Ausbildung, Forschung, Dienstleistungen, Kultureller Beitrag, Wirtschaft und Wissenschaft 1979, H. 1, 13.

[155] Vgl. *Herrmann Josef Schuster*, Finanzierung ohne Anreiz zur Wirtschaftlichkeit, Wirtschaft und Wissenschaft 1978, H. 1, 11.

[156] Vgl. oben Teil B, I 2.

[157] Vgl. *Turner* (o. Fn. 153), 12; *Kewenig* (o. Fn. 152), 364.

einzelne Ziele und Aufgaben der Universitäten — wie z. B. die Lehre — herausgreifen und ihre „wirtschaftliche“ Erfüllung kontrollieren. Die Rechnungshöfe verfügen weder über den spezifischen Sachverstand noch über die rechtliche Legitimation, die Erfüllung der Hauptfunktionen der Universität in Forschung und Lehre auf ihre Wirtschaftlichkeit zu kontrollieren. Vielmehr sollten sie sich in erster Linie auf eine Gesetzmäßigkeitskontrolle beschränken — eine Aufgabe, die in ihrer Bedeutung nicht zu unterschätzen ist.

Eine entscheidende Verbesserung der Wirtschaftlichkeit der Universitäten ist nur dadurch zu erreichen, „daß den Hochschulen selbst mehr Spielraum, mehr Autonomie bei der Entscheidung über den möglichst wirtschaftlichen Einsatz der ihnen zur Verfügung stehenden Ressourcen eingeräumt wird“[158]. In Zeiten knapper werdender Haushaltsmittel und wachsender Ausbildungsaufgaben sollten die Universitäten die Möglichkeit haben, ihre Mittel in eigener Entscheidung so einzusetzen, daß damit die höchstmögliche Leistung erzielt werden kann. Für diese Forderung spricht einmal die Tatsache, daß die Universitäten den notwendigen Sachverstand für eine sinnvolle Mittelverteilung und -kontrolle haben, zum anderen spricht für sie auch die den Universitäten durch das Grundgesetz und die Landesverfassungen gewährte Autonomiegarantie. Wichtigster Ansatzpunkt für eine Vergrößerung des Handlungsspielraums der Universitäten wäre eine Liberalisierung ihres Haushaltsrechts.

Gleichzeitig müssen die Universitäten selbst die organisatorischen Voraussetzungen dafür schaffen, daß sie die ihnen eingeräumten und einzuräumenden Handlungsspielräume voll nutzen können. Dazu gehören vor allem die Installierung einer Hochschul-Kosten-Rechnung, die Einrichtung von Innenrevisionen sowie die bessere Schulung der Hochschulverwaltung.

Im folgenden sollen daher die Möglichkeiten einer Liberalisierung des Haushaltsrechts der Universitäten, die Entwicklung einer Hochschul-Kosten-Rechnung und die Funktion von Innenrevisionen untersucht werden. Der Verbesserung der Ausbildung der Hochschulverwaltungen soll nicht weiter nachgegangen werden— ihre Notwendigkeit ist evident[159].

---

[158] *Kewenig* (o. Fn. 152), 364.

[159] Vgl. dazu nur *Ernst-Joachim Meusel*, Der „gute“ Wissenschaftsverwalter, DUZ 1977, 649 ff.; *Ignaz Bender*, Wissenschaftsverwaltung in den 80er Jahren, DUZ 1978, 606 ff.

1. Die Liberalisierung des Haushaltsrechts der Universitäten

„Die Beschränkung staatlicher Aufsichtsbefugnisse in akademischen Angelegenheiten wird weitgehend unterlaufen durch die Abhängigkeit der Hochschulen von staatlicher Finanzierung, mittels derer sich nahezu alle Hochschulbereiche umfassend steuern lassen." Diese Aussage Otto Bachofs[160] kennzeichnet treffend die Bedeutung, die die Art der Finanzierung für die Hochschulen hat. Die wirtschaftliche Versorgung und Verwaltung der Hochschulen hat entscheidende Auswirkungen auf Inhalte und Methoden wissenschaftlicher Tätigkeit. „Je weiter die Wissenschaft fortschreitet, je mehr sie sich differenziert, um so weniger kann die These überzeugen, daß die in der Selbstverwaltung verankerte Mitwirkung der Hochschulen bei der Entscheidung der Fragen aufhören muß, die, um es auf eine kurze Formel zu bringen, Geld kosten. In allen entscheidenden Fragen des Haushalts sind wirtschaftliche und akademische Belange untrennbar[161]." Eine sachgerechte Selbstverwaltung der Hochschulen kann daher ohne erheblichen Einfluß auf ihre Finanzierung nicht auskommen.

Trotz dieser wohl unbestreitbaren Zusammenhänge haben die Universitäten gerade auf dem Gebiet ihrer Finanzierung eine — vielleicht sogar *die* — „ungeschützte Flanke"[162]. „Die deutschen Universitäten sind in einem Kernbereich nicht autonom[163]." Die Hochschulen haben nämlich — entgegen ihrer körperschaftlichen Verfassung — keine Finanz- oder Etathoheit, vielmehr ist das Finanzwesen der Hochschulen in der Regel in den Landeshaushalt integriert. Die Universitäten werden staatsunmittelbar über den Staatshaushalt, vor allem über die Einzelpläne der Kultusministerien der Länder finanziert. Eigene Haushalte erstellen lediglich die Universitäten in Berlin und im Saarland sowie die bayerischen Hochschulen, die durch staatliche Globalzuschüsse finanziert werden[164].

Die Einbringung der Hochschulen in den staatlichen Haushalt hat zu einer einschneidenden Beschränkung ihres Entscheidungsspielraums geführt. Die materielle Basis ihres Selbstverwaltungsrechts ist ihnen weitgehend aus der Hand genommen. Vor dem Hintergrund der Selbstverwaltungsgarantie scheint fraglich, ob diese Regelung der Finanzverfassung der Hochschulen verfassungsrechtlich haltbar und sachgerecht ist[165].

---

160 *Wolff / Bachof*, Verwaltungsrecht II, 4. Aufl., München 1976, § 93 IV e 1.

161 *Rudolf Reinhardt*, Autonomie, Selbstverwaltung, Staatsverwaltung in der Universität, WissR 1968, 6 ff.

162 *Walter Schmitt Glaeser*, Die Freiheit der Forschung, WissR 1974, 192.

163 *Ralf Dahrendorf*, Autonomie der Universität?, in: Andreas Flitner / Ulrich Herrmann (Hrsg.), Universität heute, München 1977, 18.

164 WIBERA-Projektgruppe, Ökonomie der Hochschule, Bd. 2, Baden-Baden 1976, 504 ff.

Zwar ist klar, daß der Grundtatbestand der staatlichen Finanzierung unter den gegenwärtigen verfassungsrechtlichen und politischen Bedingungen nicht in Frage gestellt werden kann. So wäre z. B. eine totale Finanzautonomie, in deren Rahmen die Hochschulen aus eigener Kompetenz Finanzbedarf und Mittelverwendung festlegen, schon aus demokratischen Erwägungen heraus indiskutabel. Aber die Finanzverfassung der Hochschulen muß der Besonderheit akademischer Selbstverwaltung besser Rechnung tragen, um der Wissenschaft in Forschung und Lehre das notwendige Ausmaß freier Selbstbestimmung zu sichern.

Wissenschaft und Praxis haben das Problem erkannt und eine Reihe von Vorschlägen zur Erhöhung der Finanzautonomie der Hochschulen gemacht. Diese Vorschläge unterscheiden sich vor allem durch den Grad der den Hochschulen zugebilligten Autonomie. Sie lassen sich nach diesem Kriterium in drei Gruppen einteilen[166]: Am weitesten gehen die Vorschläge, die auf die Einrichtung neuer Institutionen zwischen Hochschulen und Staat abzielen, welche über die Verteilung der Hochschulmittel entscheiden sollen. Eine zweite Gruppe von Vorschlägen strebt die Einführung von Globalhaushalten an, während eine dritte Gruppe von der gegenwärtigen Rechtslage ausgeht und lediglich — sozusagen „inkremental" — eine Ausweitung der gegenseitigen Deckungsfähigkeit der Ausgaben und eine umfassende Übertragbarkeit der nicht in Anspruch genommenen Mittel anstrebt.

a) Einrichtung eines Hochschulkomitees

Die Vorschläge, die auf die Einrichtung neuer Institutionen zwischen Hochschulen und Staat abzielen, gehen aus vom Vorbild des englischen University Grants Committee[167] (UGC). Dieses ist eine Art ständiger Royal Commission und dem Department of Education and Science zugeordnet. Die Mitglieder des UGC, die aus den verschiedensten Stellungen und Berufen stammen, werden vom zuständigen Minister ernannt, das UGC beschäftigt kein eigenes Personal und verfügt auch nicht über einen eigenen Haushalt. Dennoch genießt es eine beträchtliche Unabhängigkeit. Zwar wird die Gesamtsumme der Hochschulmittel vom Ministerium festgelegt, dieses übernimmt aber die Vorschläge des UGC hin-

---

[165] Zur Frage der Hochschulfinanzierung grundlegend *Wolfgang Zeh*, Finanzverfassung und Autonomie der Hochschule, Berlin 1973; vgl. auch *Karl-Heinrich Hall*, Hochschulfinanzierung und Haushaltsreform, Die Verwaltung 1969, 153 ff.; *ders.*, Die Finanzverfassungsreform der Hochschulen, DUZ 1970, H. 19, 7 ff.; *Helmar Bley*, Die Hochschulfinanzierung — Möglichkeiten ihrer Gestaltung, WissR 1970, Beiheft 4, 7 ff.; *Thomas Oppermann*, Hochschulfinanzierung — Status, Tendenzen und Chancen, WissR 1969, 1 ff.

[166] Vgl. WIBERA (o. Fn. 164), 504 ff.

[167] Vgl. dazu *Helmut Becker / Alexander Kluge*, Kulturpolitik und Ausgabenkontrolle, Frankfurt 1961, 113 f.; *Zeh* (o. Fn. 165), 142.

sichtlich der Verteilung der Gelder an die einzelnen Universitäten, „so daß de facto das Komitee diejenige Instanz ist, die verbindlich über die Aufteilung der zur Finanzierung der Universität bestimmten Mittel (1979: 775 Mio Pfund) bestimmt“[168].

Die Konstruktion des UGC läßt sich nicht auf deutsche Verhältnisse übertragen. Besonders die verfassungsrechtliche Legitimation einer derartigen Einrichtung würde erhebliche Zweifel aufwerfen[169]. Zeh schlägt für die Bundesrepublik daher die Einrichtung eines abgewandelten Modells, des sogenannten „Hochschulkomitees“ vor. Dessen Hauptaufgabe soll „die Hochschulfinanzierung im Sinne einer Vermittlung der gesamten Mittelversorgung zwischen Staat und Hochschulwesen sowie die Bewältigung der mit der Finanzierung entscheidend verbundenen Planungsaufgaben im Hochschulbereich sein“[170]. Dadurch sollen einerseits die universitären Interessen innerhalb eines Landes gebündelt und koordiniert werden, andererseits sollen die staatlichen Stellen von einer Vielzahl von Bearbeitungsvorgängen zwecks Rationalisierung entlastet werden. Das Hochschulkomitee stellt aufgrund von Voranmeldungen der einzelnen Hochschulen einen Haushaltsplanentwurf auf, den es gegenüber Regierung und Parlament vertritt. Nach Bewilligung verteilt es die Gelder auf die einzelnen Hochschulen, wobei durch die grobe Gliederung des Haushaltsplans den Universitäten große Flexibilität gewährleistet ist.

Dieses Modell erscheint zwar auf den ersten Blick bestechend, es erheben sich aber doch einige Bedenken, die auch von Zeh teilweise eingeräumt werden[171]. Wie soll das Hochschulkomitee zusammengesetzt sein? Wer wählt die Mitglieder aus? Wie kann verhindert werden, daß nicht zusätzlich zum Hochschulkomitee auch Universitäten und Kultusministerien Planungskapazitäten beibehalten oder ausbauen, die Verwaltungskosten des Hochschulsystems also eher höher würden? Diese Fragen harren noch einer befriedigenden Lösung[172], ganz abgesehen von der politischen Durchsetzbarkeit einer derart einschneidenden Reform.

b) Einführung von Globalhaushalten für die Universitäten

Als ausgewogenstes Mittel zur Stärkung der Finanzautonomie der Hochschulen wird von verschiedener Seite die Einführung von Globalhaushalten angesehen[173]. Hierbei bliebe zwar die Bestimmung der Höhe

---

168 *Gunnar Folke Schuppert*, „Quangos“ als Trabanten des Verwaltungshandelns, DÖV 1981, 155.

169 Vgl. auch *Zeh* (o. Fn. 165), 142.

170 Vgl. *Zeh* (o. Fn. 165), 136 ff., 138.

171 Vgl. *Zeh* (o. Fn. 165), 143 ff.

172 Zu weiteren Kritikpunkten vgl. WIBERA (o. Fn. 164), 506.

der Zuweisungen an die Universitäten weiterhin dem Staat vorbehalten. Über die Verwendung der Mittel könnten die Hochschulen aber in völliger Selbstverantwortung entscheiden, wie es auch dem grundgesetzlichen Freiheitsanspruch von Forschung und Lehre entspräche.

Diesem Modell wird jedoch vorgeworfen, es verlagere die Verantwortung von der Ebene des sachkundigen Hochschullehrers auf fachlich nicht oder wenig kompetente Universitätsgremien und führe so zu „organisierter Verantwortungslosigkeit“[174]. Außerdem wird die Gefahr gesehen, daß sich an den Universitäten gruppenegoistische Verwendungswünsche durchsetzen könnten, die nicht mehr den gesellschafts- und wirtschaftspolitischen Leitlinien der Öffentlichkeit und des Staates entsprächen[175]. Problematisch sei auch, daß die Repräsentanten, die über die Verteilung der Mittel entschieden, genauso wie die Repräsentierten durch die Finanzentscheidung unmittelbar betroffen seien[176]. Außerdem wird befürchtet, der Staat könne durch Globalhaushalte dazu verführt werden, in wirtschaftlichen Krisenzeiten stärker und leichter pauschale Kürzungen vorzunehmen[177].

Insgesamt gesehen erscheint der Gedanke der Globalisierung vor dem Hintergrund des Selbstverwaltungsrechts jedoch der richtige Ansatz zu sein. Er setzte allerdings ein differenziertes Schema der Mittelzuweisung (z. B. für Grundausstattungen) und leistungsfähige Leitungsstrukturen in der Universität voraus, um das Überhandnehmen partieller Interessen zu verhindern.

c) Verstärkung von Deckungsfähigkeit und Übertragbarkeit

Die Erfordernisse von Forschung und Lehre ändern sich oft kurzfristig. Es wird daher gefordert, daß von der im Haushaltsrecht vorgesehenen Möglichkeit der gegenseitigen Deckungsfähigkeit verschiedener Titelgruppen vermehrt Gebrauch gemacht wird[178]. Damit soll die finanzwirtschaftliche Beweglichkeit der Hochschulen verbessert werden. So könnten z. B. die verschiedenen Investitionstitel untereinander und die

---

173 *Jürgen Fischer / Jens Hoffer / Helmuth Rose*, Zur Strategie der Finanzplanung im Hochschulbereich, Köln u. a. 1975, 91 f.; *Dieter Lorenz*, Wissenschaft zwischen Hochschulautonomie und Staatsintervention, JZ 1981, 118; *Reinhardt* (o. Fn. 161), 18; *Oppermann* (o. Fn. 165), 8 ff.; *Tomas Bauer*, Wissenschaftsfreiheit in Lehre und Studium, Berlin 1980, 203 f.

174 Vgl. *Otto Kimminich*, Wissenschaft, in: Ingo von Münch (Hrsg.), Besonderes Verwaltungsrecht, 5. Aufl. 1979, 696.

175 Vgl. WIBERA (o. Fn. 164), 505.

176 Vgl. *Christian Starck*, Freiheit und Organisation, Tübingen 1976, 19 f.

177 So z. B. *Werner Kalisch*, Die Erneuerung des Hochschulrechts, DVBl 1968, 241.

178 Vgl. z. B. *Hall*, Hochschulfinanzierung (o. Fn. 165), 165 f.; *ders.*, Finanz verfassungsreform (o. Fn. 165), 8; Wissenschaftsrat (o. Fn. 152), 54.

Mittel für Forschung und Lehre gegenseitig deckungsfähig gemacht werden. Wichtig wäre auch, die Titel für Personalausgaben voll untereinander deckungsfähig zu machen. Von der Möglichkeit der gegenseitigen Deckungsfähigkeit machen die Landeshaushalte für den Bereich der Hochschulen schon jetzt vermehrt Gebrauch, die Möglichkeiten sind aber noch nicht ausgeschöpft. Zu beachten ist allerdings die Bestimmung des § 15 Abs. 2 Haushaltsgrundsätzegesetz, wonach nur in einem verwaltungsmäßigen oder sachlichen Zusammenhang stehende Ausgaben für deckungsfähig erklärt werden können. Hier wäre gegebenenfalls an eine Gesetzesänderung zu denken.

Haushaltsreste sollten ohne entsprechende Kürzung in das Folgejahr übertragen werden können. Dadurch würde dem psychologischen Zwang zur Tätigung nicht erforderlicher Ausgaben vor Jahresschluß entgegengewirkt. Dieses sogenannte „Dezemberfieber" ist durchaus verständlich, da ein wesentliches Element bei der Aufstellung des neuen Haushaltsplans immer noch der Abschluß des vorjährigen Haushaltsplans (sogenannter Stehsatz) ist.

Bereits eine verstärkte Flexibilität in der oben angedeuteten Weise würde den finanziellen Spielraum der Universitäten stark erweitern[179]. Viele „Kunststückchen" und Verschleierungstaktiken, die jetzt noch vorgenommen werden, ja vorgenommen werden müssen, um die notwendige Beweglichkeit zu erreichen, wären überflüssig. Einem Großteil der Beanstandungen der Rechnungshöfe wäre damit der Boden entzogen.

2. Verbesserung des Rechnungswesens der Hochschulen

In der Literatur besteht weitgehend Einigkeit darüber, daß das gegenwärtig von den Hochschulen — wie von der staatlichen Verwaltung insgesamt — praktizierte kameralistische Rechnungswesen der Forderung nach sachgerechter Zuweisung von Ausgaben und Kosten der Hochschulen zu der Vielzahl von Kostenstellen und Kostenträgern kaum mehr nachkommen kann[180]. Vor allem aber ist es nicht in der Lage, eine ausreichende Grundlage für eine längerfristige Hochschulplanung zu schaffen. Die Kameralistik ist auf kurzfristige Budgetierung ausgerichtet und dient in erster Linie der administrativen Haushaltskontrolle[181].

---

[179] Vgl. WIBERA (o. Fn. 164), 504; Wissenschaftsrat (o. Fn. 152), 55; *Hall*, Finanzverfassungsreform (o. Fn. 165), 10.

[180] Vgl. Wissenschaftsrat (o. Fn. 152), 59; *Adolf Theis*, Ökonomie der Hochschule, DÖV 1978, 796; *Marcell Schweitzer*, Grundzüge einer Kostenrechnung für Hochschulen, in: WRK (Hrsg.), Effizienz der Hochschulen, Bonn-Bad Godesberg 1980, 117 ff.

[181] Vgl. *Hans von Graevenitz / Manfred Timmermann*, Organisationsuntersuchung der Konstanzer Universitätsverwaltung, Konstanzer Blätter für Hochschulfragen, Bd. 57, 1978, H. 4, 14.

Sie ist auf die Verfolgung von Zahlungsvorgängen konzentriert und nimmt auf betriebliche Belange keine Rücksicht, ist insbesondere nicht leistungsbezogen. Aufgrund der Integration der Hochschuletats in den Landeshaushalt sind Einnahmen und Ausgaben der Hochschulen kaum vollständig zu erfassen. So werden z. B. viele Ausgaben der Hochschulen aus anderen als den entsprechenden Hochschulkapiteln finanziert (z. B. Ausgaben der Staatshochschulbauämter, Beihilfen etc.). Die Folge davon ist, „daß wegen der Unselbständigkeit der Haushaltsrechnung der Hochschule offensichtlich kein starkes Bedürfnis für eine auf die Institution bezogene klare Abgrenzung der Zahlungen empfunden wird"[182].

Die Hochschulen sind daher auf der Grundlage der Kameralistik nicht in der Lage, den Nachweis für die Beachtung der Grundsätze der Wirtschaftlichkeit zu erbringen. Sie können aber wegen fehlender Basisdaten auch keine sinnvolle Einnahmen- und Ausgabenüberwachung vornehmen. Eine Reorganisation ihrer inneren Verwaltung, eine optimale Ausschöpfung der zur Verfügung stehenden Ressourcen oder eine auch nur mittelfristige Personal-, Organisations- und Investitionsplanung sind gegenwärtig kaum möglich[183]. „Die staatliche Seite reagiert seit 1972, ihre eigenen Fehlleistungen vertuschend, zunehmend mit kurativen Entscheidungen, z. B. — um nur einige zu nennen — bei der Festlegung von Lehrdeputaten, bei der Berechnung von Studentenzahlen, bei der Personal- und Haushaltsverwaltung. Sie hat es glänzend verstanden, in der Öffentlichkeit den Eindruck von fast unerschöpflichen Kapazitäten zu erwecken, weil sie nie Rechnung legen mußte — was sie im übrigen auch nicht gekonnt hätte —, in welchem Ausmaß sie dabei Qualitätsverluste in der Forschung und Lehre in Kauf genommen und damit in die Substanz der Hochschulen eingegriffen hat[184]." Ähnlich wie die staatliche Verwaltung haben auch die Rechnungshöfe in ihren Denkschriften und beratenden Mitteilungen agiert.

Die Universitäten haben sich gegen die Eingriffe der Ministerialbürokratie und die Vorwürfe der Rechnungshöfe vor allem wegen des Fehlens einer betriebswirtschaftlich orientierten Wirtschaftsrechnung kaum zur Wehr setzen können. Es wird daher von verschiedener Seite zur Erweiterung des Hochschulrechnungswesens eine Hochschulkostenrechnung vorgeschlagen[185]. Diese Hochschulkostenrechnung oder Kosten-Leistungsrechnung hat das Ziel, den Güterverzehr an der Hochschule

---

182 WIBERA (o. Fn. 164), 477.

183 So einer, der es wissen müßte, nämlich *Adolf Theis*, seit 1972 Präsident der Universität Tübingen, DÖV 1978, 797.

184 *Theis* (o. Fn. 180), 797.

185 Vgl. *Horst Albach / Günter Fandel / Wolfgang Schüler*, Hochschulplanung, Baden-Baden 1978, 63 ff.; WIBERA (o. Fn. 164), 479 ff.; *Schweitzer* (o. Fn. 180), 117 ff.

leistungsbezogen zu erfassen, um die Kosten im Verhältnis zur Leistung günstiger zu gestalten, Kalkulationsunterlagen für einen internen und externen Leistungsaustausch zu erhalten und damit auch bessere Grundlagen für die Hochschulplanung zu schaffen. Nach den Vorschlägen des Wissenschaftsrats soll ein derartiges Rechnungssystem

„— Informationen liefern über die Ist-Ausgaben nach Kostenstellen (Fachbereiche, Institute) und Kostenarten (Personalausgaben, Investitionsausgaben usw.) sowie über die Einnahmen nach Herkunft und Verwendungszweck;

— einen möglichst aktuellen Überblick über die finanzielle Situation ermöglichen; Kassenführungsergebnisse der mittelbewirtschaftenden Stellen müssen zentral abgerufen werden können;

— Kosten- sowie Ausgaben- und Leistungsvergleiche ermöglichen zwischen Fachbereichen und Instituten derselben oder vergleichbaren Hochschulen;

— die Informationsbasis darstellen für interne und externe Rechnungsprüfungen und -kontrollen sowie detaillierte Wirtschaftlichkeitsuntersuchungen für Teilbereiche der Hochschulen“[186].

Diese Beschreibung der Funktionen des neu einzuführenden Rechnungswesens durch den Wissenschaftsrat ist noch um die Planungsfunktion zu erweitern. Wesentliche Aufgabe des Rechnungswesens muß es sein, eine ausreichende Grundlage für die Hochschulplanung zu liefern. Darauf weist auch Theis hin, der an die Hochschulkostenrechnung folgende Forderungen stellt:

„— Abbildung der Abläufe unter Kostengesichtspunkten

— Hilfestellung bei Planungs- und Leitungsproblemen

— Informationssystem bei der Überwachung der Verbrauchsströme

— Entscheidungshilfe für die Gremien bei Prioritäten- und Posterioritätenfestsetzung[187].“

Seit dem 1. 1. 1977 führt die Universität Tübingen einen von der Bund-Länder-Kommission geförderten Modellversuch zur Entwicklung des Systems einer Kostenrechnung an Hochschulen durch. Die Ergebnisse dieser Untersuchung werden Auswirkungen auf andere Hochschulen haben.

Die Hochschulkostenrechnung ist zwar kein Wundermittel, um die Hochschulen wirtschaftlich zu optimieren[188]. Die WIBERA-Studie warnt

---

186 Wissenschaftsrat (o. Fn. 152), 59.

187 *Theis* (o. Fn. 180), 798.

188 Vgl. *Theis* (o. Fn. 180), 798.

daher zu Recht davor, sich von der Kostenrechnung wie überhaupt von der Übernahme betriebswirtschaftlicher Elemente mehr zu versprechen, als eine bessere Nutzung der vorhandenen Ressourcen und eine rationalere Entscheidungsfindung. Sie weist auf die Grenzen einer Hochschulkostenrechnung hin, die darin liegen, daß die Bewertung der wissenschaftlichen Tätigkeit aufgrund ihrer Eigenart im Gegensatz etwa zur privatwirtschaftlichen Produktion nicht vom Markt, sondern in erster Linie von wissenschaftlichen Qualitätsmaßstäben und politischen Rahmendaten abhängig ist. Trotz dieser — notwendigen — Einschränkung der Erwartungen muß die Hochschulkostenrechnung aber als wertvolles Hilfsmittel gesehen werden, um innerhalb der Universität für eine sinnvolle Mittelverteilung und -verwendung zu sorgen und um nach außen den Nachweis wirtschaftlichen Handelns erbringen zu können. Die Hochschulkostenrechnung soll und darf keine weitere Fremdbestimmung der Hochschullehrer bringen — eine Befürchtung, die immer wieder geäußert wird — sondern sie muß ein Instrument gestärkter Selbstverwaltung der Universitäten werden.

3. Einführung von Innenrevisionen

Die Einrichtung von Innenrevisionen ist ein wesentliches Element zur Stärkung der Eigenkontrolle der Hochschulen[189]. Die Innenrevisionen sollten völlig unabhängig arbeiten und nur der Hochschulleitung verantwortlich sein[190]. Diese internen Prüfungsorgane haben insbesondere die Aufgabe, Wirtschaftlichkeit und Zweckmäßigkeit des Verwaltungsablaufs der Hochschulen zu kontrollieren. Sie sollen Fehlerquellen und Schwächen in der Ablauf- und Aufbauorganisation der Hochschulen ermitteln und Vorschläge ausarbeiten, wie die Aufgaben wirtschaftlicher erfüllt werden könnten.

Die Innenrevisionen erfüllen damit vor allem auf Gebieten Kontrollaufgaben, die von den Rechnungshöfen aus rechtlichen und sachlichen Erwägungen legitimerweise nicht geprüft werden dürfen. Natürlich gelten für die Wirtschaftlichkeitsprüfung durch die Innenrevisionen dieselben methodischen und inhaltlichen Bedenken, wie sie oben für die Rechnungshöfe beschrieben wurden. Der Stellenwert der Wirtschaftlichkeitsprüfung durch die Innenrevisionen ist aber ein entscheidend anderer.

---

[189] Vgl. allgemein zur Innenrevision oben Teil A, VI, 2. Zur Forderung einer Innenrevision für die Hochschulen vgl. inbesondere Wissenschaftsrat (o. Fn. 152), 61 f.; WIBERA (o. Fn. 164), Bd. 1, 146 ff.; vgl. außerdem die Empfehlungen des Arbeitskreises Innenrevision der Leitenden Verwaltungsbeamten der Hochschulen: Innenrevision im Hochschulbereich, DUZ 1978, 183 ff.

[190] Vgl. Wissenschaftsrat (o. Fn. 152), 62; Leitende Verwaltungsbeamte (o. Fn. 189), 183.

Die Berichte der Innenrevisionen verbleiben in den Hochschulen. Sie dienen der internen Rückkoppelung und sind auch der internen Kritik ausgesetzt. Sie sind ein Instrument der Hochschulleitung, die sie als Informations- und Argumentationshilfe, sowie zur Entscheidungsvorbereitung verwendet. Die Verantwortlichkeit für Maßnahmen, die auf der Grundlage von Vorschlägen der Innenrevisionen getroffen werden, verbleibt aber bei der Hochschulspitze. Die Berichte der Rechnungshöfe dagegen erscheinen als objektive, unabhängige Kontrollberichte und wirken so auf den politischen Prozeß ein, obwohl sie — wie oben beschrieben — auf schwankendem Boden stehen.

Innenrevisionen sind an den deutschen Hochschulen noch nicht allgemein eingeführt, werden aber u. a. auch vom Wissenschaftsrat gefordert. An den Hochschulen des Landes Baden-Württemberg ist es durch Erlaß des Kultusministeriums vom 12. 6. 1975 (Az. H 0713-0/32) zu ihrer Einrichtung gekommen. Der Erlaß nennt als Hauptaufgaben der Innenrevisionen:

- Prüfung der Vergaben nach Weisung des Präsidenten bzw. des Kanzlers,
- stichprobenweise Prüfung der Rechnungsvorgänge einschließlich Visakontrolle sowie des Nachweises der Vorräte und Vermögensbestände des Landes und der Universität,
- Prüfung der Organisation und Wirtschaftlichkeit der Aufbau- und Ablauforganisation der Universitätsverwaltung,
- Kassenüberwachung (Kassenaufsichtsbeamter) einschließlich Vornahme der ordentlichen und außerordentlichen Kassenprüfungen,
- Koordinierung und Überwachung der Beantwortung der Schreiben des Rechnungshofs und der Vorprüfungsstelle.

Ähnlich werden die Aufgaben einer Innenrevision der Hochschulen auch vom American Council of Education beschrieben:

- Feststellung, daß das innerbetriebliche Überwachungsgefüge angemessen und funktionsfähig ist;
- Gewährleistung, daß die Ziele der Einrichtung und die dazu dienenden Maßnahmen beachtet werden;
- Bestandsüberprüfung der in den Büchern erfaßten Anlagen und Gewährleistung, daß Sicherungen zu ihrem Schutz eingehalten werden;
- Verhinderung oder Entdeckung von Unregelmäßigkeiten;
- Feststellungen über die Verläßlichkeit und die Angemessenheit des Rechnungswesens sowie des Berichtswesens und der Arbeitsabläufe[191].

[191] Zitiert nach WIBERA (o. Fn. 164), 147.

Werden die Innenrevisionen ihren Funktionen entsprechend ausgestaltet — d. h. zum Beispiel, daß sie mit qualifiziertem Personal ausgestattet sein müssen[192] —, dann sind sie ein schlagkräftiges Instrument in der Hand der Hochschulleitung. Sie können dieser wesentliche Hilfen bei der Entscheidungsbildung geben. Vor allem aber erhalten die Hochschulen damit auch ein Organ, das kompetent genug ist, um zweifelhafte Feststellungen der Rechnungshöfe überzeugend kritisieren zu können. Wenn die WIBERA-Studie meint[193], Prüfungen durch Rechnungshöfe machten eine Innenrevision nicht ohne weiteres überflüssig, dann ist das deshalb eine gewisse Verkennung ihrer Funktion. Gerade weil es die Rechnungshöfe als externe Kontrollinstrumente gibt, brauchen die Hochschulen die Innenrevision. Mit ihrer Hilfe kann die Auseinandersetzung mit den Rechnungshöfen auch auf politischer Ebene besser geführt werden.

[192] Das hebt vor allem der Wissenschaftsrat hervor, vgl. Wissenschaftsrat (o. Fn. 152), 62.

[193] Vgl. WIBERA (o. Fn. 164), 148.

Resümee und Ausblick

Die unabhängige, sachlich orientierte Arbeit der Rechnungshöfe gewinnt in einer Zeit ständig steigender Staatsausgaben immer größere Bedeutung. Sie ist unabdingbar für eine funktionierende Finanzkontrolle von Regierung und Verwaltung durch das Parlament. Gleichzeitig ist sie das derzeit wichtigste Mittel zur Unterstützung der Selbstkontrolle der Exekutive. Schließlich sind die Rechnungshöfe aber auch Interessenvertreter der Allgemeinheit gegenüber Parlament und Exekutive.

Die Analyse von Stellung und Tätigkeit der Rechnungshöfe in der Bundesrepublik Deutschland hat ergeben, daß sie hinsichtlich Aufgabenzuweisung, Verortung im politischen System, Organisation, Arbeitsweise etc. im wesentlichen den Anforderungen an eine effektive Finanzkontrolle gerecht werden. Reformen sind allerdings notwendig in bezug auf eine verstärkte Zuordnung der Rechnungshöfe zu den Parlamenten bei gleichzeitiger Verminderung des parteipolitischen Einflusses auf die Rekrutierung der Führungspitze und im Hinblick auf eine Verstärkung ihrer Öffentlichkeitswirkung. Überdacht werden muß auch die gegenwärtige umfangreiche Beratungspraxis.

Von einer Übernahme politischer Erfolgskontrolle durch die Rechnungshöfe ist abzuraten. Die Rechnungshöfe könnten dadurch ihre politische Unabhängigkeit sowie ihre Stellung und ihr Ansehen als fachlich entscheidende, objektive Institution verlieren. Die Rechnungshöfe können nicht die Defizite der politischen Steuerung und Kontrolle ausgleichen, die zwischen Parlament und Exekutive sowie zwischen Regierung und Verwaltung bestehen. Diese Defizite können nur durch eine Verstärkung der Beraterstäbe der Parlamente und durch eine verstärkte Eigenkontrolle der Exekutive (z. B. durch die generelle Einrichtung von Innenrevisionen) reduziert werden. Die Fremdkontrolle durch die Rechnungshöfe kann immer nur punktuellen Charakter haben und eine notwendige ständige Steuerung und Kontrolle nicht ersetzen. Allerdings sind die Rechnungshöfe in der Lage, entscheidende Hinweise auf Bereiche mangelnder Steuerung und Kontrolle im öffentlichen Sektor zu geben. In diesem Sinne können sie zu einem wichtigen Instrument politischer Führung für Parlament und Regierung werden.

Die Rechnungshöfe selbst müssen ihr Selbstverständnis, ihre Aufgaben und die Maßstäbe ihrer Kontrolle in einem gewandelten politischen

Umfeld stärker reflektieren. Wie die Untersuchung der Finanzkontrolle der Hochschulen ergeben hat, sind sich die Rechnungshöfe — zumindest teilweise — der rechtlichen und faktischen Grenzen ihrer Kontrolltätigkeit und der Problematik der ihrer Arbeit zugrundeliegenden Maßstäbe Wirtschaftlichkeit und Sparsamkeit nicht im notwendigen Maße bewußt. Gerade am Beispiel der Hochschulen ließ sich zeigen, wie durch die Nichtbeachtung von Kompetenznormen (in diesem Fall von Art. 5 III GG) Prüfungen und Beratungen rechtswidrig werden können und wie die unkritische Verwendung des Wirtschaftlichkeits- und Sparsamkeitsmaßstab im Ergebnis gerade zu höheren Kosten führen kann. Eine verstärkte Reglementierung und die Einschränkung bestehender Handlungsspielräume — wie sie von den Rechnungshöfen meist zur Abhilfe bei festgestellten Mißständen vorgeschlagen werden — können nicht grundsätzlich das Allheilmittel sein, besonders nicht in Bereichen, die wie z. B. die Hochschulen notwendigerweise eine freiere Struktur haben müssen, um ihre Hauptaufgaben und -ziele zu erreichen. Hier gilt es gerade auch für die Rechnungshöfe Alternativen zu entwickeln, die z. B. für die Universitäten in einer Verstärkung der Selbstkontrolle (durch die Einführung von Innenrevisionen und die Verbesserung des Rechnungswesens) und in einer Liberalisierung des Haushaltsrechts bestehen könnten. Die Rechnungshöfe müssen sich auch fragen, ob sie über genügend qualifiziertes Personal verfügen, um — auch in die Verwaltungspraxis umsetzbare — Wirtschaftlichkeits- und Organisationsanalysen durchzuführen oder um Sonderbereiche — wie z. B. die Hochschulen — angemessen zu prüfen.

Um die Wirkung der Arbeit der Rechnungshöfe zu verstärken, ist nicht so sehr eine Reform der Rechnungshöfe, als vielmehr eine Intensivierung der parlamentarischen Finanzkontrolle notwendig. Die Kontrollergebnisse der Rechnungshöfe bedürfen der politischen Umsetzung. Die Parlamente schöpfen aber die Möglichkeiten der Finanzkontrolle als Führungsinstrument gegenüber Regierung und Verwaltung nicht aus. Die parlamentarische Finanzkontrolle fristet — eigenartigerweise meist auch bei der jeweiligen Opposition — nur ein Schattendasein und wird faktisch lediglich als traditionelle Pflicht empfunden. Die Berichte der Rechnungshöfe entfalten ihre stärkste Wirkung hauptsächlich in Bereichen, die sowieso politisch umstritten sind — wie derzeit z. B. der Wissenschafts- und Hochschulbereich. Dabei werden ihre Argumente als willkommene Hilfestellung für die politische Auseinandersetzung benutzt. Wenn aber gerade in diesen Politikfeldern die Rechnungshofkontrolle auf einer fragwürdigen Basis beruht — wie dies die exemplarische Analyse der Finanzkontrolle der Hochschulen durch den Rechnungshof Baden-Württemberg ergeben hat —, dann kann das zu gefährlichen Entwicklungen führen. Insgesamt scheinen die Parlamente gegenwärtig jedoch ihre Hauptarbeit auf die Befriedigung kurzfristiger Ansprüche und Forderungen zu verwenden, das Interesse der Parlamente an einer nachgängigen Kontrolle ist — oft aus nur allzu verständlichen Gründen — minimal. In vielen Fällen ist es sogar so, daß die Regierungen sich gegen allzu große Ausgabenwünsche der Parlamente wehren müssen, eine Verkehrung der Fronten aus der Sicht des traditionellen Verständnisses des Budgetierungsprozesses.

In einer Zeit ständig steigender Steuer- und Abgabenbelastung wird die Öffentlichkeit als Adressat der Rechnungshoftätigkeit immer wichtiger. Sie wird zum Verbündeten der Rechnungshöfe gegenüber Parlament und Exekutive im Kampf um Verwertung und Umsetzung ihrer Prüfungsergebnisse.

Literaturverzeichnis

Aderhold, Dieter: Kybernetische Regierungstechnik in der Demokratie, München — Wien 1973

Albach, Horst / *Fandel,* Günter / *Schüler,* Wolfgang: Hochschulplanung, Baden-Baden 1978

Arnim, Hans Herbert von: Gemeinwohl und Gruppeninteresse, Frankfurt/M. 1977

— Wirksamere Finanzkontrolle bei Bund, Ländern und Gemeinden, Wiesbaden 1978

Asche, Holger: Hochschulautonomie — Wissenschaftsfreiheit im Abseits, Darmstadt und Neuwied 1975

Bäumlin, Richard: Die Kontrolle des Parlaments über Regierung und Verwaltung, Zeitschrift für Schweizerisches Recht 1966, 165 ff.

Bank, Bernhard: Die Publizität der Ergebnisse der Finanzkontrolle, DÖH 10 (1969/70), 18 ff.

— Über die Eigenständigkeit des Rechnungshofs zwischen Parlament und Regierung, DÖV 1962, 526 ff.

Battis, Ulrich: Rechnungshof und Politik, DÖV 1976, 721 ff.

Bauer, Tomas: Wissenschaftsfreiheit in Lehre und Studium, Berlin 1980

Beckensträter, Friedrich Wilhelm: Die Stellung der Rechnungshöfe im System der Dreiteilung der Staatsgewalt, Diss. iur. Frankfurt/M. 1961

Becker, Helmut / *Kluge,* Alexander: Kulturpolitik und Ausgabenkontrolle, zur Theorie und Praxis der Rechnungsprüfung, Frankfurt/M. 1961

Bender, Ignaz: Wissenschaftsverwaltung in den 80er Jahren, DUZ 1978, 606 ff.

Blank, Joseph-Theodor: Regierungsplanung und parlamentarische Kontrolle, DVBl 1978, 194 ff.

Blankenagel, Alexander: Wissenschaftsfreiheit aus der Sicht der Wissenschaftssoziologie, AöR 1980, 35 ff.

Bley, Helmar: Die Hochschulfinanzierung — Möglichkeiten ihrer Gestaltung, WissR 1970, Beiheft 4, 7 ff.

Böckenförde, Ernst-Wolfgang: Die Bedeutung der Unterscheidung von Staat und Gesellschaft im demokratischen Staat der Gegenwart, in: Rechtsfragen der Gegenwart, Festgabe für Wolfgang Hefermehl, Stuttgart u. a. 1972, 11 ff.

Boehm, Laetitia: Wissenschaft — Wissenschaften — Universitätsreform, Historische und theoretische Aspekte zur Verwissenschaftlichung von Wissen und zur Wissenschaftsorganisation in der frühen Neuzeit, Berichte zur Wissenschaftsgeschichte 1978, 7 ff.

Boening, Eberhard: Der Wissenschaftsbeamte, DUZ 1977, 470 ff.

Böhme, G. / *van den Daele*, W. / *Krohn*, W.: Die Finalisierung der Wissenschaft, in: W. Diederich (Hrsg.), Theorien der Wissenschaftsgeschichte, Frankfurt 1974, 276 ff.

Böhret, Carl / *Junkers*, Marie Therese: Führungskonzepte für die öffentliche Verwaltung, Stuttgart 1976

Bohne, Eberhard / *König*, Herbert: Probleme der politischen Erfolgskontrolle, Die Verwaltung 1976, 19 ff.

Bolsenkötter, Heinz: Leistungserfassung in Hochschulen, Betriebswirtschaftliche Forschung und Praxis 1978, 1 ff.

Borzikowsky, Reinhold: Von der Finanzkontrolle zur Effizienzmessung der Hochschulen, in: WRK (Hrsg.), Effizienz der Hochschulen, Bonn 1980, 157 ff.

Brockhoff, Klaus: Hochschulforschung darf kein bloßes Anhängsel der Lehre sein, HPI 7/79, 3 ff.

Brodersen, Carsten: Rechnungsprüfung für das Parlament in der konstitutionellen Monarchie, Berlin 1977

Brohm, Winfried: Sachverständige und Politik, in: Festschrift für Ernst Forsthoff, München 1972, 35 ff.

— Strukturprobleme der planenden Verwaltung, JuS 1977, 500 ff.

Brümmerhoff, Dieter / *Wolff*, Heinfried: Aufgabe und Möglichkeiten einer Erfolgskontrolle der staatlichen Aktivität, Zeitschrift für die gesamte Staatswissenschaft 1974, 477 ff.

Brunner, Gotthard: Möglichkeiten und Grenzen der öffentlichen Finanzkontrolle, Festschrift für Hans Schäfer, Köln u. a. 1975, 169 ff.

Büch, Martin-Peter: Zur Bestimmung der Grundsätze der Wirtschaftlichkeit und der Sparsamkeit im öffentlichen Haushalt der Bundesrepublik Deutschland, Köln u. a. 1976

Bühl, Walter L.: Einführung in die Wissenschaftssoziologie, München 1974

Bull, Hans-Peter: Die Staatsaufgaben nach dem Grundgesetz, 2. Aufl., Kronberg 1977

Bundesminister für Bildung und Wissenschaft (Hrsg.): Beiträge zur Messung von Forschungsleistung, Bonn 1975

Bundesminister für Forschung und Technologie (Hrsg.): Bundesbericht Forschung VI, Bonn 1979

Bundesverfassungsgericht: Bemerkungen des Bundesverfasungsgerichts zu dem Rechtsgutachten von Prof. Richard Thoma, in: JöR N. F. 6 (1957), 134 ff.

Curtius, Carl Friedrich: Evaluation im Hochschulwesen, DUZ 1981, 17 ff.

Dahrendorf, Ralf: Autonomie der Universität?, in: Andreas Flitner / Ulrich Herrmann (Hrsg.), Universität heute, München 1977, 13 ff.

Dallinger, Peter / *Bode*, Christian / *Dellian*, Fritz: Hochschulrahmengesetz — Kommentar, Tübingen 1978

Damkowski, Wulf: Funktion und Problematik der verwaltungsinternen Haushaltskontrolle und Möglichkeiten ihrer Verbesserung, DÖV 1977, 81 ff.

Derlien, Hans Ulrich: Die Erfolgskontrolle staatlicher Planung, Baden-Baden 1976

— Organisatorische Aspekte der Programmevalution, Verwaltung und Fortbildung 1978, 52 ff.

Dieckmann, Rudolf: Schwierigkeiten mit der Erfolgskontrolle in der öffentlichen Verwaltung, DÖV 1980, 737 ff.

Dietzel, Gottfried T. W.: Wissenschaft und staatliche Entscheidungsplanung, Berlin 1978

Dorn, Heinz: Möglichkeiten und Grenzen der Prüfung von Ausgaben für Forschung durch Rechnungshöfe, WissR 1978, 63 ff.

Dreier, Ralf: Forschungsbegrenzung als verfassungsrechtliches Problem, DVBl 1980, 471 ff.

Dressler, Karl: Stellung und Aufgabe des Bundesrechnungshofs, in: Bundesrechnungshof (Hrsg.), 250 Jahre Rechnungsprüfung, Frankfurt/M. 1964

Dürig, Günter: Verfassung und Verwaltung im Wohlfahrtsstaat, JZ 1953, 193 ff.

Eichenberger, Kurt: Leistungsstaat und Demokratie, Basel 1969

Ellwein, Thomas / *Zoll*, Ralf: Zur Entwicklung der öffentlichen Aufgaben in der Bundesrepublik, in: Studienkommission für die Reform des öffentlichen Dienstrechts, Bd. 8, Baden-Baden 1973

Evers, Hans Ulrich: Das besondere Gewaltverhältnis, Frankfurt 1972

Fiebiger, Nikolaus: Ausbildung, Forschung, Dienstleistungen, Kultureller Beitrag, Wirtschaft und Wissenschaft 1979, H. 1, 13 ff.

Fischer, Jürgen / *Hoffer*, Jens / *Rose*, Helmuth: Zur Strategie der Finanzplanung im Hochschulbetrieb, Köln u. a. 1973

Fischer, Wolfgang: Über Staat, Schule und pädagogische Wissenschaft, Vierteljahreshefte für wissenschaftliche Pädagogik 1973, 303 ff.

Fischer-Menshausen, Herbert: Art. 114 (Finanzkontrolle), in: Ingo von Münch (Hrsg.), Grundgesetz-Kommentar, Bd. 3, München 1978

Flämig, Christian: Effizienzkontrolle der Hochschulforschung, in: Hochschulverband (Hrsg.), Bilanz einer Reform, Bonn-Bad Godesberg 1977, 311 ff.

Folz, Hans-Ernst / *Herrmann*, Regina: Die richterliche Unabhängigkeit der Mitglieder der Rechnungshöfe, JZ 1979, 769 ff.

Frey, Bruno S.: Moderne Politische Ökonomie, München 1977

Frey, René L.: Infrastruktur, 2. Aufl., Tübingen 1972

Friauf, Karl Heinrich: Der Staatshaushaltsplan im Spannungsfeld zwischen Parlament und Regierung, Bd. 1, Zürich 1968

Fricke, Eberhard: Zur Mitwirkung der Parlamente bei der Regierungsplanung, DÖV 1973, 406 ff.

Fuchs, Arthur: Wesen und Wirken der Kontrolle, Tübingen 1966

Gäfgen, Gérard: Theorie der wirtschaftlichen Entscheidung, 3. Aufl., Tübingen 1974

Gallas, Andreas: Die Staatsaufsicht über die Wissenschaftlichen Hochschulen, Berlin 1976

Gotham, Rudolf: Der Umfang der Prüfungskompetenz der Rechnungshöfe, Diss. iur. Hamburg 1969

Graevenitz, Hans / *Timmermann*, Manfred: Organisationsuntersuchung der Konstanzer Universitätsverwaltung, Konstanzer Blätter für Hochschulfragen, Bd. 57, 1978, H. 4, 5 ff.

Greifeld, Andreas: Der Rechnungshof als Wirtschaftlichkeitsprüfer, München 1981

— Wirtschaftlichkeit der amerikanischen Verwaltung durch Zero-Base-Budgeting, Die Verwaltung 1977, 197 ff.

Grupp, Klaus: Die Stellung der Rechnungshöfe in der Bundesrepublik Deutschland, Berlin 1972

Grupp, Michael (Hrsg.): Wissenschaft auf Abwegen, Fellbach 1980

Habermas, Jürgen: Verwissenschaftlichte Politik und öffentliche Meinung, in: ders., Technik und Wissenschaft als Ideologie, Frankfurt 1968, 120 ff.

Hailbronner, Kay: Die Freiheit von Forschung und Lehre als Funktionsgrundrecht, Hamburg 1979

Hall, Karl-Heinrich: Hochschulfinanzierung und Haushaltsreform, Die Verwaltung 1969, 153 ff.

— Die Finanzverfassungsreform der Hochschulen, DUZ 1970, H. 19, 7 ff.

Hansmeyer, Heinrich / *Rürup*, Bert: Staatswirtschaftliche Planungsinstrumente, Düsseldorf 1975

Harnischfeger, Horst: Planung in der sozialstaatlichen Demokratie, Neuwied und Berlin 1969

Heckel, Johannes: Budgetäre Ausgabeninitiative im Reichstag zugunsten eines Reichskultusfonds, AöR 1927, 439 ff.

Hegelheimer, Armin: Auch in Bildung und Wissenschaft mehr Wirtschaftlichkeit durch Marktmodelle?, in: Letzelter / Reinermann, Wissenschaft, Forschung und Rechnungshöfe, Berlin 1981

Heinig, Kurt: Das Budget, Bd. 1, Tübingen 1949

Hellstern, Gerd-Michael / *Wollmann*, Hellmut: Evaluierung der öffentlichen Verwaltung — Zwecke und Anwendungsfelder, Verwaltung und Fortbildung 1980, 61 ff.

— Wirksamere Gesetzesevaluierung. Wo könnten praktikable Kontrollverfahren und Wirkungsanalysen bei Parlament und Rechnungshof ansetzen, ZParl 1980, 547 ff.

Henke, Klaus-Dirk: Die Entwicklung der Staatsausgaben, WiSt 1974, 370 ff.

Hertel, Karl Theodor (Hrsg.): Die preußische Oberrechnungskammer, Berlin 1884

Hesse, Günter: Staatsaufgaben, Baden-Baden 1979

Hesse, Konrad: Grundzüge des Verfassungsrechts der Bundesrepublik Deutschland, 12. Aufl., Karlsruhe 1980

Hirsch, Hans: Ökonomische Maßstäbe für die Gebietsreform, Köln 1971

Hirsch, Joachim: Parlament und Verwaltung, 2. Teil: Haushaltsplanung und Haushaltskontrolle in der Bundesrepublik Deutschland, Stuttgart u. a. 1968

Hoffmann, Siegfried: Die Kontrolle der Regierung durch parlamentarische Rechnungsprüfung im Deutschen Bundestag, Göttingen 1970

Hübner, K. / *Lobkowicz*, N. / *Lübbe*, H. / *Radnitzky*, G. (Hrsg.): Die politische Herausforderung der Wissenschaft, Hamburg 1976

Hüttl, Adolf: Wirtschaftlichkeit, in: Fritz Morstein-Marx (Hrsg.), Verwaltung, eine einführende Darstellung, Berlin 1965, 282 ff.

Jellinek, Georg: Allgemeine Staatslehre, 3. Aufl., 7. Neudruck, Homburg v. d H. 1960

Kägi, Werner: Von der klassischen Dreiteilung zur umfassenden Gewaltenteilung, in: Verfassungsrecht und Verfassungswirklichkeit, Festschrift für Hans Huber, Bern 1961

Kalisch, Werner: Die Erneuerung des Hochschulrechts, DVBl 1968, 237 ff.

Karehnke, Helmut: Zur Abgrenzung der Begriffe Prüfung und Beratung, DVBl 1975, 611 ff.

— Zur Prüfung des Ergebnisses von Forschungsaufwendungen, DÖV 1976, 84 ff.

— Zur Wirtschaftlichkeitsmessung im staatlichen Bereich, DVBl 1970, 949 ff.

— Die Bedeutung der Personalfragen für die Arbeit der Rechnungshöfe, DÖH 10 (1969/70), 78 ff.

— Zur Prüfung der staatlichen Haushalts- und Wirtschaftsführung nach der Haushaltsrechtsreform, DÖH 15 (1974), 29 ff.

Karl-Bräuer-Institut des Bundes der Steuerzahler (Hrsg.): Belastung ohne Ende — Eine kritische Bestandsaufnahme, Wiesbaden 1978

Keller, Dieter: Prüfungsaufträge und Unabhängigkeit der Rechnungshöfe, DÖV 1979, 705 ff.

Kewenig, Wilhelm A.: Alternative zur Überwindung der „Akzeptanzkrise", Wirtschaft und Wissenschaft 1978, H. 3, 1 ff.

— Hochschulen und Rechnungshöfe, DUZ 1978, 362 ff.

— Zur Revision des Grundgesetzes, Planung im Spannungsverhältnis von Regierung und Parlament, DÖV 1973, 23 ff.

Kimminich, Otto: Die deutsche Universität als verwaltungspolitischer Auftrag, DÖV 1968, 376 ff.

Kisker, Gunter: Insichprozeß und Einheit der Verwaltung, Baden-Baden 1968

— Organe als Inhaber subjektiver Rechte — BVerwGE 45, 207, JuS 1975, 704 ff.

Kitterer, Walter: Das moderne Budget, Eine vergleichende Analyse der zentralen Staatshaushalte Frankreichs und der BRD, Frankfurt 1976

Klein, Franz: Grundgesetz und Haushaltskontrolle, DÖV 1961, 805 ff.

Kluge, Alexander: Die Universitätsselbstverwaltung, Frankfurt/M. 1958

König, Herbert: Dynamische Verwaltung, Stuttgart 1977

— Kritische Analyse des Managements finanzieller, personeller und materieller Ressourcen in der öffentlichen Verwaltung, Verwaltungswissenschaftliche Informatioen, Sonderheft 3, 1977

Köttgen, Arnold: Das Grundrecht der deutschen Universität, 1959

Kolms, Heinz: Finanzwissenschaft IV, Berlin und New York 1976

Kommission der Europäischen Gemeinschaft (Hrsg.): Die Einstellung der europäischen Öffentlichkeit angesichts der Entwicklung in Wissenschaft und Technik, Brüssel 1979

Kopp, Ferdinand O.: Rechtsschutz des Bürgers gegen den Inhalt und die Verbreitung von Prüfungsberichten eines Rechnungshofs, JuS 1981, 419 ff.

Koppenfels, Georg von: Finanz- und Wirtschaftlichkeitskontrolle in der Bundesrepublik Deutschland und die Stellung des Bundesrechnungshofs zu Exekutive und Legislative, Diss. iur. Freiburg 1969

Korff, Hans Clausen: Wege zur Verbesserung der Finanzkontrolle, ZParl 1981, 399 ff.

Krebs, Walter: Die rechtliche Stellung der Rechnungshöfe und der Vorbehalt des § 40 Abs. 1 VwGo zugunsten der verfassungsrechtlichen Streitigkeit, VerwArch 1980, 77 ff.

Krockow, Christian Graf von: Universität und Öffentlichkeit, DUZ 1981, 76 ff.

Letzelter, Franz: Freiheit statt Reglementierung, DUZ 1976, 522 ff.

Letzelter, Franz / *Reinermann*, Heinrich (Hrsg.): Wissenschaft, Forschung und Rechnungshöfe, Berlin 1981

Lindner, Klaus: Aspekte zur Theorie und Praxis von Wirtschaftlichkeitsbetrachtungen und -kontrollen, Die Verwaltung 1977, 409 ff.

Lobkowicz, Nikolaus: Die Bürokratisierung unserer Hochschulen, Süddeutsche Zeitung, 5./6. 3. 77

Löwer, Wolfgang: Der Insichprozeß in der Verwaltungsgerichtsbarkeit, Verwaltungsarchiv 1977, 327 ff.

Lohmar, Ulrich: Ein Dilemma der Wissenschaft: Statt sachgerechter Kontrolle administrative Gängelung, Wirtschaft und Wissenschaft 1976, H. 1, 4 ff.

Lompe, Klaus: Wissenschaftliche Beratung der Politik. Göttingen 1966

Lorenz, Dieter: Die Rechtsstellung der Universität gegenüber staatlicher Bestimmung, WissR 1978, 1 ff.

— Zur Problematik des verwaltungsgerichtlichen Insichprozesses, AöR 1968, 308 ff.

— Wissenschaft zwischen Hochschulautonomie und Staatsintervention, JZ 1981, 113 ff.

Lübbe, Hermann: Rationalisierung der Politik, in: ders., Theorie und Entscheidung, Freiburg 1971

— Über einige Unsachen anwachsender Wissenschaftsfeindschaft, in: Clemens Burrichter (Hrsg.), Probleme der Wissenschaftsforschung, Erlangen — Nürnberg 1978, 11 ff.

Lübtow, Ulrich von / *Harder*, Manfred: Autonomie oder Heteronomie der Universitäten, Frankfurt 1966

Lüst, Reimar: Der Auftrag der Forschung und die Öffentlichkeit in der gegenwärtigen Situation, Universitas 1979, 225 ff.

Mandelartz, Herbert: Das Zusammenwirken von Parlament und Regierung beim Haushaltsvollzug, Frankfurt — Bern — Circester 1980

Mangoldt, Hans von: Universität und Staat, Zur Lage nach dem Hochschulrahmengesetz, Tübingen 1979

— Über die neue Universität, JZ 1977, 433 f.

Mann, Günter: Rechnungshof: Opposition mit anderen Mitteln, ZParl 1978, 7 ff.

— Unabhängige Kontrolleure?, ZParl 1981, 353 ff.

Menzel, Eberhard: Der staatsrechtliche Standort der Finanzkontrolle in der Bundesrepublik Deutschland und im Ausland, DÖV 1968, 593 ff.

Meusel, Ernst-Joachim: Der „gute" Wissenschaftsverwalter, DUZ 1977, 649 ff.

— Die Zerwaltung der Forschung, WissR 1977, 118 f.

Meyer-Abich, Klaus: Versagt die Wissenschaft vor dem Grundrecht der Freiheit, Vortrag vor der Jahresversammlung 1979 der Westdeutschen Rektorenkonferenz am 22. 5. 1979

Ministerium für Wissenschaft und Kunst Baden-Württemberg (Hrsg.): Hochschule und Gesellschaft, Ergebnisse einer Repräsentativumfrage, Villingen-Schwenningen 1979

— Hochschule und Staat — Eine empirische Studie von Hansgert Peisert, Villingen-Schwenningen 1980

Morkel, Arnd: Politik und Wissenschaft, Hamburg 1967

Mussgnug, Reinhardt: Der Haushaltsplan als Gesetz, Göttingen 1976

Oppermann, Thomas: Kulturverwaltungsrecht, Tübingen 1969

— Hochschulfinanzierung — Status — Tendenzen und Chancen, WissR 1969, 1 f.

— Zur Finanzkontrolle der Stiftung Volkswagenwerk, Frankfurt/M. 1972

Papier, Hans-Jürgen: Die verwaltungsgerichtliche Organklage, DÖV 1980, 298 ff.

Peisert, Hansgert / *Framhild*, Gerhild: Das Hochschulsystem in der Bundesrepublik Deutschland, Stuttgart 1979

Pelny, Stefan: Die legislative Finanzkontrolle in der Bundesrepublik Deutschland und in den Vereinigten Staaten von Amerika, Berlin 1972

Peters, Hans: Die Gewaltentrennung in moderner Sicht, Köln und Opladen 1954

Peucker, Herbert: Grundlagen neuzeitlicher Finanzkontrolle, Göttingen 1952

Pfuhlstein, Friedrich von: Der Weg von der preußischen Generalrechenkammer zum Bundesrechnungshof, in: Bundesrechnungshof (Hrsg.), 250 Jahre Rechnungsprüfung, Frankfurt 1964, 1 ff.

— Über die Institution des Bundesbeauftragten für Wirtschaftlichkeit in der Verwaltung, in: Verfassung, Verwaltung, Finanzkontrolle, Festschrift für Hans Schäfer, Köln u. a. 1975, 375 ff.

Piduch, Erwin Adolf: Bundeshaushaltsrecht, Band 2, Stand Januar 1982

Popper, Karl Raimund: Objektive Erkenntnis, Hamburg 1973

Radnitzky, Gerard / *Andersson*, Gunnar: Wissenschaftspolitik und Organisationsformen der Wissenschaft, in: Alvin M. Weinberg (Hrsg.), Probleme der Großforschung, Frankfurt/M. 1970

Rambow, Karl: Vorschläge für eine sparsamere und wirtschaftlichere Verwendung der öffentlichen Mittel, DÖV 1975, 617 ff.

Rausch, Heinz (Hrsg.): Zur heutigen Problematik der Gewaltenteilung, Darmstadt 1969

Recktenwald, Horst-Claus: Umfang und Struktur der öffentlichen Ausgaben in säkularer Entwicklung, in: Handbuch der Finanzwissenschaft, Bd. 1, 3. Aufl., Tübingen 1977, 713 ff.

Reding, Kurt: Die Effizienz staatlicher Aktivitäten, Baden-Baden 1981

Reger, Hans: Bemerkungen zur Finanzkontrolle, Theorie, allgemeine Sach- und Rechtsfragen, Reform, Verwaltungsarchiv 1975, 195 ff. und 319 ff.

— Zum Thema „Überrechnungshof", DÖH 6 (1960/62), 193 ff.

— Verwaltung und Rechnungshof, Bayerische Verwaltungsblätter 1963, 329 ff.

Rehm, Hannes: Wirtschaftlichkeit und Sparsamkeit im öffentlichen Sektor, Die Verwaltung 1980, 77 ff.

Reimann, Bruno: Hochschulreform — Illusion oder Pleite, Bonn 1980

Reinermann, Heinrich: Wirtschaftlichkeitsanalysen, in: Handbuch der Verwaltung, Heft 4.6, Köln u. a. 1974

— Programmbudgets in Regierung und Verwaltung, Baden-Baden 1975

Reinhardt, Rudolf: Autonomie, Selbstverwaltung, Staatsverwaltung in der Universität, WissR 1968, 6 ff.

Richter, Ernst-Günther: Mitglieder des Rechnungshofs — Beamte oder Richter? DVBl. 1969, 67 ff.

Riehn, Hartmut: Die Reglementierung der Hochschulen durch staatliche Gesetze und Hochschulsatzungen, DUZ 1977, 506 ff.

Ritter, Ernst-Hasso: Theorie und Praxis parlamentarischer Planungsbeteiligung, Der Staat 1980, 413 ff.

Roedig, Guido: Zur Problematik der Mitwirkung des Bundesrechnungshofs bei der Planung und Durchführung von Verwaltungsaufgaben, Diss. jur. Köln 1966

Röken, Heribert: Über die Problematik der sog. Einheitsverwaltung bei Universitäten, DÖV 1974, 577 ff.

Ronellenfitsch, Michael: Das besondere Gewaltverhältnis — ein zu früh totgesagtes Rechtsinstitut, DÖV 1981, 933 ff.

Rürup, Bert: Die Programmfunktion des Haushaltsplans, Berlin 1971

Rürup, Bert / *Grünewald*, K. H.: Zero-Base-Budgeting, Verwaltung und Fortbildung 1978, 145 ff.

Rürup, Bert / *Färber*, Gisela: Programmhaushalte der „zweiten Generation", DÖV 1980, 661 ff.

Rürup, Bert / *Seidler*, Hanns: Von der fiskalischen Haushaltskontrolle zur politischen Erfolgskontrolle, Die Verwaltung 1981, 501 ff.

Salmen, Rudolf: Das Wirtschaftlichkeitsprinzip in der kommunalen Finanz- und Haushaltsplanung, Berlin 1980

Schäfer, Friedrich: Zur Stellung des Präsidenten des Bundesrechnungshofs, in: Verfassung, Verwaltung, Finanzkontrolle, Festschrift für Hans Schäfer, Köln u. a. 1975, 147 ff.

Schäfer, Hans: Der Bundesrechnungshof im Verfassungsgefüge der Bundesrepublik, DÖV 1971, 542 ff.

— Aktuelle Fragen einer modernen Finanzkontrolle, Bulletin der Bundesregierung 1973, 1034 ff.

— Finanzkontrolle und parlamentarische Demokratie, Bulletin der Bundesregierung 1976, 1225 ff.

— Kontrolle der öffentlichen Finanzwirtschaft, in: Fritz Neumark (Hrsg.), Handbuch der Finanzwissenschaft, Bd. I, Tübingen 1977, 519 ff.

— Wer kontrolliert unsere Steuergelder? Finanzprüfung durch den Bundesrechnungshof, Stuttgart 1977

Schelsky, Helmut: Einsamkeit und Freiheit, 2. Aufl., Düsseldorf 1971

— Abschied von der Hochschulpolitik oder Die Universität im Fadenkreuz des Versagens, Bielefeld 1969

Scheuner, Ulrich: Verantwortung und Kontrolle in der demokratischen Verfassungsordnung, in: Festschrift für Gebhard Müller, Tübingen 1970, 380 ff.

Schiel, Carl Heinz: Evaluierbarkeit von Forschungsprojekten — Möglichkeiten und Grenzen aus der Sicht der Forschungsförderungsorganisationen, in: Die Rolle der Forschung in wissenschaftlichen Hochschulen, WissR 1979, Beiheft 7, 102 ff.

Schimanke, Dieter: Evaluierung — Bemerkungen zu einem neuen Schwerpunkt der Verwaltungswissenschaft, Verwaltungsarchiv 1977, 361 ff.

Schmidt-Assmann, Eberhard: Verwaltungsverantwortung und Verwaltungsgerichtsbarkeit, VVDStRL 34 (1976), 221 ff.

Schmitt, Carl: Die geistesgeschichtliche Lage des heutigen Parlamentarismus, 2. Aufl., München 1926

Schmitt Glaeser, Walter: Die Freiheit der Forschung, WissR 1974, 107 ff., 177 ff.

Schneider, Hans-Peter: Entscheidungsdefizite der Parlamente, AöR 1980, 4 ff.

— Verfassungsgerichtsbarkeit und Gewaltenteilung, NJW 1980, 2105 ff.

Scholz, Rupert: Art. 5 III GG, in: Maunz / Dürig / Herzog / Scholz, Grundgesetz, Kommentar, Stand 1981

— Verwaltungsverantwortung und Verwaltungsgerichtsbarkeit, VVDStRL 34 (1976), 145 ff.

Schuppert, Gunnar Folke: Die öffentliche Aufgabe als Schlüsselbegriff der Verwaltungswissenschaft, VerwArch 1980, 310 ff.

— „Quangos" als Trabanten des Verwaltungshandelns, DÖV 1981, 153 ff.

Schuster, Herrmann Josef / *Stembock-Fermor*, Friedrich Graf: Überlegungen Wirtschaft und Wissenschaft 1978, H. 1, 9 ff.

—/— Überlegungen zur Eigenart der Hochschulverwaltung, WissR 1968, 28 ff.

Schweitzer, Marcell: Grundzüge einer Kostenrechnung für die Hochschulen, in: WRK (Hrsg.), Effizienz der Hochschulen, Bonn-Bad Godesberg 1980, 117 ff.

Schweitzer, Marcell / *Plötzeneder*, Hans (Hrsg.): Führungssysteme für Universitäten, Stuttgart 1977

Seel, Wolfgang: Eine zerstörerische Bildungspolitik, DUZ 1979, 74 ff.

Sellnow, Reinhard: Kosten-Nutzen-Analyse und Stadtentwicklungsplanung, Stuttgart 1973

Senf, Paul: Die Reform der öffentlichen Haushaltsgebarung zur Erhöhung der Transparenz, in: Heinz Haller (Hrsg.), Probleme der Haushalts- und Finanzplanung, Berlin 1969

— Kurzfristige Haushaltsplanung, in: Handbuch der Finanzwissenschaft, 3. Aufl., Tübingen 1977

Siebig, Josef: Beurteilung der Wirtschaftlichkeit im Krankenhaus, Konstanz 1980

Solla Price, Derek J. de: Little Science, Big Science, Frankfurt 1974

Spiegel-Rösing, Ina S.: Messung der Forschungsleistung, Kontext der Fragestellung und Stand der Forschung, in: Bundesminister für Bildung und Wissenschaft (Hrsg.), Beiträge zur Messung von Forschungsleistung, Bonn 1975, S. 1 ff.

Starck, Christian: Freiheit und Organisation, Tübingen 1976

Steffani, Wienfried: Gewaltenteilung im demokratisch-pluralistischen Rechtsstaat, PVS 1962, 258 ff.

Steinberg, Rudolf: Evaluation als neue Form der Kontrolle final programmierten Verwaltungshandelns, Der Staat 1976, 185 ff.

— Faktoren bürokratischer Macht, Die Verwaltung 1978, 309 ff.

Stern, Klaus: Das Staatsrecht der Bundesrepublik Deutschland, Bd. I, München 1978

— Das Staatsrecht der Bundesrepublik Deutschland, Bd. II, München 1980

Stölting, Eberhard: Wissenschaft als Produktivkraft, München 1974

Süsterhenn, Adolf: Senats- oder Bundesratssystem?, in: Hochschule für Verwaltungswissenschaft Speyer (Hrsg.), Staats- und verwaltungswissenschaftliche Beiträge, Stuttgart 1957

Thaysen, Uwe: Parlamentarisches Regierungssystem der Bundesrepublik Deutschland, Opladen 1976

Theis, Adolf: Ökonomie der Hochschule, DÖV 1978, 796 ff.

Theis, Adolf / *Knorr*, Heribert: Das Spannungsverhältnis zwischen Verwaltung und Wissenschaft, DUZ 1979, 170 ff.

Thieme, Werner: Der Universitätspräsident, DVBl. 1969, 1 ff.

Thoma, Richard: Rechtsgutachten betreffend die Stellung des Bundesverfassungsgerichts, in: JöR N. F. 6 (1957), 161 ff.

Tiemann, Burkhard: Zur staatsrechtlichen Stellung und Funktion des Bundesrechnungshofs, DVBl 1970, 955 ff.

Tiemann, Susanne: Die staatsrechtliche Stellung der Finanzkontrolle des Bundes, Berlin 1974

— Parlamentarische Finanzkontrolle: Verfassungsrecht und Verfassungswirklichkeit, DVBl 1976, 323 ff.

— Rechtsschutzprobleme im Bereich öffentlicher Finanzkontrolle, DÖV 1975, 405 ff.

— Nochmals: Rechnungshof und Politik, DÖV 1977, 241 ff.

Tomuschat, Christian: Die parlamentarische Haushalts- und Finanzkontrolle in der Bundesrepublik Deutschland, Der Staat 1980, 1 ff.

Turner, George: Grußwort, in: WRK (Hrsg.), Effizienz der Hochschulen, Bonn-Bad Godesberg 1980, 9 ff.

Vialon, Friedrich Karl: Streitfragen der öffentlichen Finanzkontrolle, Finanzarchiv 1962, 1 ff.

Vogel, Klaus: Verfassungsrechtliche Grenzen der öffentlichen Finanzkontrolle, DVBl 1970, 193 ff.

Vogel, Klaus / *Kirchhof*, Paul: Art. 114 GG, in: Kommentar zum Bonner Grundgesetz (Bonner Kommentar), Zweitbearbeitung 1973

Voland, Claus: Vertrauenskrise, Die Wissenschaftsskepsis wächst, Die Zeit, Nr. 23 v. 1. 6. 79

Volz, Jürgen: Erfolgskontrolle kommunaler Planung, Köln u. a. 1980

Wälde, Thomas: Rechtliche Aspekte von „Technology Assessment", VerwArch 1976, 1 ff.

Watrin, Christian: Studenten, Professoren und Steuerzahler, in: Heinz Sauermann / Ernst-Joachim Mestmäcker (Hrsg.), Wirtschaftsordnung und Staatsverfassung, Tübingen 1975, 637 ff.

Weber, Hanns: Unerwünschte Finanzkontrolle?, DÖV 1981, 128 ff.

Weber, Max: Parlament und Regierung im neugeordneten Deutschland, 1917 (1918), wieder abgedruckt in: Gesammelte politische Schriften, 3. Aufl., Tübingen 1971, 306 ff.

Weisser, Gerhard: Überrechnungshof? DÖH 6 (1960/62), 65 ff.

WIBERA-Projektgruppe / *Bolsenkötter*, Heinz: Ökonomie der Hochschule — Eine betriebswirtschaftliche Untersuchung, Bd. I—III, Baden-Baden 1976

Wildavsky, Aaron: Politische Ökonomie der Effizienz: Kosten-Nutzen-Analyse, Systemanalyse, Programmbudget, in: Horst Claus Recktenwald (Hrsg.), Kosten-Nutzen-Analyse und Programmbudget, Tübingen 1970, 365 ff.

Wissenschaftsrat (Hrsg.): Empfehlungen des Wissenschaftsrats zur Organisation, Planung und Förderung der Forschung, Bonn 1975

— Empfehlungen zur Forschung und zum Mitteleinsatz, Köln 1979

Wittmann, Walter: Öffentliche Finanzen, Einführung in die Finanzwissenschaft, Reinbek 1978

— Öffentliche Güter, WiSt 1976, 19 ff.

Wittrock, Karl: Unsere Kritik wird ernstgenommen, Das Parlament v. 18. 11. 78 / Nr. 46

Wöllner, Eberhard: Möglichkeiten und Grenzen der Tätigkeit des Rechnungshofs bei der Feststellung universitärer Kapazitätsauslastung, Staatsanzeiger für Baden-Württemberg v. 9. 2. 1977, 3 f.

Wolff, Hans J. / *Bachof*, Otto: Verwaltungsrecht I, 9. Aufl., München 1974

— Verwaltungsrecht II, 4. Aufl., München 1976

— Verwaltungsrecht III, 4. Aufl., München 1978

Zeh, Wolfgang: Finanzverfassung und Autonomie der Hochschule, Berlin 1973

FSC
www.fsc.org
MIX
Papier | Fördert gute Waldnutzung
FSC® C083411

Kolibri 360 GmbH
Ferdinand-Jühlke-Straße 7
99095 Erfurt, Deutschland
produktsicherheit@kolibri360.de

Druck:
CPI Druckdienstleistungen GmbH
im Auftrag der
Kolibri 360 GmbH
Ferdinand-Jühlke-Str. 7
99095 Erfurt